本书是国家自然科学基金资助研究项目成果

科学基金管理法制研究丛书

丛书主编◎韩　宇　郑永和

国家自然科学基金项目成果知识产权法律问题研究

吴国喆◎著

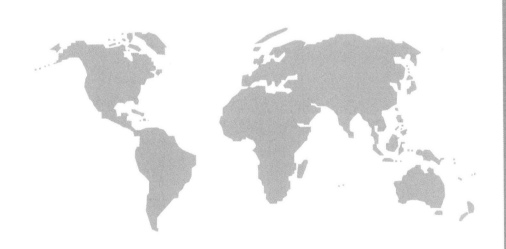

中国社会科学出版社

图书在版编目(CIP)数据

国家自然科学基金项目成果知识产权法律问题研究 / 吴国喆著. —北京：中国社会科学出版社，2015.6

ISBN 978 - 7 - 5161 - 6410 - 5

Ⅰ.①国…　Ⅱ.①吴…　Ⅲ.①知识产权法 - 研究 - 中国　Ⅳ.①D923.404

中国版本图书馆 CIP 数据核字(2015)第 146919 号

出 版 人	赵剑英	
责任编辑	任　明	
特约编辑	乔继堂	
责任校对	董晓月	
责任印制	何　艳	

出　　版	中国社会科学出版社	
社　　址	北京鼓楼西大街甲 158 号	
邮　　编	100720	
网　　址	http：//www.csspw.cn	
发 行 部	010 - 84083685	
门 市 部	010 - 84029450	
经　　销	新华书店及其他书店	

印刷装订	北京市兴怀印刷厂	
版　　次	2015 年 6 月第 1 版	
印　　次	2015 年 6 月第 1 次印刷	

开　　本	710 × 1000　1/16	
印　　张	16.75	
插　　页	2	
字　　数	266 千字	
定　　价	55.00 元	

丛书编委会成员

丛 书 总 序

　　科学与法律有着不解之缘。15、16 世纪的文艺复兴、宗教改革、罗马法复兴，法律与科学技术发展相伴而生的同时，给西方社会带来了理性主义和科学主义，促进了资本主义的兴起和繁荣。20 世纪以来，通过立法保障科学技术的发展，用法律的视角思考科技管理问题已蔚然成风。科学基金制这种孕育科学思想、推动科技创新的制度供给，也无法绕过法律的话题。1950 年美国国会通过了《美国科学基金法案》，标志着当今世界上最有影响力的科学基金组织正式成立。半个多世纪以来，美国国家科学基金会在国家立法、部门规章和政策声明等层面，不断完善《申请和资助的政策、程序指南（Proposal and Award Policies and Procedures Guide）》、《资助和合同规则（Grant and Agreement Conditions）》、《人类受试者保护行政法规（Title 45 CFR Part 46 protection of human subjects）》等法规，系统构建了涵盖各类项目从申请到评审、从资助到实施、从利益冲突到科学伦理等一整套完整的制度体系。德国、澳大利亚、日本、英国、加拿大等西方国家科学基金制度的建立、发展和完善也如出一辙，无一例外地都与法律制度的进步密不可分。

　　国家自然科学基金委员会自 1986 年成立以来，一直高度重视法制工作，不断推进科学基金项目管理规范化和制度化进程。自 1988 年起，许多科学家通过全国人大代表提案，呼吁国家将科学基金的成功经验通过立法的形式固定下来。1993 年全国人民代表大会制定的《中华人民共和国科学技术进步法》中明确了科学基金的法律地位。2004 年初，国务院将"国家自然科学基金管理条例"列入行政法规 5 年立法规划。2007 年国务院公布了《国家自然科学基金条例》（以下简称《条例》）

并决定自 2007 年 4 月 1 日起施行。这是我国科技法律体系建设中的一件大事，是基础研究工作中的一件大事，对于推进科学基金依法管理，完善和发展科学基金制，具有重大现实意义和深远的历史意义。《条例》的颁布实施得到科技界、法律界和国家有关部门的高度认可。2007年《中华人民共和国科学技术进步法》修订时，《条例》中的同行评议、原始记录等制度都被写入新的法律中。2010 年国务院法制办组织完成的《条例》立法后评估报告，从合法性、合理性、可执行性、实效性、协调性、规范性等方面高度评价了《条例》在实施过程中对科技界所产生的良好法律效果。

习近平总书记指出："推进国家治理体系和治理能力现代化，就是要适应时代变化，既改革不适应实践发展要求的体制机制、法律法规，又不断构建新的体制机制、法律法规，使各方面制度更加科学、更加完善，实现党、国家、社会各项事务治理制度化、规范化、程序化。"因此，深入研究和探索科学基金法制问题，不仅是不断发展和完善科学基金制的内在要求，而且也是新时期推进科学基金治理体系和治理能力现代化的迫切需要。国家自然科学基金委员会以《条例》为依据，认真梳理管理规章，确定了《国家自然科学基金委员会部门规章体系方案》，形成了包括组织管理规章、程序管理规章、经费管理规章和监督保障规章四个有机部分，拟以三十六部规章构成完备的部门规章体系。随着我国科技体制改革的不断深入，我们应切实增强科学基金管理人员的法治思维能力，加快科学基金现代治理体系建设，不断提高科学基金依法治理能力。

中国的科学基金制即将进入而立之年，但发展和完善科学基金制却是一个永恒的课题。我们必须看到，基础研究前沿推进的偶然性，不同学科发展规律的差异性，科研人员创新思维的多元性，科研活动自身运动的复杂性，各类项目管理诉求的特殊性，决定了科学基金法制建设很不简单，不是机械地构筑一个笼子就完事大吉。它要求我们在遵守《条例》基本制度的同时，努力做到"出新意于法度之中，寄妙理于豪放之外"。既要客观、全面地认识自身的现状与问题，更需要合理借鉴他人的成功经验。"他山之石，可以攻玉。"这套丛书是国内第一部系统研究国内外科学基金法律制度的学术丛书。世界各国在意识形态和法律体系上有差异，反映在其基金法律制度的内容和视角上亦各不相同，既有国别化的系统研究，也有问题化的专题研究。当然，由于客观条件所限，丛书中还存在某些难尽人意之处，如研究内容与立法动态的同步性问题，某些译名的准确性问题也值得探讨，在研究各国科学基金法律制度时注重立法的梳理，但较少涉及对法律实践的评估等。当然，如此求全责备实属苛刻。各位作者为之付出了辛苦的劳动，通过对国内外科学基金法律制度研究，系统分析和集成了科学基金法制涉及的各种问题，并提出了相应的制度性建议。我相信，这套丛书一定能够为完善科学基金管理，拓展科学基金管理工作者以及科研管理者视野提供有益的帮助和参考。衷心希望随着这部丛书的出版问世，能够吸引更多的研究人员关注相关问题，为进一步完善我国科学基金法制体系提供更多更好的建议。

当前我国全面深化改革工作骐骥跃驰，科技改革不断推进，科学基金在科技体制改革攻坚期要树立敢为天下先的豪气，围绕"筑探索之渊、浚创新之源、延交叉之远、遂人才之愿"的战略使命，着力打造科学基金管理升级版，把科学基金建成公平公正、成果人才一流、管理高效、资助谱系清晰完备的国际一流科学基金组织，成为基础研究之友、科学家之友，为全面提升我国自主创新能力，实现中华民族复兴的中国梦做出更大的贡献。

国家自然科学基金委员会主任 杨卫

2014 年 4 月 2 日

目　录

引　言

基本问题界定

一　国家自然科学基金资助研究的基本特点

在我国的科学研究及科技创新体系中，自然科学基金资助项目研究具有非常重要的地位和作用。它是国家动用财政资金支持基础研究和应用研究的基本方式，是通过激励、帮助、引导高等学校、科研单位等机构的研究人员积极开展研究工作，形成富有创新性的公共产品，并通过该产品的实际应用为社会发展提供支持的方式。自然科学基金资助项目研究具有自己的特点，这一特点对于准确掌握因此产生的成果知识产权问题具有基础价值。

1. 是弥补科学研究市场缺陷的基本手段

市场经济社会中，基于对自身经济利益的追求，市场主体特别是企业会非常重视科学研究，通过对其研究成果的实际应用追求自己的产品或服务在同行竞争中处于有利地位。由于其关注的重点是研究成果的具体应用，因此其科研投入倾向于具有实际应用价值，能够很快产生经济回报的项目，而对于无法收费的公益性研究与开发项目，如公共卫生、交通、环境保护，及那些难以确定回报率的高投入、高风险、大规模、长周期的基础性研究项目，以及高新应用技术研究开发项目，市场主体多采取逃避态度。这些项目涉及经费较多，耗时较长，短期内无法形成生产技术而带来经济效益，但此类研究对于社会及其经济的发展具有长期的支撑作用，其受益面扩及社会大众，因此必须且只能由政府支持完成。为了公共利益及国家目标的实现，政府必须对上述领域进行投入，而且只有政府才能完全担此重任。自然科学基金资助项目研究就是国家支持这类研究的方式之一。概言之，国家自然科学基金投入的领域主要是公益性、非竞争性的基础研究，它对公众生活产生广泛性和根本性的影响，其效果的发挥需要一定的时间跨度，但其科技成果的转化具有重大社会意义；而私人科技投入领域主要在私人产品市场和竞争性较强的技术开发与应用项目，因此它对公众生活的影响往往是局部的片面的，对社会整体科技进步的推动作用相对较小。

2. 研究目的的公共利益性

国家资助研究的目的并不在于营利，而是通过支持基础研究，提升整个国家的科技水平，进一步通过科技成果的转化和应用，提高社会整体利益和推动经济社会进步，因此，其以国家利益和社会公共利益为基本依归，这是全面把握自然科学基金资助项目研究的基础，对于其相关政策制定发挥基础性作用。《国家自然科学基金条例》（后文简称《基金条例》）第一条明文规定，自然科学基金的宗旨在于促进基础研究，培养科学技术人才，增强自主创新能力。这一点明确地体现了其公益性特征。

国家自然科学基金的投入也不同于政府经营性投资。所谓经营性投资，是指以能够获得利润为其投资的基本目标，必须按照经济规律的要求进行的投资，它不仅要在投资运用后收回成本，而且还要得到比投资更高的增量价值。政府经营性投资主要通过国有企业进行，以便提高政府财政积累。国家自然科学基金的投入属于非经营性投入，不是为了实现所投资金的增值，而是以追求整个社会的进步及社会利益的最大化为最终目标，因而它要求研究成果产生后，以服务于我国国家整体利益为第一义务，并尽量能够在全社会范围内最大限度地推广使用。

由此可见，在自然科学基金资助的研究项目中，研究经费的投入不同于私人科技投入，也不同于政府自身的经营性投资，因此不能适用私人科技投入和政府经营性投资的相关规则。在这一资助体系中，国家自然科学基金委员会（后文简称基金委）的法律地位比较特殊，其并不仅仅是项目研究的委托人及资助方，更是社会公共利益的代表者、相关政策的制订者、研究进程的监控者，进而成为国家整个科技市场的重要调控主体。资助研究的终极目标是促进技术创新，推动科学技术进步，并通过促使科技成果的最充分转化利用，以推动国家和社会的整体发展。

　　3. 资助对象的特定性

　　《基金条例》第八条严格限制了国家自然科学基金的资助对象为"中华人民共和国境内的高等学校、科学研究机构和其他具有独立法人资格、开展基础研究的公益性机构"。这一规定限定了我国自然科学基金资助的单位必须符合两个条件：一是具有独立法人资格，二是开展基础研究的公益性机构，只有同时符合这两个条件方可注册为依托单位。换言之，这些单位所属的科研人员才可以申请国家自然科学基金资助。不过应注意的是，《基金条例》第十条规定了一个例外：无工作单位，或者所在单位不是依托单位，但符合特定条件①的科研人员，经过与依托单位协商并取得该依托单位同意，也可以申请自然科学基金资助。这意味着，国家自然科学基金资助的研究人员，仅仅是依托单位或者挂靠依托单位的研究人员，而我国的依托单位仅限于公益性机构，这就排除了大量的企业及营利性机构从事国家自然科学基金资助项目研究的可能性。

　　从某种意义上说，这一点也成为我国这一制度体系的缺陷，有学者指出，"国家资助的科研项目②主要涉及重要的战略性产业，涉及国家安全、国家利益和重大社会公共利益。因此，我国科研计划项目的参与模式一直保持着'小核心，大协作'的格局。在国家创新体系中，高校和科研机构每年都承担大量的国家项目。而企业承担科技项目的课题偏少。2002 年我国国家科技项目第一承担单位分布比例为：科研院所、高校、企业分别占 40.4%、26.5%、27.9%"。③ 从其所追求的基本目标看，大学和科研机构科研人员由于职称及晋升的压力，往往追求多出成果，多出专著及论文；而企业基于其经济利益的考虑，往往注重多出新技术、新工艺、新装备及新产品，并特别强调成果的转化。但在现行整个国家科技体制中，企业难以真正成为技术创新的主体，而基金委更

---

　　① 具体条件为：第一，具有承担基础研究课题或者其他从事基础研究的经历；第二，具有高级专业技术职务（职称）或者博士学位，或者有两名与其研究领域相同、具有高级专业技术职务（职称）的科学技术人员推荐。参见《基金条例》第十条的规定。

　　② 应指出的是，这里的国家资助的科研项目是从总体而言的，并不限于自然科学基金资助，但自然科学基金当然包括在内。

　　③ 钟琼：《国家科技投入项目知识产权管理问题探讨》，《有色冶金节能》2008 年第 3 期。

是将其排除在依托单位之外。这样就导致了我国的科学研究趋于理论化、基础化，研究成果偏重于发表论文与著作，而比较缺少应用性成果。当然，这一点跟基金委的基本宗旨有关。

4. 国家自然科学基金委员会的多重角色①

在自然科学基金资助项目中，国家自然科学基金委员会具有多重角色，这些角色功能的发挥情况直接决定着项目运行的成功与否。第一，国家自然科学基金委员会是年度项目指南的直接拟定者。《基金条例》第十一条规定，申请人申请国家自然科学基金资助，应当以年度基金项目指南为基础确定研究项目，可见项目指南具有导向作用，决定基金资助的范围及领域，从而在根本上决定项目研究的质量及其成果产出。项目指南的制定需经过复杂的程序，首先必须全面掌握我国经济社会发展及科学研究现状，了解国家及社会特别是经济发展对科学技术的基本要求，基金资助项目必须满足社会的基本要求，以最终的实际应用为出发点，而如何发现社会发展的真正需求，就必须进行广泛的社会调研；其次必须清晰掌握国际社会科技发展的前沿，知悉科学研究动态，发达国家的科技情况可为我们提供参考和借鉴，从而发挥我们的后发优势，防止在项目研究方面走弯路；再次必须广泛征求专家意见，进行充分的酝酿和讨论；最后经过会议方式决定，进行发布。由此可见，项目指南的确定并非一项简单的行政管理工作，其包含大量的技术因素，确定适当的项目指南从某种意义上说是项目研究成败的关键。第二，项目申请评审的组织者。国家自然科学基金的项目评审严格实行"依靠专家，发扬民主，择优支持，公正合理"的评审原则，采用同行专家通讯评审和专家评审组评审两级评审制度。② 在整个评审过程中，基金委均发挥着重要的组织作用。第三，整个研究过程的监控者。《基金条例》第六条规定，国务院自然科学基金管理机构负责管理国家自然科学基金，监督基

① 这里存在基金委内部的功能区分问题，实际上很多工作是其内部的各部、局完成的，但由于属于其内部职能划分，因此均归属于基金委。

② 具体的操作流程如下：在基金委发布项目指南与受理申请报告后，有意愿的研究者们撰写申请书，经研究者所在的依托单位初步审核后，统一向国家自然基金委员会申报，在一定期限内集中接受申请书，收到的申请书经由科学部初审公布初审结果，接着进行同行专家通讯评议，最后由委务会议审批，下发批准资助通知及未获资助通知。参见 http：//www.nsfc.gov.cn/publish/portal0/jgsz/07/，访问时间 2014 - 3 - 17。

金资助项目的实施。由此可见，基金委全程监督整个项目研究过程，具体包括一系列的监督活动，比如审核项目研究情况的年度进展报告及信息披露、对项目经费使用情况进行监督、对依托单位履职情况进行抽查等，有利于项目研究的顺利开展、规范资金的使用、加快成果的转化，实现促进基础研究的目的。第四，项目成果的管理者。科学研究的目的在于取得重要研究成果并推广应用，从而利用科学技术推动社会进步。基金委应当对自然基金项目成果进行管理，包括制定相关政策、进行具体管理，确保项目成果能够转化和应用，并切实发挥实际作用。

二　项目成果及其分类

（一）项目成果的界定

本书所指称的项目成果是指由国家自然科学基金资助而进行的科学技术研究、开发、试验和应用推广等活动所取得的结果，其首先表现为科技成果，其次该科技成果是在国家自然科学基金资助的基础上完成的。一般来说，科研项目的成果从形式上看主要包括研究报告、学术论文、著作以及在项目研究过程中所产生的各种原始数据和资料。虽然其价值和实质性特征均表现为成果中所包含的具有创新性的技术、发现、思想观点、方法及程序等，但所有成果都必须以一定的外在载体表现出来，而不能仅仅停留在思想阶段。

从其实质内容来看，项目成果必须具有一定的新颖性、先进性、实用性和学术意义，必须在人类已有的成果基础上有所发明、有所创造、有所前进和提高。它应该是指某项科学技术研究活动取得的具有价值的结果，未经过研究创新，借用甚至剽窃来的结果不是科技成果；同样，虽经过了研究活动，但没有取得价值性的突破，或者仅仅是现有成果的重述，没有任何创新意义，则很难称其为研究成果。《中华人民共和国促进科技成果转化法》第二条规定，科技成果转化所针对的成果是"科学研究与技术开发所产生的具有实用价值的科技成果"。而且一般说来，该成果必须能够应用于社会生活，发挥实际的效用。或者在人文社科领域，能够比既有规则更好地调节人与人之间的关系，或者能够实际应用于生产领域，推动方法的创新、工具的创新或者思维方式的创新，从而推动科学技术的进步。

（二）项目成果的类型

项目成果的类型划分是一个特别困难的问题，但又具有十分重要的意义，因为项目成果的类型限定了成果的具体范围。依据不同的标准和划分目的，项目成果可以有不同的分类。

从成果的实质内容来看，参照我国《科学技术成果鉴定办法》及相关实务部门关于成果类型的界定，项目成果根据自身的本质属性主要可分为三种类型：基础理论成果、应用技术成果和软科学成果。基础理论成果是指在探索自然、社会、思维等领域物质形态及其运动规律，阐明客观现象、特征、规律及其内在联系，在学术上具有新见解，并对科学技术发展具有基础指导意义的科学理论成果，包括基础理论成果和部分应用理论成果；应用技术成果是为解决生产及其发展中科学技术问题的，具有新颖性、先进性和实用价值的应用技术成果，包括新产品、新技术、新工艺、新材料、新设计和生物、矿物新品种等；软科学成果是以促进科学技术、经济与社会的可持续协调发展为目的，推动决策科学化和管理现代化而取得的研究成果。

在实务中，我国有时会根据所属的行业领域对成果进行分类，具体而言，我国划分的行业领域为：（1）农、林、牧、渔；（2）采矿；（3）轻工；（4）石油加工、化工、制药；（5）金属冶炼加工；（6）设备制造；（7）电气水的生产和供应；（8）建筑；（9）运输、仓储和邮政；（10）信息传输和计算机软件；（11）经济、金融；（12）科学研究和地质勘查；（13）水利；（14）环境保护；（15）通用工业技术；（16）医药卫生；（17）文化、教育、体育和娱乐；（18）其他。① 从学科分类而言，我国的科技成果分为：自然科学类、农业科学类、医药科学类、工程与技术科学类及人文与社会科学类。②

需要说明的是，随着新兴交叉研究的出现和繁荣，很多研究成果并

---

① 参见国家科技成果网 http://www.tech110.cn/tech/front/view/production/html/index.jsp，访问时间 2010 – 7 – 3。

② 同上。

非简单地被划归为某一种类型，而是出现交叉、融合的现象，因此上述的学科领域的边界会出现模糊，成果的归属也就出现困难。

从成果的表现形式看，项目成果主要有研究报告、学术论文、专著等。基金委网页有一个栏目为"成果公布"，其内容为"科学基金共享服务网"，将成果形式局限于期刊论文、会议论文、著作和奖励四类。

应当予以说明的是，目前我国的成果评价及成果管理体系过分强调成果的形式和载体，而忽视了成果的实质内容，在诸如项目结项、评奖等活动中，只重视成果的外在形式，关注成果发表的杂志以及出版社的级别，几乎不去审核成果的实际内容。一个可以理解的原因是，成果形式的判断较为容易，而内容的判断则需要专门技术，并不是非常容易就可以进行的。

三　知识产权

（一）基本界定

所谓知识产权，英文为"intellectual property"，德文为"Gestiges Eigentum"，其原意均为"知识（财产）所有权"或者"智慧（财产）所有权"，也称为智力成果权。澳大利亚联邦政府知识产权管理部门（IP Astrailia）将知识产权界定为"代表着属于你的精神或智力性财产，它可以是一项发明、商标、原创性设计或某一种想法的实际应用。在商业的用语中，它意味着你所拥有的知识——在当今商业领域获得成功的关键性要素"。① 澳大利亚的一部重要法律《对公共基金资助研究知识产权管理的国家规则》，将知识产权界定为"思想和智慧的财产"。《中华人民共和国民法通则》规定，知识产权属于民事权利，是对于创造性智力成果和工商业标记依法产生的权利的统称。

知识产权是对一定的智慧成果赋予权利人独占权利且排他使用的法律资格，它通过赋予权利人一定期间的排他使用权来激励创新，推动思

① 参见澳大利亚知识产权局官方网站 http：//www. ipaustralia. gov. au/ip/index. html，访问时间 2010 - 7 - 3。

想、科学及文化等的发展。知识产权的客体为智慧成果，如技术发明、商标、文学艺术作品等。这些客体是以其负载的信号刺激人们的感官，引起心理活动，满足审美、情报以及识别等方面的心理需要。① 知识产权的内容表现为对智慧成果的直接支配，具体表现为两大部分：一是表彰自己作为权利人的身份，二是通过对权利的行使获得经济利益。知识产权是一个完整的权利，虽然作为权利内容的利益兼具经济性与非经济性，但不能把知识产权说成是两类权利的结合。知识产权是一种内容较为复杂，含有经济性和非经济性权能的权利，因此从类型划分而言，应该与人格权、财产权并立而成为独立的权利类型。

（二）类型

知识产权包括哪些类型，既是一个理论问题，又涉及现在各国法律和国际公约的规定。《建立世界知识产权组织公约》（1967 年）第二条第八项规定，知识产权包括下列有关的产权：文学、艺术和科学著作或作品；表演艺术家的演出、唱片或录音片或广播；人类经过努力在各个领域的发明；科学发现；工业品外观设计；商标、服务标志和商号名称及标识；以及所有其他在工业、科学、文学或艺术领域中的智能活动产生的产权。根据这一规定，可以将知识产权分为两大类。第一类是以保护人在文化、产业各方面的智力创作活动为内容的权利，包括著作权和发明权；第二类是以保护产业活动中的识别标志为内容的权利，包括商标权、商号权等。前一类又可分为以保护和促进精神文化为主的著作权与以保护和促进物质文化为主的专利权。但是实际上，在上述公约之前，1883 年的《保护工业产权巴黎公约》已经有了关于"工业产权"的规定，工业产权保护的对象有专利、实用新型、工业品外观设计、商标、服务标志、厂商名称、产地标志或原产地名称和制止不正当竞争。所以一般又把知识产权分为著作权与工业产权两大类，在工业产权之下又分专利权、商标权、商号权等。

现在，由于科学技术的进步，人类智能产物应受法律保护的日益增多，知识产权的范围也逐渐扩大。例如保护对象又增加了版面设计、计

---

① 参见张俊浩主编《民法学原理》，中国政法大学出版社 1997 年版，第 457 页。

算机软件、专有技术、集成电路等，而且还在不断增加。所以知识产权现在是一个尚在扩大中的一类权利的总称。

综上所述，知识产权是一个不断扩张的开放体系。科学技术的发展和社会的进步，不仅使传统知识产权的内涵不断丰富，而且使知识产权的外延不断拓展。对于科技成果奖励权、地理标志权、域名权、反不正当竞争权、数据库特别权利、商品化权等能否成为独立的知识产权，在理论界存在较大分歧。此外，如原产地名称、专有技术、反不正当竞争等也规定在巴黎公约中，但原产地名称不是智力成果，专有技术和不正当竞争只能由反不当竞争法保护，一般不列入知识产权的范围。

上述对知识产权的分类，是从一般意义上进行的，具体到本研究，与项目成果相关的知识产权应当包括哪些，是一个值得研究的问题。我国台湾地区的"科学技术研究发展成果归属及运用办法"，所规定者就是"国家资助"项目成果问题。[①] 该办法第四条规定，"本办法所称研发成果，指执行单位执行科技计划所产生之技术、原型、著作等成果，及因而取得之各项国内外专利权、商标权、营业秘密、积体电路电路布局权、著作权或其他智慧财产权。为执行科技计划所建置或购买之研究设施及设备，非本办法所称之研发成果"。这一规定对于界定政府资助项目成果的范围很有启发。结合基本理论和我国的实际，我国项目成果的知识产权主要是指专利权、计算机软件著作权、集成电路布图设计专有权、植物新品种权和技术秘密。[②]

本书主要集中于对项目成果专利权问题的研究。一方面，在所有的知识产权类型当中，专利权最为重要，项目成果获得专利权的可能性最大；另一方面，我国项目成果知识产权的归属与保护等基本问题，以及我国项目成果的管理机制体制问题，在专利权方面表现得特别突出，因此，将重点问题研究清楚，其他问题就迎刃而解了。在专利权之外，还研究了著作权、集成电路布图设计权、植物新品种权和商标权。由于很多问题与专利权类似，因此对其他类型知识产权只做了简要的分析。

---

① 其第二条规定："'经济部'及所属机关委托或补助执行之科学技术研究发展计划研发成果之归属及运用，除法令另有规定者外，适用本办法之规定。"

② 参见《国家科技重大专项知识产权管理暂行规定》第二条。

（三）特点

1. 知识产权是一种无形财产。知识产权作为一种权利，当然是无形的，因为作为权利，其原本就是无形的，客观上并不存在有形的权利。这里之所以称其为一种无形财产，主要是从其客体而言的，相对于物权的客体为有形的物，知识产权的客体为无形的智慧类成果。基于此，权利人对其客体的支配，就不会如同物权人对物的支配一样，因客体本身的特性而具有排他性，因此对知识产权客体的专属性支配就不是基于客体本身，而是依赖于法律制度的规定。另一方面，这一特点决定了知识产权的使用具有非排他性，非权利主体对知识产权的利用会更加方便，权利人也可能许诺给多人同时进行使用。正是由于"无形"这一特点，"给知识产权保护、知识产权侵权认定及知识产权贸易，带来了比有形财产在相同情况下复杂得多的问题"[①]。与知识产权相关的其他多种特征、制度设计等，其基础均在于这一权利客体的无形性。

2. 知识产权具备专有性的特点。即独占性或垄断性，除权利人同意或法律规定外，权利人以外的任何人不得享有或使用该项权利，权利人独占或垄断的专有权利受严格保护，不受他人侵犯。只有通过"强制许可"、"征用"等法律程序，才能变更权利人的专有权。

3. 大部分知识产权的获得需要法定的程序，比如，专利权的取得需要申请和批准，商标权的获得需要经过登记注册。程序性要求是知识产权获得法律保护的前提，也是智慧类成果进入国家法律制度保护的基本管道。通过法定程序，首先，国家能对可获得知识产权保护的客体进行审查，以决定是否给予其知识产权保护；其次，国家也可通过这一程序控制知识产权的规模，防治技术垄断可能导致的副作用；再次，国家通过特定程序的设置，对知识产权的总体发展进行引导和监控，使得知识产权的走向符合社会公共利益，防止产生知识和技术所具有的反面效应；最后，特定程序的完成，也有利于在发生侵权事实时，权利人对于其享有权利这一事实的举证。

4. 地域性，即除签有国际公约或双边、多边协定外，依一国法律

---

① 郑成思：《知识产权论》，法律出版社 1998 年版，第 76 页。

取得的知识产权只能在该国境内有效，受该国法律保护。这是国际社会关于知识产权保护的一般原则，其基本理由在于国家对于是否授予知识产权具有主权性价值，各国借助于自己的法律制度，对是否授予知识产权进行独立的审查和决定，从而对知识产权的授予进行总体控制和掌握，以服务于自己国家的经济社会发展，避免知识产权引发的某种消极后果。然而随着世界经济的一体化，知识产权的国际保护成为一种比较普遍的诉求，由此就出现了知识产权的国际公约、条约与相关规定，而这些都规定了较为复杂的程序要求和制度规范。正是由于这一点，权利主体如果要想将其知识产权纳入国际社会的保护范围，就必须注意履行相关的程序要求，注意国际上相关国家及组织的知识产权规定。

5. 时间性，即只在规定期限内受到保护，超过了有效期，知识产权的客体就会成为公共产品，任何人均可以免费使用。有效期制度的目的，在于平衡知识产权人的利益与社会公共利益，一方面法律尽量给予一个合理的权利期限，使得知识产权人可以在这一期限内获得足够的经济效益，以收回其创造智慧成果所支付的成本，并取得一定的额外收益，从而刺激社会主体积极进行知识创新，促进科技、文化等的进步发展；另一方面，知识产权保护意味着对智慧成果的使用垄断，其他人并不能当然地进行使用，这在某种意义上会妨碍社会进步与发展，因此给予适当的时间限制是必要的。知识产权时间性的要求，就是这两种利益比较权衡的结果。

6. 知识产权受到法律较为严格的限制。知识产权虽然是私权，法律也承认其具有排他的独占性，但因人的智力成果具有高度的公共性，与社会文化和产业的发展有密切关系，不宜为任何人长期独占，所以法律对知识产权规定了很多限制：

（1）从权利的发生来说，法律为之规定了各种积极的和消极的条件以及公示的办法。例如专利权的发生须经申请、审查和批准，对授予专利权的发明、实用新型和外观设计规定有各种条件（《专利法》第二十二条、第二十三条），对某些事项规定不授予专利权（《专利法》第二十五条）。著作权虽没有申请、审查、注册这些限制，但也有著作权法第三条、第五条的限制。

（2）在权利的存续期间上，法律都有特别规定。这一点是知识产权与所有权的一个重要区别。

（3）权利人负有一定的使用或实施的义务。权利人自己使用或者许可他人使用是知识产权制度的一般规定，违反这一义务可能导致权利丧失或者其他不利后果。这一规定的出发点在于：既然法律赋予权利主体独占性权利，且以其他主体不能私自使用进而间接影响社会公共利益为代价，权利人就必须对其加以实施，否则知识产权制度的目的就无法实现。知识产权人的知识产权使用义务是其区分于物权的一个显著特征，这也是知识产权公共利益属性的要求。

（4）其他限制。知识产权还负担有多项限制，比如不得阻碍直接为了社会公共利益的使用，国家在一定范围内享有优先权；不得阻碍后来人基于科学研究目的使用，对著作权，法律规定了合理使用制度，对于专利权法律规定有强制许可制度；同时在知识产权转让、利益分享等方面也有比较多的限制和规定。

（四）作用

1. 知识产权确认及保护的重大意义

（1）为智力成果完成人的权益提供了法律保障，调动人们从事科学技术研究和文学艺术作品创作的积极性，从而推动整个社会的技术进步和文化艺术活动的繁荣。同时为他人展示知识产权本身的价值，对于潜在的知识成果创造人提供示范和激励。

（2）为智力成果的推广应用和传播提供了法律机制，为智力成果转化为生产力，从而产生经济效益和社会效益提供约束和激励。知识产权一方面具有保护功能，另一方面具有重要的约束作用，知识产权人应当积极使用其智慧成果，通过自己使用或者授权他人使用的方式，使得智慧成果转化为实际的技术，或者在社会生活中发生其固有的功能和作用，进而推动社会整体发展进步。

（3）为国际经济技术贸易和文化艺术的交流提供了法律准则，促进人类文明进步和经济发展。随着国际社会知识产权交流的频繁发展，知识产权规则已经趋向于国际化，一个国家的知识产权制度不仅是本国知识产权发展的基本保障，它也成为国际知识产权制度的重要组成部分，为在国际社会范围内推动知识产权的发展与交流发挥积极作用。

（4）在当今世界经济一体化的背景下，知识产权保护是我国履行国际承诺，融入世界经济体系的必然要求。我国已经加入了国际社会中几个非常著名的知识产权公约，承担着保护他国知识产权的基本义务，这也是我国的知识产权获得国际社会认可和保护的基本条件。

附带说明的是，1893 年，依据《保护工业产权巴黎公约》成立的国际局与依据《保护文学艺术作品伯尔尼公约》成立的国际局联合起来，组成了国际知识产权保护联合局。1967 年在斯德哥尔摩成立了世界知识产权组织，1974 年成为联合国专门机构之一。它的宗旨是通过国际合作和与其他国际组织进行协作，促进在全世界范围内保护知识产权，以及保证各知识产权同盟间的行政合作。中国已在 1980 年 3 月 3 日参加了世界知识产权组织，同年 6 月 3 日成为该组织的正式成员国。

2. 项目成果知识产权保护的意义

项目成果知识产权的确认和保护，不仅具有上述知识产权确认和保护的一般意义，它还具有特殊的作用。

（1）保障国家科学资金的合理应用

我国的自然科学基金均来自于公共财政，是国家用于科学技术研究的专项拨款，对这一资金的合理利用，一方面本身是公共资金使用的必然要求，另一方面也只有这样才能发挥国家资金的本来目的。国家通过知识产权的确认与保护制度以及项目成果的管理制度，促使项目负责人和依托单位能够按照国家法律所引导的方式进行相关行为，尽量使得国家资金的使用符合其所预定的目标。我国每年投入大量的资金资助科学研究，就投入数量而言，已经位居世界的前列，但就其所发挥的作用而言，客观来说，对于整体社会科学技术的推动作用还是比较有限的。这其中有很复杂的原因，其中的一点是我国的相关知识产权制度还不够完善，在对相关人员的约束与激励方面还有进一步改进的空间。知识产权人享有确定的权利，本身就是一种强大的激励，同时，知识产权人也必须接受特定的约束，这是知识产权制度发挥引导作用的重要手段。科学基金使用应当朝着能够带来知识产权的方向，这是通过知识产权制度保障科学基金合理应用的关键。

（2）激励依托单位督促项目负责人进行项目研究

在国家资助项目运行体制中，存在着至少三方当事人：国家资助机构、依托单位、项目负责人和实施者，其中依托单位居于中间环节，对科学基金的应用和管理发挥着重要作用。国家通过知识产权制度，比如规定项目成果的知识产权归属于依托单位，来激励依托单位积极督促项目负责人及其团队认真进行科学研究，并提供相应的研究条件和时间保证。由于基金委负责着众多的项目，其无力对所有的项目进行监督管理，因此依托单位的管理具有至关重要的作用，故而通过知识产权制度来调动依托单位的积极性，是国家项目运行机制中的关键环节。这一点，区别于相关主体通过自投资金进行的研究，对后者而言，由于资金本身属于自己，研究者会努力追求有益的结果，如果研究过程中出现懈怠，那必然自己承担相应的后果。换言之，自主投资、自主负责的原则在一般情况下本身就会发挥约束与监督作用。与之相反，由于国家基金资助研究的经费来自于国家，研究失败或者怠于研究的结果由国家承担，这时如果缺少必要的监督管理，则出现弊端的可能性会大幅增加。

（3）促使项目成果发挥社会功能

国家投资进行科学研究的领域与范围区别于一般企业或事业单位的自主投资研究，后者研究的重点可能多集中在能够短期内带来经济效益的研究项目，研究者希望尽快收回投资并能带来额外的收益，因此这类项目可能是辐射面较小，集中于技术层面，并且仅仅是与本主体的利益紧密相关的。反之，国家资助研究的项目具有全局性、重大性，一般而言，其发挥作用需要一段时间，但这些研究对于社会整体的进步是必要的。概言之，国家资助研究的项目具有社会公益性和整体性。国家通过知识产权制度，来保障这一社会公共性目的的实现。比如通过国家优先权、强制许可制度等，促使知识产权的应用首先有利于国家和社会的公共利益。同时也通过知识产权的其他制度，来激励和约束研究者及相关主体能够在研究以及知识产权的应用中关注和保护社会公共利益。

四　法律关系

（一）法律视角

对于一个问题的研究，可以从不同的视角来进行，相应的研究重点就不相同。如果采用社会学的视角，将主要考察和分析该问题产生的社会基础和社会原因，所提的解决方案具有的社会效应及其社会效果，是将一个问题置于特定的社会环境当中，考察在这一背景下该问题的应有解决方案。如果是哲学的视角，则侧重从思维方式角度，考察一个问题产生的哲学基础，其关注点在于抽象思维及一系列要素的逻辑关系，从而探讨其解决方案。

法律视角的基本特征是，将特定主体纳入一定的法律关系当中，赋予不同的主体不同的权利义务，并通过同时赋加责任的方式来保障权利的实现和强制义务的履行。法律问题区别于政策宣示的基本点在于：后者比较笼统概括，无法特别得清晰和具体化，且仅仅停留在鼓励、宣传、提倡这一层次，无法将意欲推动或者抑制的行为明确列举为相关主体的义务，违反之并不必然招致法律责任的发生，因此，政策层面的约束是软化而弹性的。法律强调权利义务的确定性，以相应的责任作为约束要素，当事人可以通过法律规定明确自己的行为方式。当然法律并非均为强制性规定，有许多的规定属于授权性规范，意欲通过这些规范赋予当事人行为的自由，并通过使当事人取得并保有利益的方式进行激励，发挥法律对人的引导作用。法律直接规定当事人应当进行的行为类型及其行为方式，这类规范属于强制性规范，其中部分属于义务性规范，部分属于责任性规范，法律通过这些规范来约束当事人，迫使其按照法律的规定选择自己的行为，从而实现法律的预定目的。

法律视角强化法律的价值，要将所研究的问题置于特定的法律领域当中，以现有的法律规定为基础，探求某一问题在现有法律制度背景下所应当有的解决方案，同时取向于法的公平正义价值，参考其他国家的法律规定，借助于思维从应然的角度探求这一问题的应有法律效果，比较分析现有法律制度的不足，通过提出解决这些问题的可能方案，进而完善相关的法律制度。对一个问题进行法律视角的研究，主要是探讨这一问题所产生的法律基础、法律上的原因，并在法律原则的指导下，通过法律规则的完善来探寻问题的解决方案。法律视角的侧重点在于分析现有法律制度的具体规定，剖析其对于这一问题的规范缺陷，寻找法律的完善途径，通过法律本身来解决特定的问题。当然，法律视角的研究也不排除法律社会效果的研究，检讨现有法律规定的实际效用，通过分析法律制度的社会基础来探讨问题的原因及解决方案。

法律视角的另一重要方面是法律程序问题。法律程序特别关注当事人取得某种权利或者履行特定义务所必需进行的行为的顺序、步骤。程序本身直接影响实体的权利和义务，它为人们规定明确的行为节奏，并通过特定国家机关介入的方式，来约束和监督行为人的相关行为。一般说来，程序应当是正义而必要的，程序的设计必须符合其既定目的，程序不能仅仅增加人们的行为负担。在所有的程序当中，除了诉讼程序之外，相关的行政程序最为重要。行政机关的介入通常能够保障人们的行为符合社会公共利益要求，并通过特定的程序要求促使行为人谨慎行事，切实履行相关手续，从而实现法律设计程序的真正目的。

本课题的研究侧重于法律视角，以知识产权法及与自然科学基金相关的法律为基本的依据，将相关当事人置于特定的法律关系当中，详细研究国家资助项目各当事人之间的法律权利和义务，并明确相关的法律程序。本研究在借鉴国际社会相关法律规定的基础上，重点探讨我国法律制度的具体规定，解剖分析其不足之处，在结合我国实际国情的基础上，根据法律的一般原理原则提出完善我国相关法律制度的具体建议，并试图通过这一方式，保障国家资金能够真正发挥其应有的功能，促进我国科学技术的进步和文化生活的繁荣。本研究除了涉及知识产权法的内容之外，部分还涉及行政法，将基金委视为一个行政机关，探讨其应发挥的监督功能，通过行政程序的设计和相关权利义务的配置，使得基金委享有广泛的监管权力，并通过该机构功能的发挥，来保障国家资助项目研究的正常进行及相关成果的合理利用。当然，在这一关系当中，相对人也并非仅仅是消极承受，其也享有充分的自由和权利，可以依法对基金委进行监督，使得后者不能擅权，只能忠实地行使自己的权力。双方相互合作并相互监督，其目的在于保障国家资金的合理有效利用，推动科学发展与社会繁荣。

（二）法律关系的依据

法律权利和义务的赋加必须具有非常清晰的依据，对此，不同类型的法律领域又呈现不同的特色。在私法领域，权利义务赋加的基本特点在于，凡是法律未明文禁止的，均为私主体可自由行为的范围，即均属权利。当然，民事主体可以通过意思自治的方式对自己的权利进行限制，此即通过合同来对双方的权利义务重新进行规划，从而实现在私法领域的自主生活。在公法领域，权利义务赋加的基本特征在于，对于享有公共权力的机关而言，其享有权力必须依赖于法律等的明确授权，即只有明定的权力才是合法的，而对于相对人而言，其所受到的义务约束也必须有明确的依据。这样处理的出发点在于限制公权，尽量满足普通主体行为自由的需求。

国家自然科学基金所资助的项目，基金委与受资助人之间的关系，一方面具有合同的性质，另一方面又具有行政管理的属性。对于合同本身的性质，有学者主张为行政合同，也有主张为民事合同的。民事合同的基本特征是双方当事人必须居于平等地位，任何一方都不得对另一方有任何的强制。资助协议的双方当事人——基金委和受资助人，二者不是完全平等的民事主体，基金委是国务院直属机构，是行政单位，具有一定的监督管理权力，所以资助协议更加符合行政合同的特征。双方当事人既是约定的权利义务的承担者，同时基金委依法可行使一定的监督管理权。

由此，就基金资助项目成果管理而言，如果没有国家法律法规的明文规定，最好的办法是将相关内容在资助协议当中进行明确约定，即使是基金委通过相关规定明确享有的权利，如果能够在资助协议当中进行重申，将行政法规的要求转化为当事人的自主选择，无疑会强化这些权利的合法性，保障这些权利的顺利实现。这种做法的深层价值在于，宣示了一种弱化管理、尊重相对人自治的理念，并且通过协议的方式实现了管理的目的。国外基金会通常都非常重视资助协议，并明确规定协议的必备条款，正是这一理念的实际体现和应用。

在项目成果知识产权产生后，权利人与其受让人及使用人之间，是平等的民事主体关系，他们之间除了法律的具体规定之外，完全根据民事合同来约定双方的权利和义务，这些约定清晰地体现意思自治的原则，当事人通过合同来实现自己的利益追求，并通过追究民事责任的方式来保障相关义务的履行。在很多情况下，法律只发挥候补作用，这意味着只有在当事人没有对特定情形作出明确约定时，法律才能发挥作用。当然，许多的法律规定属于强制性规定，当事人对此并没有选择余地，只能严格按照法律的规定去行为。

（三）项目资助协议的当事人

在此有一个重要的前提性法律问题需要明确：资助协议法律关系的当事人双方究竟为谁？权利义务必须有可归属之处，法律只能在确定主体之后才为其设定具体的权利义务。可以肯定的是，合同的一方当事人为基金会（基金委为其执行机构），值得研究的是合同相对人。我国基金条例当中出现两个主体："依托单位"、"项目负责人"，究竟这二者都是合同主体抑或只有其一？我国的法律对此并不明确。根据《基金条例》第四章的规定，似乎依托单位和项目负责人均为合同的一方当事人。有一种学术观点认为，就具体的权利义务而言，真正享有实质性权利并履行实质性义务的主体为项目负责人，而依托单位仅仅是在其与项目申请人或负责人的关系当中具有意义，是基金委方便管理的一种技术设置，并不享有实质性的权利，同时也不承担实质性义务。因此，应当将我国资助协议的一方主体直接规定为项目负责人。本书认为，这种观点虽有一定的道理，但从实际操作的角度看并不符合我国的实际。首先，将合同相对人确定为项目负责人不利于基金委进行有效管理，全国每年大约有八万件的资助项目，[①] 如果基金委需跟每一个项目负责人签订合同并进行实际管理，基本上难以完成，因此只能通过依托单位来进行。其次，依托单位作为相对人也符合国际惯例。对此，可以类比美国的 NSF 制度。根据美国 45 CFR650.4（b），美国的资助合同相对人为受资助人（grantee），而发明人（inventor）是合同之外的第三人，而美国的 grantee 相当于我国的依托单位。最后，在我国，资助经费也是拨到依托单位的账户，而并非直接拨给项目负责人，如果说合同相对人是项

---

① 国家自然科学基金委员会 2014 年第 57 号文件，《关于公布 2014 年度国家自然科学基金申请项目评审结果的通告》，显示国家自然科学基金委员会在 2014 年度项目申请集中接收期间共接收各类项目申请 151445 项，经初步审查受理 147270 项。根据《国家自然科学基金条例》，国家自然科学基金相关类型项目管理办法的规定和专家评审意见，决定资助面上项目、重点项目、部分重大项目、创新研究群体项目、优秀青年科学基金项目、青年科学基金项目、地区科学基金项目、海外及港澳学者合作研究基金项目、重点国际（地区）合作研究项目、国家重大科研仪器研制项目（自由申请）和部分联合基金项目，合计 35641 项。其余项目正在评审过程中。

目负责人也无法对此进行合理解释。因此本书将资助协议的当事人双方确定为基金委和依托单位。项目负责人作为依托单位的内部人员，其行为应当受到依托单位的监督和管理，项目负责人所完成的技术成果应当属于职务成果，这一点在后文还会论证。

当然，如果是同一项目组，其成员也会享有一定的权利，并承担相应的义务，但其并非资助协议的合同主体。其地位相当于合同之外的相关当事人，其权利义务的来源要么是项目负责人的授权或约定，要么是法律法规的明文规定。项目负责人与项目参与人之间应当有一个协议，具体约定相关的权利义务。

明确资助协议的双方当事人非常重要，因为这为后面的论证和研究奠定了前提基础。本书的前提就在于此。

第一章

项目成果专利权的归属[①]

项目成果的种类多样，不同种类的成果获得知识产权保护的可能性存在显著差异。比如基础数据、特有的科研方法等成果，经常难以进行识别和保护，同时这些研究的前期或者阶段性成果也可能成为其他研究的基础。也正是基于这个原因，各个依托单位在其长期的研究过程中，对于这些成果的积累使其在科技变革中处于一个主动的地位。相反，发明、实用新型等成果却是易于识别和保护的。发明相对于其他研究成果，在申请专利获得保护之后，更易于进入公共领域并产生社会价值和其他经济价值，也正是因为发明的这一特点，发明的权利归属及其保护就成为国家资助项目成果知识产权问题的核心。在国家资助项目成果知识产权保护体系中，为了有效地实现对国家资助项目成果的保护，首先应明确保护的重点。毋庸置疑，发明专利权是项目成果知识产权保护的重中之重。

一 专利权保护的对象及基本要求

各国考虑自己不同的国情和历史传统，规定可以授予专利权的对象有不同的范围。在德国、法国、日本等多数发达国家，专利法保护的对象仅限于发明。其主要原因在于，由于这些国家自身的科技水平较高，需要提供专利权保护的对象就需要有更高的技术含量和创新性，从而把

---

① 这里需要说明的是，权利的归属与权利的取得是同一问题的两种表达，只是其视角不同而已，前者是从权利的角度出发，而后者是从主体的角度出发。本书选择从权利的角度展开论述，故表述为权利的归属。

专利权的客体限制为较为高端的发明。而有些国家在其专利法中规定了多种专利对象，比如我国的专利法（包括台湾地区）就规定了发明、实用新型和工业品外观设计三种；美国专利法的保护对象包括发明专利、植物专利和外观设计专利。当然，美国专利法中的植物专利并不保护一切植物新品种，而仅限于通过无性繁殖手段培育出的新品种。《保护工业产权巴黎公约》规定，专利法所保护的对象有发明、实用新型和外观设计。综合考察各国的专利法，可以发现绝大多数国家的专利法只保护发明专利，但随着科学技术进步和社会经济的发展，越来越多的国家已经开始重视对实用新型和外观设计的专利保护了。

1. 发明

关于发明，各国法律或学术界均有各自的定义。《日本专利法》第二条规定："发明是指利用自然规律的具有高度创造性的技术构思。"德国法学家柯拉称发明是"以技术形式表现出来的人的精神创造，是征服自然、利用自然并能产生一定效果者"。《美国专利法》第一百零一条称发明为"任何新颖而实用的制法、机器、制造品、物质的组合，或者任何新颖而适用的改进方案"。

国家资助项目成果的专利权，主要是指在国家的资助下进行科学研究所获得的新兴的或者改进的产品、程序或技术。美国拜杜法案中规定："发明"是指可以根据本法保护的任何发明、发现或专利，或植物新品种保护法案[①]中规定的新颖多样的植物新品种。[②] 美国国家科学基金会（NSF）在其管理体系文件 NSF 21. Patent Rights. a. 1 中规定：发明是指任何受专利保护或受 Title 35 of the USC 保护的创造或新发现。对于新颖的品种和植物将受到植物品种保护协会的保护。[③] 美国 NSF 21. Patent Rights. a. 2 中规定：项目成果是指在资助基金支持下，由项目负责人集中研发的新技术或用于实践中的发明。例如在项目进行过程中研发出的植物新品种或新的数据的确定方式或模式等。[④]

---

① 7U. S. C. 2321 et seq.

② Patent Right in Inventions Made with Federal Assistance § 201 Definitions（d）.

③ National Science Foundation（NSF）Grant General Conditions（GC－1）January5, 2009. 21. a. 1.

④ Ibid.，a. 2.

　　一项发明要想申请专利并获得专利法的保护，必须具备一定的条件。我国规定的条件包括技术性条件和法律性条件。从技术条件而言，主要包括三个方面：第一，发明是指利用自然规律在技术上的创造和革新，不是认识自然规律的理论创新；第二，发明应为解决特定技术课题的新技术方案，而不是单纯地提出课题；第三，作为发明的技术方案必须通过一定的物质形式表现出来，而不是仅仅停留在头脑中的一种构思。从法律性条件而言，也包括三个方面：第一，必须具备新颖性、创造性和实用性。关于新颖性，是指在申请日以前没有同样的发明在国内外出版物上公开发表过、在国内使用过或以其他方式在国内被公众所知，也没有同样的发明由他人向专利局提出申请并且记载在申请日以后公布的专利申请文件中。创造性，是指同申请日以前已有的技术相比，该发明有突出的实质性特点和显著的进步。实用性，是指该发明能够制造或者使用，并且能够产生积极效果。第二，必须符合国家法律和公共利益的要求。我国《专利法》第五条规定，"对违反法律、社会公德或者妨害公共利益的发明创造，不授予专利权。对违反法律、行政法规的规定获取或者利用遗传资源，并依赖该遗传资源完成的发明创造，不授予专利权"。第三，必须不属于国家法律明文排除授予专利权的情形。①

　　另外，我国可授予专利权的发明有三种类型：第一是产品发明，是指通过智力性劳动创造出来的新产品和新物质，如机器、机床、设备、装置、工具等多种的制品发明；第二是方法发明，是指利用自然规律作用于某一物品或者物质，使其发生新的部分质变或成为另一种新的物品或者物质的发明；第三，改进发明，是指对已有的产品发明、方法发明所提出的实质性革新的新的技术方案。

　　2. 实用新型

　　实用新型，是指对产品的形态、构造或者其结合所提出的实用的新的技术方案。实用新型应当具备下列条件：第一，必须是某种产品；第二，必须是具有一定形状、构造或者其结合的产品；第三，必须在产业上有直接的实用价值。相对于发明而言，我国法律对于实用新型在创造

———————

　　①　比如我国《专利法》第二十五条就明文规定有些发明不能授专利权。

性方面的要求较低，① 只要求该实用新型有实质性特点和进步，而并非如同发明一样有"突出的实质性特点和显著的进步"。

3. 外观设计

外观设计，是指对产品的形状、图案或者其结合以及色彩与形状、图案的结合所作出的富有美感并适用于工业上应用的新设计。外观设计应当具备以下条件：第一，是对产品外表所做的设计，必须与产品有关；第二，是对产品助外形、形状、图案等做作的设计，它包括对产品外形的三维空间所作的设计，也包括对产品的外形所作的二维平面设计；第三，必须能够使人产生美感。对于外观设计而言，仅有新颖性的要求，而新颖性仅仅指有关设计同申请日前在国内外出版物上公开发表或者国内公开使用过的外观设计不相同或不近似，并不得与他人在先取得的合法权利相冲突。

二　美国项目成果专利权的归属

要对项目成果进行专利权的保护，首当其冲的是明确界定专利权的归属，由此须对资助人、依托单位② 及科研人员之间的权利义务进行合理的划分，明确其在专利申请、享有等方面的具体权利和义务。本书首先考察美国的相关规定，在总结国际经验的基础上，进一步梳理我国项目成果专利权归属的基本规则。

美国在处理政府资助项目成果知识产权尤其是专利权的归属问题上，经过了半个世纪的探索。二十世纪六十年代之前，美国各行政部门对此都有不同的规定，分别确定了自己系统的归属原则。这些原则总体有两种，一是所谓的"收权原则"，二是所谓的"放权原则"。前者是指政府投入的科研项目所产生的成果专利权均归政府所有，因为政府是投资人，代表公众对项目投入了资金，因此政府有权享有成果的专利权，并根据自己的情况决定其使用方式。而后者则认为，这些创造发明

---

① 参见郑成思《知识产权法》，法律出版社 1997 年版，第 239 页。

② 首先需说明的是，在美国的相关规定当中，"受资助人"类似于我国的"依托单位"，是指与资助机构签订协议接受资助并组织研究活动，享受相应权利并承担义务的人。本书在非严格意义上，互用"受资助人"和"依托单位"这两个概念。

主要是受资助人通过辛苦的创造性研究活动所取得的，而且受资助方在研究过程中有大量的人力和物力投入，因此受资助人有权拥有和保留成果的专利权，但政府基于公共利益可以免费使用。可以说，这两个原则反映了人们对待政府投入资金进行研究取得成果的基本态度。1963 年，美国政府发布了一项统一而且灵活的政策，即在政府获得专利权能够更好地服务于公共利益时，专利权就归属于政府，否则就由研究开发单位保留。这项政策从表面上看似乎是合理的，但由于"公共利益"这一不确定法律概念的内涵过于笼统、含糊和充满弹性，没有明确的外延界定，导致这一规则的适用灵活有余而刚性不足，实际上是给政府赋予了处理这类问题的更大的自由裁量权。政府可以以"公共利益"为借口占有大量的专利权，而这些专利权往往又未能实际发挥效用，政府科技投入的目标仍难以实现。①

　　二十世纪八十年代以来，美国为了加快科技发展步伐，对传统的专利政策进行了反省，并对其专利制度进行了数次大的修改，通过了《史蒂文森法案》和《拜杜法案》等法律规范。本书下面的分析主要依据美国现有的相关规定。需要特别强调的是，美国受资助的对象主要是大专院校、非营利机构和小企业。

（一）权利归属的基本依据：相关法律体系及资助协议

1. 相关法律体系

　　美国的国家资助项目成果知识产权管理体系是目前世界上最为先进、最为完整和全面的国家资助项目成果管理体系。该体系主要是以美国国家科学基金会（NSF）的相关规定、拜杜法案、45 CFR § 650 及 37 CFR 以及相关的知识产权法案为基础而建立起来的。

　　项目成果专利权的取得和归属主要是探讨项目成果专利权的主体问题。根据法律部门之间的分工与协作，专利权的归属属于基本民事权利的范畴，必须由国家法律明文规定，而不能通过国家资助机构的有关规定进行确定。美国关于专利权的归属，主要是由联邦法律加以规定的，

---

① 参见张晓玲、郑友德《政府科技投入项目成果知识产权归属的原则》，《科技与法律》2001 年第 1 期。

而排除了各州法律的介入。但是美国联邦法律的共同特点是其规定比较笼统，而且对于普通人来说理解起来比较晦涩。为了使相关的法律制度得到落实，除了由法律明确规定之外，美国的 NSF 作为国家资助研究项目的主要资助人和管理人，在其基金会的运作指南当中，也会提供标准的专利权条款供当事人选择，通过这样的方式具体化了法律的规定，为当事人提供了选择空间。但是这些条款并非强制性条款，对当事人没有强制力，它的存在主要是为当事人订立合同提供参考，并对美国联邦的相关法律、相关概念以及法律关系作出具体化的解释。

2. 资助协议

美国《拜杜法案》详细规定了各个资助协议应当包含的一些适当的规定以及相关的应有事项。这一协议是确定权利归属的重要依据。通过对这些应有事项和相关规定的分析，可以发现这些事项的内容显示了美国的资助协议的几个主要特点。

首先，规定了依托单位的权利和义务，以及这些权利和义务的除外情形。在这些规定中，尤其强调了在依托单位放弃或怠于履行义务或者行使权利时，联邦政府可以获得项目成果的相关权利，这种权利的取得主要是通过规定依托单位权利行使的期限、逾期不行使或不恰当行使的结果——导致权利发生转移——而实现的。这种规定一方面有利于敦促依托单位积极地对其研究成果申请知识产权并寻求法律保护，另一方面在其怠于行使权利时，由国家代替而成为权利主体，有利于避免研究成果的浪费和滥用。同时，在整个资助协议体系中，虽然强调依托单位作为受资助人和直接参与的研究人所享有的各项权利和应承担的各种义务，但是协议体系仍然以国家利益为重，即在美国履行国家义务以及履行美国签订和参加的国际条约、国际公约、双边或多边协定以及谅解备忘录等约定的义务时，国家的权利优先于依托单位的权利。除了基于国家的国际义务使国家获得项目成果的优先权利外，在国防、军事、核工业等领域，国家的需求也优先于其他主体的需求。通过对依托单位的权利限制和压缩，以强调国家在国家资助项目成果体系中的地位并肯定其相关的权利。

其次，在资助协议中规定依托单位在寻求合作以转化项目成果时的某些限制。一方面，为了促进科研资源的良性循环，法律要求依托单位在获得项目成果的回报后应当将部分资金用于科研和教育，以培养更多的科研人员投入到研究领域。另一方面，限制依托单位盲目购置科研设备等固定资产，并要求依托单位在将其成果投入产业领域进行转化之前，要对项目成果有合理的评价，并对市场有足够的了解，以保障项目成果应有价值的实现。① 这些限制性的规定为国家资助项目研究涉及的各个主体的科学研究、成果实施和转化体系的良性运行提供了支持。随着依托单位将经济回报投入科研和教育，一是能够改良设备，提高科研机构的研究能力，拓宽研究的深度和广度；二是通过对教育机构输入资金从而帮助后者培养出更多优秀的科研人才。同时，这种限制对于理顺项目成果转化的机制和实现转化效益最大化也具有重要意义。

（二）具体的权利归属

在 NSF 的管理制度中，NSF 的资助对象为依托单位，即 NSF 与依托单位直接发生法律关系，NSF 代表的是国家或联邦政府，而发明人则可能是隶属于依托单位的研究人员或是依托单位为完成资助项目临时雇用的研究人员。根据上述三方之间的关系，资助所获得的发明专利权的分配规则如下。

1. 项目成果的基本专利权归属于依托单位，即使在丧失专利权的情况下依托单位也具有最低限度的权利。②

专利权的归属有一个基本原则，即除了职务发明外，非职务发明的专利权属于该专利的发明人或者设计人，对此各个国家包括美国均认可。拜杜法案中明确规定，除非有其他特别规定，每一受资助的非营利性组织或者小企业都可享有基金项目成果的所有权利。在美国的管理体系中，以上内容中提到的"受资助人"及"依托单位"是指"任何人、小公司或非营利组织，是在一个资助协议下受领科研资金，承担科研义务的一方当事人。"③ 拜杜法案规定，"小公司"指的是，在《公司法》第二节85—536（15U. S. C. 2632）中定义的和小型企业总署的管理规

---

① Patent Right in Inventions Made with Federal Assistance § 202. Desposition of rights（c）.

② Cite：45 CFR § 650. 4 Title 45 – Public Welfare Chapter VI-National Science Foundation, Part 650＿ Patents – Table of Contents.

③ Patent Right in Inventions Made with Federal Assistance § 201. Definitions（c）.

定中规定的小公司。① 而"非营利组织"是指大学和其他高等教育机构
或组织类型及 1986 年国内税收法典 501 （c）（3）26 U. S. C. 501 （c）
和国内税收法典 501 （a）26 U. S. C . 501 （a）中规定的任何非营利性
的科学和教育机构。②

《拜杜法案》同时还规定，每一个非营利组织，或小型商业企业，
可以在按规定披露了项目成果之后的合理期间内，选择保留项目成果的
所有权，除非存在下列情况而资助协议另有约定：

第一，受资助人不在美国定居或在美国没有营业场所；

第二，该受资助人受外国政府控制；

第三，当联邦机构为了更好地促进政策和目标的实现而决定限制或
排除受资助人选择保留项目成果的所有权；

第四，经法律或行政命令的授权，政府机关基于国家安全，限制或
排除受资助人选择保留项目成果的所有权；

第五，当资助协议中包含有与国家海军核动力或武器相关的程序或
发明，或者是归属于能源部门的由政府所有、协议方操作的设备等相关
的内容时，与该项目相关的所有合同和协议都可以限制受资助人选择保
留项目成果的所有权。

当上述例外情形出现时，非营利组织或小公司无权保留项目成果
的所有权，此时项目成果的专利权将归联邦政府所有。③ 上述对于受
资助人取得权利的限制体现了国家资助项目的特点：一是国家资助项
目成果应当立足和服务于本国，其成果应当为本国的国家、社会以及
经济谋福利，而不是相反；二是国家资助项目成果应当能为本国所控
制，在国家和社会需要的时候，该成果能够为国家所用，国家公权力
能够介入而不受外国政府的干预；三是国家对某些特定领域的科研成
果享有特别的权利，主要是涉及国防、武器以及负面效果比较难以控
制的成果，一方面，这些成果不适合进入社会生活和商业领域，另一
方面，这些成果的滥用会对国家、环境等造成巨大损害，进而严重损
害社会和公众利益。因此，无论是依托单位或者是商业领域的生产

---

① Patent Right in Inventions Made with Federal Assistance § 201. Definitions （h）.

② Patent Right in Inventions Made with Federal Assistance § 201. Definitions （i）.

③ Patent Right in Inventions Made with Federal Assistance § 202. Desposition of rights （a）.

者，出于对社会和公众安全以及自身可控制能力的考虑，也都认可国家对这些成果的专利权予以保留的权利。总的来说，国家资助研究项目的特点就是在项目运行各个环节中，都有国家公权力或大或小的影响，国家在特定时候也可以成为特殊的权利主体参与项目成果的确认、保护、实施和转化。

由以上规定可以看出，在美国，一项国家资助项目成果的专利申请权、专利权以及与之相关的许可使用权、转让权、转包权等均由依托单位即受资助人所有，而不是直接归项目成果的发明人所有，也不是直接归美国的 NSF 所有。但是，依托单位取得项目成果的专利权必须要符合法律的规定，即在法定的时间内以适当的方式向 NSF 提出保留权利的通知。只有其在合理的时间内提出了权利保留，才可以取得所保留的相关权利。可见，依托单位作为该体系中最重要的主体，原则上各项权利均归其所有，其对项目成果的相关权利的取得是原始取得，但是只有依托单位在采取积极的态度和行为后，才能完整地取得权利。

2. 国家可以在专利的使用上享有一定的权利，即"对于依托单位保留所有权的项目成果，为了美国的国家利益，联邦政府在世界范围内享有非排他的、不可转让的、不可撤销的、支付费用的使用许可权"。[①]国家也可以在依托单位放弃权利或者怠于行使权利的情况下，获得专利权。

美国的通说认为，在国家资助项目管理体系中，国家资助机构与依托单位之间构成委托关系。依托单位如果就项目成果申请专利并取得专利权，国家资助机构作为委托人可以免费实施该专利。同时，当依托单位转让其项目成果的专利申请权时，国家资助机构以及相关的政府机构也应当享有优先的权利。

联邦政府取得的权利需要区分国内和国外两个部分。在国内，联邦政府取得项目成果所有权的前提是依托单位明确表示放弃保留项目成果的所有权；依托单位在法律规定或者 NSF 规定的期限内怠于行使项目成果的权利，从而导致权利移转。一般来说，在国内，依托单位

---

① Cite: 45 CFR § 650. 4 Title 45 – Public Welfare Chapter VI-National Science Foundation, Part 650 Patents – Table of Contents.

作为权利人，有义务也有需求将其技术成果推广并实施。同时，依托单位作为独立的法人，也有资格和机会与工商业生产者通过订立实施许可合同完成项目成果的实施。此时国家权力的介入是次要的，起辅助作用的，只有在依托单位没有能力或者怠于实施的情况下，基于对项目成果权利的保护和价值的保持，才能由政府代表国家取得所有权并促进其实施和转化。在这个模式下，政府通过原始取得成为项目成果的权利人。而在国外范围，政府取得所有权的目的主要是为了维护国家利益，或者是在依托单位没有能力在外国进行项目成果的专利权保护时，通过权利的转移，继受取得项目成果的专利权，成为适格的权利人。从这个角度来看，国家在国外成为资助项目成果的权利人，其目的一是为了防止该项权利因受到所在国政府的国家行为而使依托单位或者被许可使用权人的利益受到侵害，其目的之二是通过政府的努力使本国的成果在国外得到有效的专利权保护，进而维护本国专利在外国应有的利益。

3. 发明人在依托单位选择放弃专利权时，有条件地享有基本的专利权。① 如署名权、获得报酬权等等，但是任何权利的取得都不能以损害他人合法权益为条件，因此，发明人的某些权利可因损害依托单位、资助机构或发明人的雇主的权利而被排除。

美国《拜杜法案》规定："如果一个依托单位在符合本法规定的情形下，选择不保留项目成果的所有权的，联邦政府可以依本法之规定取得所有权。但当联邦政府基于具体的情况，可以在与受资助人协商后将该项目成果的权利授予成果的发明人。"② 可见，项目成果的发明人原则上不能成为项目成果的权利人，依托单位和政府的权利要求均优先于发明人。在依托单位和政府均对项目成果放弃权利请求后，发明人虽然获得了顺序权利，但是发明人也有权放弃或拒绝该权利。所以，发明人取得财产性知识产权的条件之一是需要其他主体放弃保留所有权，另一个是发明人接受或者申请成为权利人。发明人取得的是依托单位和政府均放弃的项目成果的专利申请权和所有权，也应当属于原始取得。发明

---

① Cite：45 CFR §650.2（c）Title 45 – Public Welfare Chapter VI-National Science Foundation，Part 650_ Patents-Table of Contents.

② Patent Right in Inventions Made with Federal Assistance §201. Definitions（d）.

人取得权利后也可以将该权利进行授权许可使用或者转让。① 但是，当发明人或其代表在向国外申请专利时，需要通过电子文本的形式向 NSF 提交一个政府享有许可的确认书，并同意提交包含有联邦支持条款内容的专利申请书，仅在完整履行上述程序并获得同意后，发明人方可在国外申请专利。这种对本国专利的保护模式各国均有，如我国，如果一个专利的持有人要向国外申请专利或者要将该专利转让给外国的主体时，需要向国家专利局提出请求或者申请备案，以防止有利于我国社会、经济发展的专利外流。

就普通的知识产权成果而言，在没有特别约定的情况下，科研成果的权利人便是该科研成果的实际研究人，实践中往往就是项目负责人。但是国家资助项目具有其特殊性，如前所述，资助协议的双方当事人分别是资助人和受资助人。项目负责人隶属于依托单位，这就使依托单位在成为权利享有者的同时也是义务承担者。此时，如果由项目负责人再享有相关的权利，就与依托单位的权利义务相冲突，因此，在国家资助项目管理体系中，项目负责人并不对项目成果直接享有财产性的知识产权。同时，项目负责人作为资助项目的直接参与人，不仅要受依托单位的制约，同时也会受到其他的限制，比如，若基金资助者事先声明这一项目是为了履行国际协定或国际条约规定的义务时，美国 NSF 将有权指示项目负责人向其他国际条约参与国告知这一项目成果的各项情况，以与国际协定和条约的要求相协调。②

4. 以美国 NSF 为典型的代表国家和政府的资助机构，在依托单位和发明人都放弃相关的权利的情况下，应当及时将专利成果公布于众以便公众知悉和使用。③

赋予资助机构这样的权利就是为了避免研究成果的浪费，通过国家权力的介入，使各种研究成果都能在社会发展中发挥其应有的价值，也使资助项目的成果物尽其用。实践中，出现这种情况的原因一般有二：

---

① National Science Foundation （NSF） Grant General Conditions （GC - 1） January 5, 2009. 21. c.

② Ibid. , b.

③ Cite：45 CFR §650. 2 （d） Title 45 – Public Welfare Chapter VI-National Science Foundation, Part 650_ Patents – Table of Contents.

一是，研究成果往往涉及基础学科研究，这类研究的显著特点就是资金消耗巨大，转化的成本比较高，转化后所体现的实际效果需要长期的努力来实现，依托单位及发明人往往因无力转化而将其放弃，这就需要国家的介入，为专利成果的转化和实现提供人力、物力、财力以及政策和法律制度上的支持；二是，资助项目研究失败，未能实现预期目标，也未能产出独立的可直接进行转化的成果，资助机构通过向公众公布相关信息，使这些未完成的研究在公众的关注下成为以后更新研究的基础和铺垫，从而使这部分未完成的或者失败的研究材料、数据和某些初步的智力成果为其他科研人员所共享，为进一步的研究提供一个平台。

另外，对于依托单位和发明人都放弃权利的成果，如其他政府机构对该成果有兴趣，则资助机构可以有条件地给予该机构优先权利。

可见，美国相关制度的最大特点就在于：除了保护依托单位和项目负责人的最低限度的权利以外，体现了国家资助项目的国家性，最终的目标就是为了维护国家和社会公共利益，并使每个国家资助研究项目的成果都能够为社会所利用，使其价值得到合理的实现，从而实现国家的资助能够获得与资金相当甚至更高的回报，物超所值。[①]

（三）美国政府的政策支持

在国家资助项目成果管理体系中，依托单位虽然是其中最为重要的角色，但是政府作为国家公权力的代表也是不可或缺的。这里所谓政府，并不仅限于国家资助机构。政府在整个体系中，一方面充当了项目成果保护者和实施者的角色，另一方面更为重要的是代表国家为整个体系的良性循环提供有力的政策和制度方面的保障。政府既是维护体系运转的权力主体，同时也是帮助依托单位实现权利的义务主体。比如，在《拜杜法案》中明确规定了政府在参与项目成果管理时应当负有保密义务；在依托单位没有能力或怠于转化项目成果时，政府拥有项目成果的强制许可权等等。所以，国家资助项目成果管理体系的建立，除了需要明确权利的归属和取得以外，还需要国家和政府通过明确相关的政策，

---

① National Science Foundation （NSF） Grant General Conditions （GC - 1） January 5, 2009. 21. e.

制定相关的法律以明确各方的权利和义务，从而为整个体系的构建和发展创造有利的条件和空间。

除了为体系的建立和运转提供制度支持外，政府是最有力的权利维护者，这种强大的实力特别表现在其于境外保护专利权的时候。无论是个人还是法人或者其他组织，在国外维权时，相对于所在地的国家和该国的法律，总是处于弱势地位的，尤其在该国相关的法律规定缺乏一定合理性时，这些主体就更显得无能为力。但是当政府代表国家在境外成为项目成果的权利主体后，该项目成果就成为国家财产，一方面可以享受国家财产的豁免，另一方面，政府也能为该项目成果提供更有力的保护。①

需要补充说明的是，在美国的政府资助体系中，还有另两类受资助人，第一类是由政府拥有并操作的联邦实验室（GOGO），第二类是政府拥有，受资助人操作的联邦实验室（GOCO）。对于 GOGO，研究人员职务上的任何发明创造的专利权及电脑软件的著作权都归属于联邦政府，但是政府可以授权联邦实验室董事会与企业签订专利技术移转协议。GOCO 的情形与前述原则基本相同，在其获得政府资助部门同意后，可以通过独家授权方式对这些专利权和著作权进行转让和利用。但是政府保留行政介入权以及基于公共利益需要而无偿实施该研究成果的权利。

三　欧洲国家的专利权归属

欧洲国家项目成果专利权的归属，并不存在一个统一的模式，各国都会显示自己的特点，但总的说来主要有以下的归属依据，由此就决定了专利权的归属主体。

（一）基于法律以及政府规章而确定项目成果的权利归属

这是确定项目成果权利归属的基本依据，主要针对职务成果而言。

---

① Patent Right in Inventions Made with Federal Assistance § 209. Licensing federally owned invention (a).

职务研究主要涉及的是依托单位与实际的科研人员之间在资助项目研究中的权利义务关系。关于什么是职务研究，本书后文将做详细论述，在此只作简要说明。"职务研究"主要包括两种情况：一是指执行本单位的任务所进行的研究，二是指主要利用本单位的物质技术条件所进行的研究。① 目前尽管对于职务研究的具体界限各国有不同的规定，但总的来说，职务研究的成果直接归属于单位成为各国公认的基本原则。在国家资助研究的场合，依托单位是项目承担者，而研究人员仅仅是其工作人员，其所完成的研究成果应当属于职务成果，因此专利申请权应当归属于依托单位，申请专利后，依托单位成为该成果的专利权人。与此同时，欧洲国家规定了较为复杂的权利限制、丧失及强制许可等制度。

这其实是欧洲借鉴美国《拜杜法案》的原则而作出的规定。② 《拜杜法案》颁布之前，在研究成果的保护过程中，无论是政府还是其他经过授权的管理公共事务的组织，都不能有效获得资助项目成果的知识产权，并使该研究成果进入产业领域。同时，由于政府本身在社会公共事务中的角色，决定了政府主导的研究成果的专利许可只能是非独占性的普通许可，这种模式也因此失去了对新兴研究成果和新发明本身的吸引力，客观上不能使这些新兴的研究成果得到有效的转化，从而降低了其应有的价值。后来，欧洲各国通过借鉴《拜杜法案》，赋予了研究机构即依托单位更多更明确的权利，并客观上促进了研究成果的合理利用和转化。比如英国政府规定，公共资助的研究成果的知识产权属于最有利于成果开发的当事人。英国专利局在2002年发表的《政府研究合同中的知识财产》一文中明确指出，"除非存在合法有效和具有强制性的相反因素，公共资助的研究中产生的知识财产的所有权归属于提供研究成果的实体"。

1. 研究机构有权对其所研究出的成果寻求知识产权保护，申请专

① 在欧洲还存在一种相对特殊的情况，即科研人员作为某单位的员工在其存在职务身份期间，也可以进行非职务研究，即在欧洲所谓的"free inventions"。这种研究独立于其所属单位派发的任务，也不以其所属单位的资源和设备为基础。在国家资助项目成果保护体系中，大多数的观点认为科研人员的研究属于依托单位的职务行为，即包括"service invention"和"dependent invention"，而对于"free invention"，则在整个国家资助研究项目体系中一般不予考虑。

② See for example the historical overview made by Howard W. Bremer: University Technology Transfer: Evolution a Revolution. - 1998, Council on Governmental Relations.

利并成为专利权人。当国家资助研究成果的利益与科研机构联系在一起时，有以下好处：一是依托单位作为权利人，为了能够实现成果转化后的经济利益，会采取积极主动的态度促进和推动国家资助项目成果的转化和实现，从而减轻国家资助机构和其他相关部门就项目成果转化和实施的压力，同时也可以减少国家权力对相关经济领域的干预；二是使依托单位成为权利人，依托单位就会重视对项目成果及其专利权的保护，从而对规范相关市场起到一定的积极作用；三是依托单位持有项目成果，作为科研机构，其完整地持有某一新技术的相关资料和权利，有利于促进该依托单位自身的发展以及同其他单位的合作，促进技术改进和更新，客观上可以降低国家资金的二次投入，节省资源。

2. 依托单位有权将其研究成果许可他人使用，且该许可使用包括排他性许可及独占许可，而不仅仅限于普通许可。如果仅仅是普通许可，商业领域生产者的积极性将被大大地降低，因为在这种情况下，可期待的利益并不高，却要承担大量的成本来采用新兴技术投入生产、改善设备，此时很多生产者可能会选择观望，从而降低了国家资助项目成果转化的效率。然而独占实施许可可以为采用新兴技术的生产者创造巨大的利益空间，刺激商业生产者积极参与国家资助项目成果的转化，促进新的科研成果和专利产生重大社会效益。从依托单位的角度来说，依托单位不仅仅因为参与利益分配而提高了进行国家资助项目研究的积极性，更重要的是通过参与商业价值的分配，其自身可以与商业领域的生产者建立良好的合作关系，为未来科研成果的转化创造机会，同时这部分利益的收入也是对依托单位自身不断发展的有力支持。

3. 研究发明人在研究成果转化且形成商业价值后，可参与商业利益的分配。在国家资助项目中，科研人员的权利被压缩，客观上可能会造成他们的懈怠，从而影响整体的研究水平，而使其参与商业价值分配就弥补了这个缺陷，使其能够投入自己的心力来完成依托单位承接的科研项目。

由于《拜杜法案》对欧洲各国产生了不同影响，欧洲各国在考虑自身国情的基础上也有不同的规定。比如：

1. 有些国家和地区，如奥地利、比利时、丹麦、俄罗斯、法国等国近年来纷纷制定法律、规章或者政策，确认依托单位对于研究成果的专利权，或者同时规定在某些情况下政府对于资助项目的研究成果具有某些优先权。当然，政府享有优先权的条件也因各国的国情不同而有所差异，如有的国家政府出于公共利益的需要而优先使用该成果或者专利，还有的可能是出于对国家或者地区利益的考虑而赋予政府某些优先使用的权利。

2. 也有不少国家，如芬兰、挪威、瑞典、意大利等国出于对科研人员的保护而构建所谓"教授权利"，即由教授享有研究成果的所有权。在这些国家中，一个科研机构往往以教授为主导，因此这些国家主要通过确认"教授权利"来实现对国家资助项目成果及其专利权的规制和保护。

德国的制度非常典型，值得特别提出。德国专利权的归属以保护智力成果完成者个人利益为总体原则。对于发明创造，德国适用"发明人原则"，由发明人或设计人申请并获得专利权，职务发明也不例外。政府资助项目成果的专利权归属同样如此，由发明人享有原始的专利申请权。德国的倾向性观点是，尽管从表面来看，政府有权支配这类发明创造，但由于政府无须考虑竞争利益，因此原则上没有取得该研究成果全部权利的必要。政府科技投入是为了产生更多的科技成果并使这些成果有效转化。因此，如果研发单位或个人更善于利用科研成果并使其发挥更大经济效益，那么政府就不应享有除无偿的非独占的使用权以外的专利权。这样说来，职务发明的权利归属原则在德国并不适用，尤其不适用于大学教师。大学教师的任何发明包括本职工作中的发明，均属自由发明，学校不得要求大学教师转让其发明专利申请权及专利权。大学教师在其发明完成后，没有告知学校的义务，但学校有非专属但优先的使用权。德国的这一规定目的在于保障大学教学与研究自由，鼓励大学教师积极主动地从事科技研究开发工作。马克斯·普朗克科学促进协会是德国最大最重要的独立的民间学术研究机构，其经费主要来自于政府，但其研究成果并不因此而归属于政府，而是由研究人员与该协会依"发明人原则"享有。协会和研究人员可以通过独占方式授权他人实施专利，协会可代表政府保留被授权人无正当理由不实施或未充分实施专利时对契约的终止权，以及基于公共利益作其他许可授权的权利。①

　　欧洲各国在借鉴《拜杜法案》的基础上通过国家立法将项目成果的专利申请权和专利权赋予研究机构，一定程度上通过明确权利主体的方式提高了项目成果知识产权保护的可能性和安全性。但是从另一角度来说，这种模式强调专利权属于依托单位，实际研究人员只有在依托单位将该成果利用并转化之后方有可能获利。从目前的情况来看，这种模式在一定程度上打击了研究发明人的积极性，无形中会使科研人员排斥国家资助项目的研究，尤其是基础项目的研究，而转向具有较高回报的其他具有经济价值的项目。这种缺陷也逐渐成为国家资助项目管理系统实际运行的一大挑战。

　　对于所谓的"教授权利"模式，即使科研人员个人享有专利申请权，很多研究发现仅以其个人力量和条件，根本难以完成专利的申请工作并找到使用该专利的产业合作者。因此，在这种模式下，科研人员往往会与其依托单位约定由单位享有并申请专利，科研人员从依托单位获得研究的经济支持和资源，并在研究成果向社会价值、经济价值转化的过程中获得依托单位的帮助，同时可以参与成果或者专利转化后的利益分配。这种立法模式极大地提高了科研人员的积极性，促进了科学研究的发展，虽然对于依托单位的权利有所限制，但是从实际效果来说，更有利于科学技术成果在社会各个领域中的转化和应用。

（二）基于合同约定来确定项目成果的权利归属

　　根据相关的法律规定，在国家资助项目管理体系中，依托单位成为主要的权利人，实际研究人员的权利受到了很大的限制甚至剥夺，这就必然导致在国家资助科研项目下各参与主体之间的权利冲突，也就必然产生国家利益、依托单位利益和科研人员利益之间的博弈和冲突问题。为了避免研究成果归属方面的争议，欧洲的实践往往是，作为主要依托单位的学校都须与科研人员以合同的方式约定与研究成果相关的权利和义务，包括但不限于：

―――――――

　　① 张晓玲、郑友德：《政府科技投入项目成果知识产权归属的原则》，《科技与法律》2001 年第 1 期。

（1）研究成果的权利归属。一般情况下该权利归属于依托单位，即学校；

（2）科研人员个人取得报酬、奖金的权利以及相关报酬、奖金的数额及支付方式；

（3）科研人员个人的署名权；

（4）依托单位有义务为科研人员的研究提供资金、资源和设备的便利及支持；

（5）科研人员应当勤勉地完成研究任务，并不得侵犯他人在先的专利权；

（6）依托单位取得研究成果的权利后，应当履行保护研究成果的义务；

（7）依托单位有义务依照法定或规定的形式及途径推广、应用研究成果并取得研究成果的转让费或使用费。

一般来说，依托单位和科研人员既可以在承接资助项目后专门针对该项目签订合同，也可以在科研人员入职签订劳动合同时，在其中约定相应的条款。这些约定，有的是进一步具体化法律的规定，对相关问题进一步明确，有的是在法律规定之外进一步补充法律，填补法律规定的漏洞，当然，当事人也可以作出与法律相反的约定，基于私法的任意法属性，这种约定也是被允许的。

需要指出的是，并非所有的合同均约定依托单位绝对地享有成果的专利申请权或专利权。由于依托单位在取得研究成果权的同时，也相应地需要承担保护、推广该成果的义务。因此有的合同约定，依托单位对于研究成果享有专利申请权，但依托单位在两年内怠于行使该权利或者不履行特定义务的，科研人员可以自行申请专利并取得专利权。目前各国基本都承认在国家资助研究项目中，科研人员在一定情形下可成为研究成果的权利人。

（三）基于合作资助协议而确定项目成果的权利归属

在合作资助协议下的科研项目，除了国家资助机构作为资助人之外，还存在一个非官方的资助人，即商业领域的资助人，一般是具有一定生产和成果转化能力的商业生产者。所谓"合作资助"即国家资助机构和商业资助人共同资助的科研项目。目前在我国这种资助模式还比较少见，但是在欧洲和美国，由于依托单位的商业化和社会化程度比我国的依托单位更高，为了达到更好地完成项目研究并实现转化的目的，欧洲各国均存在这种模式的资助研究项目。

对于合作资助项目成果的权利归属，欧洲模式恰好与《拜杜法案》相反，商业领域的资助人可以成为研究成果的所有权人，并相对于依托单位享有专利申请的优先权利。也就是说商业领域的资助人通过对科研项目的资助，可以获得项目成果申请及实施的优先权。在这种模式下，依托单位的某些权利会受到商业领域资助人的限制，但是其所面临的科研成果的促进、转化和实施问题也得以解决。从欧洲各国看，目前法律对于商业领域资助人和依托单位之间的权利义务关系尚没有明确的规定，两者的关系在市场经济的杠杆下可以通过订立合同来解决。这类合同相对于普通的专利许可合同，最主要的特点就是该合同往往在项目立项时便已订立。一般来说，在这种资助合同中可以涉及但不限于下列内容：

1. 商业领域的资助人参与科研项目的资助，会对项目成果和发明专利拥有一定的优先权利。因此，依托单位应当对商业领域资助人的权利予以充分的尊重，即在依托单位以自己名义申请对研究成果的专利权之前，在约定或者法定的期限内征得商业领域资助人的同意。如果后者逾期不作答复或在约定期限内怠于行使该权利，依托单位可以以自己的名义申请专利并成为专利权人。原则上说，此时商业领域的资助人逾期不作答复所放弃的或怠于行使的权利为项目成果的专利申请权，但不应直接影响到这类资助人对于项目成果转化和实施的优先权利。当依托单位就项目成果申请并获得专利以后，应当在进行实施和转化之前与商业领域的资助人再次进行沟通，一般后者仍享有优先的、独占或非独占（从合同的约定）的实施许可权。在其仍然放弃实施、怠于实施或逾期作出相关意思表示时，依托单位则取得寻求其他商业领域生产者的合作以实现项目成果转化的权利。

2. 当商业领域资助人放弃或怠于行使专利申请权而保有成果实施和转化的优先权时，依托单位可以以自己名义申请专利并成为唯一的专利权人，其后可以通过授权许可使用的方式将该专利授权给商业领域的资助人使用。

对于商业领域的资助人和依托单位之间的关系和运行模式，一般都没有法律的明确规定，其内容和范围以及权利的范围及归属，都可以由双方在立项的资助合同或者之后的补充合同中加以约定。从合同内容来说，一般可能包括但不限于上述约定。从欧洲的实践来看，欧洲的普遍做法并不主张给依托单位设定过多的义务，以避免这些义务成为其研究的障碍。同时对于合作资助项目，除了商业领域的资助人，仍然存在代表官方的资助机构的介入。由于不同的科研成果在功能、应用领域以及其对社会和国家的影响作用有差别，因此国家权力的介入程度和影响程度也有差别。从这个角度讲，依托单位和商业领域资助人的权利义务关系也要受到项目自身特点和国家权力的影响，从而使其合同的约定内容出现差异。但从对资助项目成果知识产权保护的角度来说，专利申请权和实施许可权仍然是两者关系的核心。

从上面的论述可以看出，美国及欧洲国家都希望国家资助项目成果被完全利用，因此"放权让利"成为其处理国家投入项目成果专利权归属问题的总的指导思想和基本原则。值得一提的国家还有日本。在日本，政府资助科研项目成果的专利权归属长期以来一直是个处于争论状态的问题。通常的做法是，政府的雇员（包括国立大学教授或国立研究机构研究员）的创造发明如果利用了政府专门资金或专门设备，则按雇员发明法的规定，其专利权归属于政府。雇员有权获得一些相应的补偿金，并可享有保留非独占性许可证的权利。而非政府雇员利用政府经费进行的创造发明，其专利权由投资方的政府和受资方的个人通过合同的方式约定。日本传统的指导思想是政府出资项目的研究成果应由政府保留其专利权，即采取"收权原则"，通过"收权原则"使政府出资产生的创造发明能够公开利用，或者在政府指导下发挥其效用。但实际上，政府管理实施这类专利的效果并不理想，大量的政府科技投入项目成果得不到充分的应用，日本政府不得不对传统的"收权原则"进行反省。尽管迄今为止日本尚无关于政府科技投入项目专利权归属的统一规定，但是鼓励技术创新，加速发明创造成果的有效利用已成为日本科技立法的主要指导思想。1996年4月，日本科学技术会制订的《科学技术基本计划草案》提出，国立科研机构的发明人员将与国家共享研究成果的专利权，并允许科研人员用自己研究开发的成果创办企业。

　　这些国家将政府资助项目研究成果的专利权下放给依托单位，依托单位负责技术的实施和转让，但政府保留使用权和必要的介入权。总之，这些国家在处理政府资助项目成果专利权归属问题时，都摒弃了"谁投资谁拥有"的经济学观念，放权让利、促进技术创新和科技成果的有效利用已成为这些国家和地区政府投入项目成果专利权归属的基本原则。事实表明，这种归属原则使政府资助项目科研成果得到了迅速转化，从而极大地推动了这些国家及地区的经济发展。

四　我国台湾地区项目成果专利权归属的制度变迁

　　过去，我国台湾地区在"政府"科技投入所取得的专利权归属方面，长期援用"国有财产法"，即只要是"政府"出资的研究项目，无论是委托还是补助均由"政府"取得相关的专利权，但由于受"国有财产法"对权利处分及行使规范的限制，专利成果的运用极为有限，导致部分研究成果长期闲置。而智慧财产权要经使用才能真正发挥其价值，若一直未被使用，不仅无法收回其经济利益，而且技术发明也可能因时间流逝而丧失其价值。

　　如何充分利用这类智慧财产，达到技术扩散目的并给社会带来经济利益，是台湾地区长期关注的一个问题。通过借鉴国际经验，并不断反思与总结，台湾地区逐渐形成一个共识性的意见："政府"没有必要取得其出资形成的智慧财产权，特别是在补助情形下，如补助目的已达到，而且智慧财产权由受补助者享有更可发挥其效用，则应考虑将智慧财产权归属于受补助者。在科研经费日益削减，而研究成果却大量积累，官产学研商各界合作呼声逐日增高之际，台湾地区"立法院"于1998年12月通过了"科学技术基本法"，其中确立了"政府"推动科学技术发展的基本原则与方针。该法第六条第一项明确规定，"'政府'补助、委办或出资之科学技术研究发展，应依评选或审查之方式决定对象，评选或审查应附理由。其所获得之智能财产权与成果，得将全部或一部归属于研究机构或企业所有或授权使用，不受'国有财产法'之限制。"第二项进一步规定，"前项智能财产权与成果之归属与运用，依公平与效益原则，参酌资本与劳务之比例与贡献、科学技术研究发展成果之性质、运用潜力、社会公益、国家安全及对市场之影响，就其要件、期限、范围、比例、登记、管理、收益分配及程序等事项，由行政院统筹规划，并由各主管机关订定相关法令施行之。"

台湾地区的"科学技术基本法"自公布后，分别于 2003 年、2005 年、2011 年经过小范围修改，每次修改都涉及第六条，可见成果归属是一个重大问题，其中 2011 年的修正草案进行了三大松绑：未来科研人员可兼任董监事；需要技术作价时，不受公务人员技术作价持股 10% 的投资上限规定；下放智慧财产权，未来属于研发单位的智慧财产权可以适时处分或收益，不受"国有财产法"相关限制。具体而言，现在的规定是，通过政府补助、委托、出资或公立研究机关（构）依法编列科学技术研究发展预算所获得的智慧财产权及成果，得将全部或一部归属于执行研究发展的单位所有或授权使用，不受"国有财产法"之限制。前项智慧财产权及成果，归属于公立学校、公立机关（构）或公营事业者，其保管、使用、收益及处分，不受"国有财产法"有关规定的限制。

台湾地区"经济部"于 2000 年 5 月颁布了"'政府'科学技术研究发展成果归属及运用办法"，同年 12 月就进行了一次修改，之后分别于 2003 年、2005 年、2011 年、2012 年进行小的修改，2014 年进行了两次修改。这一办法明确规定了执行单位执行科技计划所产生研发成果之归属及运用等相关事宜，特别是明确了"政府"资助项目成果的归属原则，具有重要的借鉴意义。其第五条规定，"研发成果之归属与运用应注意公平及效益原则，以提升产业技术水准，并有助于整体产业发展。研发成果之归属及其收入分配之比率，应基于前项规定之考虑，参酌本部提供经费及执行单位提供专业能力之贡献定之"。第六条明确规定，"执行单位执行科技计划所产生之研发成果，除本办法另有规定者外，归属各该执行单位所有"。而所谓的执行单位，根据该办法第三条，是指执行科技计划者。第七条规定，"研发成果涉及'国家'安全者，应归属'国家'所有。本部参酌研发成果之性质、运用潜力、社会公益及对市场之影响，事先认定研发成果应归属'国家'所有者，该研发成果归属'国家'所有"。第十一条规定，"研发成果归属执行单位者，本部享有无偿、全球、非专属及不可转让之实施权利。但由本部委托执行之科技计划，且本部提供金额占科技计划总经费百分之五十以下者，由双方约定之"。

　　除此之外，其他条文还规定，执行单位如果以国际合作方式执行科技计划，其所产生的研发成果以国际合作契约定其归属。执行单位如与其他产业、学术或研究机构合作执行科技计划，其所产生的研发成果除第七条或"经济部"于计划公告文件另有规定者外，应参酌双方提供经费及专业能力的贡献，以契约定其归属。"经济部"与执行单位应于签订契约时，依法约定研发成果的归属。

　　可见，我国台湾地区也逐步认可了成果归属于研究执行单位的规则，并且制度演变的基本走向是与国际社会特别是跟美国的相关制度接轨的。

五　我国项目成果专利权归属的现有规定及其反思

（一）我国法律的相关规定

　　项目成果的性质界定直接影响其权利归属。根据前文所述的成果归属的一般原则，职务成果的权利归属于单位，否则应当属于发明人个人。因此就必须研究项目成果在我国是否属于职务成果。

　　在西方国家，职务发明也称雇员发明，是指职工在履行职务过程中所完成的新发明、新设计，或者是在执行所在单位的指令中所完成的发明创造，因为劳动者是在履行其作为单位的雇员的职责中完成发明创造的。关于职务发明的具体概念，各国的规定都不尽相同。《日本专利法》第五十五条第一款规定，职务发明是指"其性质属于单位业务范围，且完成发明的行为属于单位管辖下的工作人员现在或过去职务范围内的发明"。《英国专利法》第三十九条第一款规定，职务发明是指"该雇员正常工作过程中或虽在其正常工作过程之外，但是特别分配给他的工作中作出的发明"。《泰国专利法》第十一条规定：职务发明是指"在执行雇佣合同或完成一项任务的合同中完成的发明"，"即使雇佣合同并未要求受雇者进行发明活动，但受雇者曾利用过职务上供其支配的设备、资料及报告"的也属于职务发明。从这些规定可以看出，单位或雇主与发明创造的产生和完成有着直接的关系，即因单位或雇主而产生了发明行为，发明人是在履行单位或雇主所交付的任务或执行单位指令中完成发明创造的。通常情况下，单位为发明创造的完成提供了必要的物质条件和技术设备、场地以及有关的技术资料、发明人的工资等，不仅如此，发明人在单位还有机会学习各种技能知识，积累实践经验等，这些对发明的完成都起着重要的作用。所以职务发明的相关权利应当归雇主或单位所有，当然这并非完全绝对，比如英国和法国在其专利法中明确规定职务发明归雇主所有，但日本规定，单位对职务发明享有法定的使用许可权，并可依合同受让职务发明权。

但是，职务发明毕竟是通过发明人艰苦的劳动才得以完成的，因此为鼓励发明人，各国专利法也都赋予了职务发明人取得相应报酬的权利。比如《英国专利法》第四十条、第四十一条就具体规定了法院或专利局长有权依法决定雇主应向雇员给付的报酬数额，《日本专利法》第三十五条第三项、第四项规定："当单位接受职务发明专利权或受让专利权，以及为单位设定独占实施权时，工作人员拥有根据合同、劳务规则及其他规定领取相当的等价报酬的权利。"并且这种等价报酬的数额"必须考虑单位从该发明中取得的利益及单位对该发明之贡献程度而决定"。德国采用申报制度来解决发明人与单位间的利益关系。依照德国的《雇员发明法》，雇员在雇佣关系存续期间完成的与单位业务范围相关的发明创造，雇员应当向雇主申报，说明发明过程及发明内容，由雇主在一定期限内有限地或是无限地占有这一发明。如果雇主声明无限占有，则雇主对该发明享有一切权利；如果雇主声明有限占有，则雇主仅享有非独占的使用权。当然雇主也可以放弃对职务发明的权利。促使雇主在对发明创造作出放弃或占有，以及占有程度选择的因素是，一旦雇主选择无限占有一项发明，他便应向发明者支付报酬，并承担相应的其他义务。一项对雇主毫无意义的发明，雇主是不会愿意承担高额的报酬而对其加以占有的。这种申报制度通过经济手段自然地平衡了发明人与单位间的利益关系。

我国《专利法》第六条规定："执行本单位的任务或者主要是利用本单位的物质技术条件所完成的发明创造为职务发明创造。职务发明创造申请专利的权利属于该单位；申请被批准后，单位为专利权人。非职务发明创造，申请专利的权利属于发明人或者设计人；申请被批准后，该发明人或者设计人为专利权人。利用本单位的物质技术条件所完成的发明创造，单位与发明人或者设计人订有合同，对申请专利的权利和专利权的归属作出约定的，从其约定。"根据专利法实施细则的规定，所谓完成本单位的任务而完成的发明创造是指：（1）在本职工作中作出的发明创造；（2）履行本单位交付的本职工作之外的任务所作出的发明创造；（3）退职或退休或调动工作后一年内作出的，与其在原单位承担的本职工作或分配的任务有关的发明创造。所谓本单位物质条件是指本单位的资金、设备、零部件、原材料或不向外公开的技术资料等。① 可见，如果资助项目成果属于职务发明，那么，该项目成果的专利权将归单位所有，或者由发明人与单位之间通过合同约定来确定项目成果的专利权归属。

　　综上所述，本书认为，在我国，应当将资助项目成果认定为职务成果，其所取得的专利权应当属于依托单位。项目成果是由项目负责人向国家资助机构申请，由国家资助机构划拨资金予以支持研究而产生的发明。但是，与国家资助机构签订资助协议的相对方不是发明人本人，而是资助项目的依托单位，所有与项目有关的事项都由国家资助机构与依托单位通过合同约定，国家资助机构也是通过依托单位来实现对项目及其成果的管理的，且项目经费也是直接划拨到依托单位，由依托单位来管理和使用于项目研究当中的。所以，科研人员的发明过程可以看作是利用了依托单位的资金，在完成依托单位交付的发明人本职工作范围之内或之外的任务所作出的发明创造，应当属于职务发明。既然如此，根据我国《专利法》第六条，该成果所取得的专利权应当属于依托单位。②

　　这一结论也与我国的相关规定相一致。我国《科学技术进步法》第二十条规定，"利用财政性资金设立的科学技术基金项目或者科学技术计划项目所形成的发明专利权、计算机软件著作权、集成电路布图设计

---

① 参见《中华人民共和国专利法实施细则》第十二条。

② 需要指出的是，将国家资助项目成果直接规定为职务成果，对于项目负责人似有不公。因为，研究者是以个人名义向基金委提出的申请，基金委评审主要是审查项目负责人的各方面条件和基础，以衡量其是否具有完成项目的能力，而对于项目负责人所在单位则并不进行实质性考察，而且整个项目研究过程都是由项目负责人利用国家资助基金自己完成的。但是考虑到项目的管理手段以及管理成本问题，也是为了与国际接轨，只能通过赋予项目负责人一定的权利来弥补这一不公平了。比如单位应当对项目负责人给予奖励，项目负责人享有成果署名权、获得收益权，以及成果转化权和成果转化收益权等等，以此来保障项目负责人的权益。

专有权和植物新品种权，除涉及国家安全、国家利益和重大社会公共利益的外，授权项目承担者依法取得"。这条规定针对的范围较广，在国家自然科学基金资助领域，依据前文的分析，这里的项目承担者应是指项目依托单位，而非项目成果完成人。之所以规定成果归属于项目承担者而非属于具体的科研人员，其理论基础就在于职务成果。

为贯彻落实中央1999年第14号文件①精神，促进我国自主知识产权总量的增加，加强科技成果转化，保障国家、单位和个人的合法权益，加强对以财政资金资助为主的国家科研计划项目研究成果的知识产权管理，科技部、财政部于2002年发布《关于国家科研计划项目研究成果知识产权管理的若干规定》，在第一条明确规定："科研项目研究成果及其形成的知识产权，除涉及国家安全、国家利益和重大社会公共利益的以外，国家授予科研项目承担单位。项目承担单位可以依法自主决定实施、许可他人实施、转让、作价入股等，并取得相应的收益。同时，在特定情况下，国家根据需要保留无偿使用、开发、使之有效利用和获取收益的权利。"2003年4月4日，科技部制定的《关于加强国家科技计划知识产权管理工作的规定》第十一条重申了上述规定。

我国《国家科技重大专项知识产权管理暂行规定》第二十二条规定，"重大专项产生的知识产权，其权利归属按照下列原则分配：（一）涉及国家安全、国家利益和重大社会公共利益的，属于国家，项目（课题）责任单位有免费使用的权利。（二）除第（一）项规定的情况外，授权项目（课题）责任单位依法取得，为了国家安全、国家利益和重大社会公共利益的需要，国家可以无偿实施，也可以许可他人有偿实施或者无偿实施。项目（课题）任务合同书应当根据上述原则对所产生的知识产权归属作出明确约定。属于国家所有的知识产权的管理办法另行规定。牵头组织单位或其指定机构对属于国家所有的知识产权负有保护、管理和运用的义务"。第二十三条规定，"子课题或协作开发形成的知识产权的归属按照本规定第二十二条第一款的规定执行。项目（课题）责任单位在签订子课题或协作开发任务合同时，应当告知

---

① 该文件名称为《中共中央、国务院关于加强技术创新，发展高科技，实现产业化的决定》。

子课题和协作开发任务的承担单位国家对该项目（课题）知识产权所拥有的权利。上述合同内容与国家保留的权利相冲突的，不影响国家行使相关权利"。

上述这些规定，明确了我国项目成果专利权归属的基本规则。

职务发明创造的形成是发明人与其所在单位双方共同努力的结果，任何厚此薄彼的行为均会挫伤双方参与发明创造的积极性。因此，应当确立兼顾双方利益的原则。根据我国《专利法》第十六条的规定，被授予专利权的单位应当对职务发明创造的发明人或者设计人给予奖励；发明创造专利实施后，根据其推广应用的范围和取得的经济效益，对发明人或者设计人给予合理的报酬。所以项目成果的专利权归依托单位享有，但是为了平衡依托单位与发明人间的利益，依托单位应当给予发明人一定的报酬。由于我国法律对于报酬的数额以及支付方式没有明确的规定，在实践中可以由依托单位与发明人通过签订合同的方式约定。一般可以采取一次性支付的方式，也可以采取转化后按比例分红的方式。

另外，我国法律还规定了对于委托发明——即以合同方式委托他人完成的发明创造的权利归属，专利法和合同法采取了合同优先原则，即如果合同约定不明或者合同未对权利归属予以约定时，法律规定其权利归属于完成发明创造的一方。

（二）我国项目成果专利权归属的应有原则

从前文的分析可以看出，我国的法律笼统地规定了国家资助项目成果的权利归属于依托单位，而对于依托单位和研究人员之间的复杂关系缺少详细调整，二者之间的权利移转、利益分享、责任承担等都缺乏明确规定，导致了比较严重的问题，特别是导致了我国每年投入大量的资金，却产生较少的实际效益这一重大实际问题，因此必须反思我国确定权利归属的基本理念，为进一步改变具体制度奠定思想基础。

本书认为，鉴于国家资助项目研究的特点及目标，总结和借鉴先进国家关于项目成果专利权归属的基本做法和规定，根据公共利益的需要和我国的国情，我国在处理国家资助项目成果专利权归属问题时也应该坚持"放权"的原则。当然这种"放权"是有限的，其理由除公共利益的需要之外，还在于我国市场经济还不够完善，市场自身转化科技成果的能力较弱，政府在推动科技进步方面仍然起着关键的作用，因此我国政府对其投入项目成果享有使用权和介入权更有必要。

具体而言，权利归属的基本原则是，原则上归属于依托单位，但是在特殊情况下归属于国家或者项目研究人员。其目的在于既赋予依托单位及研究人员更多的自主权利，又保障政府出于公共利益而享有的使用权和行政介入权。支撑这一指导思想的有三个基本原则，即经济效率原则、利益平衡原则和激励创新原则。①

1. 经济效率原则

知识产权制度的根本目的在于对知识产品的生产和利用提供一种合理有效的机制，从而促进国家的经济增长。知识产品属于特殊的公共物品，它的生产需要高额的资本投入和大量的智力投入，国家资助项目研究集中于基础研究，其所需要的投入更大，而其产生经济效益需要更长的时间。如果将知识产品划归公有，那么人人都可以免费使用。其结果虽然暂时实现了知识产品的社会效益，但知识产品的生产者因难以收回成本而逐渐丧失积极性，从而会影响社会的长远利益。因此在知识产权的归属上，要有助于保护知识产品的生产者，维护其研究热情，促进社会知识存量增长。

在政府、依托单位和研究者三者之间，谁更有能力使项目成果得到最优配置并发挥其最大经济效益，那么谁就更应享有专利权。事实已经证明，国家并非是良好的经济主体，多数情况下，政府作为经济主体往往是虚设的，很难通过自身行为实现知识财产效益的最大化。而作为受资助方的依托单位则不同，它们往往是独立的法人而且是市场主体，其知识资产的生产及转化与其自身经济利益密切相连，因此它们一旦掌握了知识产权，就会尽力通过市场实现其效益的最大化。当然在有些情况下，由研究人员享有知识产权，可能获得的经济效益更大，在这种情况下，应当允许由研究人员取得知识产权。

2. 利益平衡原则

利益平衡是制度设计的出发点，也是知识产权配置的基本原则。必

---

① 参见张晓玲、郑友德《政府科技投入项目成果知识产权归属的原则》，《科技与法律》2001年第1期。

须合理平衡各相关主体之间的利益，特别是政府、依托单位和研究人员三者间的关系。在遵循市场规律，使知识产品生产者的收益回报尽可能超过其成本的同时，必须注重政府对社会整体利益的维护。因此应当以维护知识生产者利益为基础，激励具体研究人员，以技术创新为目标，兼顾国家公共利益；将个人、单位以及社会整体利益有机协调起来，做到既保护专利权人的合法权益，又使社会公众及国家从智力成果的公开和转让中受益。国家资助项目成果专利权的归属更应当坚持利益平衡原则，一方面，不能因政府代表公共利益对项目进行了投入，就将项目成果专利权视为公有而忽视依托单位和成果完成人的合法权益；另一方面，也不能过度保护依托单位和成果完成人利益而损害国家和公共利益。

在利益的平衡方面，政府扮演着重要角色。政府作为计划项目的投入者，代表公众承担了知识生产的资金成本。尽管这种投入的目标并非是利润，但是当知识资产的利用带来经济效益时，政府有权通过税收等方式收回部分或全部的资金作为进一步的科技投入或用来促进纳税人的社会福利。同时，政府作为其投入项目的行政管理者，当依托单位不使用、不合理使用或非法垄断知识财产时，有权限制或取消其专利权，或出于国家利益、重大公共利益考虑，对依托单位专利权强制许可或强制征收。

3. 激励创新原则

知识资产的形成虽然离不开资金、设备、信息和管理，但智力是决定性因素。可以说，智力劳动是一切知识产品产生的根本。因此在构建专利权归属制度时，应特别重视成果完成人的创造性劳动，使他们所获得的报酬超越其智力劳动投入成本，从而激励他们进一步开展技术创新。同时在特定情况下，应当允许研究人员享有项目成果的专利权，从而对研究人员产生特别的激励。

（三）我国项目成果专利权归属的再设计

参照域外国家关于项目成果专利权归属的相关规定，结合前述关于专利权归属的基本原则，对我国自然基金资助项目成果专利权的归属作如下设计。

1. 原则上由依托单位取得项目成果的专利权

我国国家资助项目成果的专利权归属于依托单位，这是由其职务成果的性质决定的，也是被我国的相关法律所确定的。这符合我国的实际情况，也符合国际上项目成果知识产权归属的基本原则，是应当予以肯定和维持的。

我国在国家资助科研计划项目的管理上，长期以来过分强调国家所有，依托单位的责、权、利并不明确。[①] 将国家资助科技计划项目的成果专利权归属于国家，这不仅影响了承担单位的技术创新和成果转化，也使得承担单位的专利权意识不强，一些重要的科技成果难以形成自主知识产权。为了从根本上改变这种不利状况，近年来我国借鉴美国等国家和地区的成功经验，对国家科研计划项目研究成果的专利权政策作出重大调整，确立了科研项目研究成果及其形成的专利权归依托单位的原则。[②]

为了防止依托单位放弃专利权而导致成果权利灭失，同时为了保护国家利益和社会公共利益，本书认为，依托单位取得专利权还需一些前置程序：第一，依托单位在法定的时间内向国家资助机构声明保留权利，只有在法定的时间内依法定的方式向国家资助机构声明保留权利的依托单位，才可能拥有相应的成果专利权，否则该项目成果的相关权利将归国家所有；第二，依托单位在声明保留项目成果的相关权利之后，应当及时地提出专利权申请，可以向国内专利局提出，也可以向国外专利局提出，以更好地保护该项目成果。如果依托单位不能在合理的时间内提出项目成果的专利申请，那么国家资助机构将有权就该项目成果提出专利申请。这样就为依托单位设置了一个权利取得的督促程序，在依

---

① 如有的学者主张，我国国家科技计划项目产生的知识产权归属主要有如下几种模式：（1）科技成果归国家所有，科技计划的主管机关行使国家对科技成果拥有的权利。（2）科技成果涉及专利申请的，如果没有约定，专利申请权属于研究开发方。专利批准后，专利权由研究开发方持有。（3）科技成果中涉及技术秘密（非专利技术）的，其使用权与转让权属于研究开发方。（4）科技成果中涉及工程设计、产品设计图纸及其说明、计算机软件等作品的著作权属于研究开发方。（5）与科技成果相关的发现权、发明权及其他精神权利属于对该项发现、发明或者其他科技成果作出创造性贡献的人。参见钟琼《国家科技投入项目知识产权管理问题探讨》，《有色冶金节能》2008 年第 3 期。

② 参见詹映、朱雪忠等《浅析国家自然科学基金联合资助研究成果的知识产权归属》，《中国科学基金》2005 年第 4 期。

托单位没有能力保留所有权并实现对该发明有效保护的情况下，国家资助机构或者相关政府部门可以及时地取得相关的权利并对权利实施保护，防止项目成果的浪费和滥用。

这些程序，也是国际社会的一般做法。

这里需要明确的一个重要问题是，在什么情形下，依托单位将不能取得项目成果的专利权？根据前述的前置程序，至少有以下情形：第一，依托单位在合理的期间内没有向国家资助机构提交保留项目成果的相关权利的通知；第二，依托单位向国家资助机构提交了不保留项目成果权利的通知；第三，依托单位在声明保留项目成果权利后的法定期间内没有及时提出项目成果的专利申请；第四，依托单位向国家资助机构说明自己将不再继续进行对项目成果的专利申请、不再继续交付专利维护费用，或不再继续在专利复审或异议程序中为专利辩护。

上述四种情形，从本质而言，都属于依托单位不愿意保留项目成果相关权利的情形。虽然法律规定可以由依托单位取得权利，但这并不能成为依托单位的义务，当依托单位经过利益衡量，确定保有项目成果专利权并不对自己有利，或者基于其他考虑而不愿意保有权利时，应当允许由其他主体取得权利，以防止依托单位放弃或怠于行使权利时造成成果的浪费。

2. 发明人取得项目成果的权利

目前，我国国家资助项目专利权归属分配制度主要涉及政府和依托单位之间的分权，基本没有涉及依托单位与研究者个人之间如何分配成果的权属问题。这种做法对于调动研究者的积极性，适当平衡各方面的利益非常不利。不言而喻的是，任何项目成果的取得，最终都依赖于研究人员的创造性劳动，如果他们没有工作积极性，项目成果归属制度的设计就存在重大问题。为了克服这一制度缺陷，我国的基本做法是由依托单位给予研究人员一定的经济奖励，但我国相关法律也未对依托单位成果应用所产生的收益如何分配进行明确规定。这方面的完善建议留待后述，这里重点研究的问题是，如何完善我国的相关法律，规定在特定情况下由发明人取得项目成果的专利权，以激励研究和创新。这样规定的基本理由是，该发明毕竟是由发明人自己完成的，对于发明的性质、功能、运行及物理、化学、生物、电子等特性都是最清楚最了解的，由其享有成果专利权非常有利于成果的转化和实施，从而可以极大推动科学技术的进步。

美国的相关制度规定，在依托单位选择不保留项目成果权利之日起到国家政府向专利局提出专利申请之前，项目研究人员可以向国家资助机构提出保留权利的申请，国家资助机构应当同意研究人员的要求，将项目成果的相关权利给予研究人员。但是，如果依托单位能提出证据，证明如果将项目成果的相关权利给予研究者，将有损该单位的合法利益时，国家资助机构可以重新考虑是否应当将该项目成果的相关权利给予项目研究者。我国完全可以借鉴这一制度，规定当依托单位放弃保留项目成果的专利权时，可以给发明人一个决定自己是否保留权利的选择权。如果发明人选择保留，且没有超过法定期限，依托单位也没有提出异议或者异议被驳回，就应当将相关权利赋予发明人。

之所以赋予依托单位一个选择保留项目成果的权利，主要是通过经济手段来平衡发明人与依托单位之间的利益关系。因为当依托单位选择保留项目成果的全部或部分权利后，依托单位就应当向发明人支付一定的报酬，并承担相应的其他义务，一项对依托单位没有意义或者意义不大的项目成果，依托单位是不会花钱保留其权利的。所以赋予依托单位保留权，就是让依托单位充分考虑该项目成果对自己的意义和价值，最终决定是否保留该项目成果的权利。如果依托单位觉得保留项目成果的权利对自己意义不大，可以选择放弃该权利。此时发明人可以综合考虑自己保护并实施项目成果的能力，以及保留成果的权利是否对自己有利等因素，来决定是否向国家资助机构提出保留项目成果权利的申请。毕竟，保留了项目成果的权利之后，必然附带着要负担一定的义务，并且要支付相关的费用，如维护费等，所以，发明人在提出保留项目成果的权利之前定会衡量利弊，作出最有利于自己的决定。

此外，如果研究人员与所在的科研单位签订了产权分割的协议，明确双方在产权的分割或者收益中享有的分成比例，就应当按照协议的规定，确定研究人员的专利权份额。在这里，本书特别强调这一点，为合理平衡依托单位和研究人员两者之间的利益，双方事先约定专利权属的比例是一个良好的选择。基于约定，双方就对所取得的成果享有共有权，这也是研究人员取得成果专利权的重要途径。

当然，研究人员也可以基于受让取得研究成果的专利权，但由于并非属于最初的权利归属，在此不详述。

3. 政府取得项目成果的专利权

我国相关法律规定，项目成果的专利权归属于依托单位，这是一个基本原则，但同时规定有例外。我国《科学技术进步法》第二十条规定，"涉及国家安全、国家利益和重大社会公共利益的"项目成果，应当归属于国家。这里存在的核心问题就是清晰界定何谓"涉及国家安全、国家利益和重大社会公共利益"，方可防止在与依托单位的关系当中，国家以"公共利益"为借口随意剥夺依托单位的权利。

公共利益的界定是法律领域的重大难题，曾经引起过非常广泛的讨论，但由于其本身的不确定法律概念属性，要清晰界定其内涵和外延本身就非常困难，而且也是没有必要的。因此本书并不打算进行非常烦琐的理论考证，而是想参考国际经验，结合我国的实际情况，罗列应当把项目成果界定为国家所有的主要情形，试图达到两个目的：一个是保护公共利益，实现国家资助项目研究的重要目的；另一个是保护依托单位，防止依托单位的专利权被无礼剥夺，从而激励创新和科学研究，实现利益平衡。

基于公共利益考虑，应当由政府享有专利权的情形主要有：第一，依托单位在我国没有固定居所或者在我国没有经营场所，或者该依托单位是受制于其他国家政府的；第二，涉及国家知识产权和信息的安全；第三，涉及核推进和核武器，或者其他军事事由的；第四，其他。当政府认为限制或者剥夺依托单位保留项目成果的权利会更好地促进我国科技的进步和经济的发展的。为兜底性规定。

虽然依托单位有权保留项目成果的权利，但该发明毕竟是在国家基金的资助下完成的，而且，国家资助这些研究也是出于国家整体利益的考虑，为了促进社会的整体发展而不是为了某一个人的利益，所以，当政府认为自己保留该项目成果的权利比依托单位保留其权利能更好地实现该项目的价值，实现利益最大化的时候，当然可以限制依托单位保留项目成果的权利，这对于国家专利权的保护和实施、促进国家利益的实现与科技的进步，以及经济的发展都是非常必要的。当依托单位在我国境内没有固定居所，没有经营场所或受其他政府控制时，如果还允许其保留项目成果的相关权利，允许其申请专利无疑是将该项目成果的专利权拱手让给了外国，因为在这种情况下，我国对于项目成果的管理和应用都会不方便，尤其是该成果对于我国国家以及社会利益有较为重大的影响时，国家对该科研项目的介入以及权利的行使都有可能存在障碍。如果该项目成果是有关国家知识产权秘密的，或者是有关核推进或核武器的，那么出于国家安全和民族利益的考虑，应当由国家享有该项目成果的专利权。

　　这里还需要研究的一个重要问题是，当国家以公共利益为由主张项目成果的专利权归属于国家，但项目依托单位主张非涉及军事或者国防方面的成果，由国家和政府取得成果的专利权是不恰当的，即依托单位对此提出异议时，如何为异议方提供救济途径？法律上的通常救济方式为行政复议和行政诉讼，对此应当将对异议方的救济纳入国家一体的行政复议和行政诉讼体系当中。本书建议应当建立详细的异议程序，特别应明确关于异议提出的有效时间、方式、接受异议的主体、异议的法律效果、对异议的处理程序等内容。

　　当依托单位和发明人都决定不保留项目成果的权利的时候，国家即获得了项目成果的所有权，并有权申请发明专利。之所以这样规定，是因为国家是该项目成果的资金提供者，国家当然可以取得项目成果的权利，并承担相应的义务来保护和实施该项目成果。

　　当然，如果国家认为将该项目成果的相关信息予以公开，被公众所用会有更大的社会收益的话，也可以通过在科学、技术杂志上发表，或通过公布的方式使项目成果为社会公众所使用，如果发现其他的国家机构对此发明感兴趣，也可以给予该机构一个机会，方便其申请专利。美国成果管理制度650.9"不受欢迎的发明"中有相关的规定：基金会通常允许对那些资金受领人或发明人不想要的专利权依《美国法典》第三百三十五卷一百五十七条规定，以在科学期刊或工程期刊上发表或进行发明登记的方式向社会公众披露。除本条（b）部分规定外，国家科学基金会专利助理会鼓励作出消极选择的受资助人和发明人及时就研究结果向相关领域的其他专家和科研人员公开。美国NSF专利助理认为其他联邦机构对相关技术感兴趣的，在收到受资助人不申请专利的决定且在确定发明人同样不申请专利后，可以向该专门机构发送发明的复印件以披露该发明,并给予该机构一次审查发明和申请专利的机会。助理会鼓励作出消极选择的受资助人对其研究进行公开,除非有机构在三十日内表示其对发明感兴趣。该机构作出愿意申请专利权利的表示的,专利助理会向其转交发明的所有权利。① 参考美国的规定,我国也可以设置类似的规定。即当依托单位和发明人都选择不保留项目成果的专利权,资助机构也决定不申请专利时,国家资助机构应该鼓励依托单位和发明人将该发明的信息予以公开,被公众所用,如果依托单位和发明人公开发明有困难的,也可通过国家资助机构向社会公开,将其作为公共智慧被社会利用。在公开之前应保留一个合理的时间段,以使得对该发明感兴趣的其他国家机构有时间表达其意愿。在该合理期间内,如果有机构表示其想要申请专利的意愿,政府应当给予该机构一个机会,将发明的相关信息向其披露,并转让该项目成果的所有权利。

在我国的成果权利归属问题上,还有一些问题值得研究。虽然对于纯职务成果的权利归属非常明确,但是仅此无法解决现实中存在的复杂问题,最为普遍的就是依托单位和实际研究人员之间的权利和利益冲突。目前,在这个领域主要存在以下问题:

1. 实践中,国家资助研究虽然只指向了某一依托单位,但是由于某些课题本身的特殊性,并非每个研究都是完全由该依托单位的雇员独立完成的,有时需要聘请相关领域其他单位的专家、学者参与研究,在这种情况下,本单位外的专家、学者与依托单位不存在严格意义上的劳动合同关系,权利归属如何确定?

2. 目前,资助项目研究的依托单位主要是学校,因此在很多项目的研究过程中,往往会有大量的学生参与。学生与学校并无劳动合同关系,但其确实在项目研究中付出了劳动,那么参与研究的学生的权利如何认可和保护?由于参与研究的学生相对于学校和科研人员在权利主张的过程中处于较为弱势的地位,现实的情况是学生较少或者根本就未向其老师和学校主张过这方面的权利,但这种状况的存在并不意味着忽略其劳动的价值就是正当和公平的。

---

① Title 45 – Public Welfare Chapter VI-National Science Foundation Part 650_ Patents—Table of contents. sec. 650. 9 Unwanted inventions.

3. 科研人员个人对于研究成果的发表和公布尚未有严格的规制，因此科研人员认为其在完成研究之后，一方面没有义务推广成果并推动成果的转化，这会造成科研成果和技术的浪费和滥用；另一方面，对于科研人员个人对其研究成果的公布和发表并没有具体的规范予以控制，在这种情况下，国家往往无法有效地对国家资助科学研究项目进行规范化的管理、保护、转化和实施，也无形中给实际科研人员将国家资助项目成果私有化提供了空间。①

从欧洲的实践经验来看，在目前法律尚未对这些问题作出明确规定的前提下，可以通过合同约定的方式对此进行解决。这是一个非常好的解决方案，避免了法律规定的困境，因为法律需要应对太多现实生活当中纷繁复杂的情况，授权当事人意思自治不失为最佳选择，我国完全可以借鉴。

（四）联合资助研究成果的专利权归属及项目成果的共有

1. 联合资助研究成果的专利权归属

国家自然科学基金联合资助是指基金委与其他机构（联合资助方）共同提供经费，在国家自然科学基金资助范围内，就双方共同商定的研究领域支持基础研究的一种科学研究资助形式。联合资助一般包括联合基金和联合资助项目两种形式。联合资助工作目前还在探索中发展，其管理和运作还需要不断加以完善和规范。其中，联合资助研究成果的专利权归属是联合资助工作中一个十分重要的问题，值得进行深入探讨。通常情况下，基金委与联合资助方会签订联合资助协议，在该协议当中约定专利权的归属，但由于联合资助中的专利权归属涉及四方，包括基金委、联合资助方、依托单位和项目承担者，对于项目承担者而言，由于其属于职务行为，相应的权利义务可以依照有关规定确定，值得研究的是前三方的关系。前述双方之间签订的协议对于依托单位没有约束

---

① European Commission: Expert group report—Management of intellectual property in publicly-funded research organizations: Towards European Guidelines. Prepared by the Rapporteur Laura Mac-Donald and the chairman Gilles Capart together with Bert Bohlander, Michel Cordonnier, Lars Jonsson, Lorenz Kaiser, Jeremy Lack, John Mack, Cino Matacotta, Thomas Schwing, Thierry Sueur, Paul Van Grevenstein, Louise van den Bos, Nicholas S. Vonortas. 2004 - P13.

力，除非是三方的一致同意，因此必须有相关的规则来确定在三方未达成协议时项目成果专利权的归属。

在其他国家和地区，公共资金与研究机构、私营基金会、企业等合作资助科学研究并不鲜见，其专利权归属的处理方式可以为我国自然科学基金联合资助提供借鉴。这些国家和地区对于公共资金部分资助的科研项目的知识产权归属通常不作硬性规定，而倾向于由当事方协商确定，此时公共资金的出资比例常常成为重要的考虑因素。比如美国能源部与企业合作开发，或向企业转让已有科研成果时，往往根据投入比例划分知识产权权属。政府投入比例越高，对知识产权的控制力越强，反之亦然。当政府的资助比例超过50%时，政府拥有研究成果的知识产权，企业可以优先获得应用许可。当企业投资比例高于50%时，政府将放弃对知识产权的要求，企业拥有成果的知识产权。[①] 再如英国生物技术与生物科学研究理事会对其资助的联合研究项目产生的知识产权也不作硬性规定，提倡灵活处理，即根据项目的具体情况由各方共同以协议的形式安排。理事会不介入合同文本的谈判，但保留审查权并依此决定拨款是否到位。[②] 又如我国台湾地区"科学技术委托或补助研究发展计划研究成果归属及运用办法"第十二条规定，"对资助机关、研究机构或企业进行国际合作所产生之研究成果，其归属、管理及运用，得依契约约定，不受本办法之限制"；第四条规定"对其（指'政府'）补助、委办或出资金额占计划总经费百分之五十以下者，由双方约定之"。

参考其他国家的相关规定，结合我国的立法实际，本书认为，对于联合资助研究成果的专利权归属，我国应当重点根据联合资助方出资的资金来源性质确定。联合资助中基金委的资助来自国家财政拨款，如果联合资助方的出资也主要来自国家财政资金，那么联合资助就属于前述科技部、财政部所发布的《关于国家科研计划项目研究成果知识产权管理的若干规定》中所涵盖的"以财政资金资助为主的国家科研计划项目"，其专利权就自然应当按照该规定由依托单位享有。因此，在这种

---

① 吕薇：《完善知识产权权属政策的国际经验与借鉴》，载吕薇《知识产权制度挑战与对策》，知识产权出版社2004年版。

② 禹庚：《英国在国际科技合作中保护知识产权的政策及措施》，科技部资料汇编，2003年10月。

情形下，联合资助方提出专利权的要求是违反法律规定的。根据《民法通则》和《合同法》的有关规定，如果有关协议中出现这样的条款是无效的。在现有的联合资助中，基金委与水利部黄河水利委员会联合设立的"黄河联合研究基金"、与中国工程物理研究院联合设立的联合基金、与中国民用航空总局设立的联合研究基金都应当属于此类。① 在有的联合资助中，联合资助方是企业、公司等非财政拨款单位，其出资来自于自有资金，显然并不来自国家财政。同时，由于基金委在联合资助中的出资比例原则上不超过50%，因此这类联合资助就不能归入"以财政资金资助为主的国家科研计划项目"，其专利权也就不能直接适用前述科技部和财政部的规定而归属于依托单位。除了企业之外，联合资助方还可能是一些非营利性机构，如民间基金会，只要其出资主要来自国家财政资金以外的资金，且占到总资助金额中的相当比例（应大于或等于50%），那么联合资助形成的专利权就不能径直归于依托单位。在法律对此未作明文规定的情况下，由联合资助方与项目承担单位以合同的形式解决权利归属问题，不失为最现实也最灵活有效的方式。② 因为合同方式是处理私权最为有效的方式，可以激发双方的积极性，平衡双方的利益，最大限度满足双方的利益诉求。

　　还有一种特殊情况需要关注，即研究开发联合体的知识产权权属。研究开发联合体大都从事共性技术或某一领域的核心技术研究开发，成果的知识产权采取对内共享，对外排他的原则。研究开发联合体的知识产权分配方式依联合体的性质和组织形式有所不同。具体来看，主要有以下几种模式。一是为单独突破某一项关键技术企业组成的临时联合体，其知识产权由内部共享。如 1987 年至 1992 年间，美国的 AT&T、IBM、英特尔、摩托罗拉等大企业成功地联合开发大批量生产集成电路动态存储器（DRAM）所需的半导体加工技术。二是较长期的企业研究开发战略联盟，如 6C 等国际电子技术开发战略联盟，往往采取交叉许可或联合许可的方式分享知识产权。三是政府资助的一些行业性产学研联合的研究中心，联合体内成员自动享有所有权。如美国国家科学基金

---

　　① 参见詹映、朱雪忠等《浅析国家自然科学基金联合资助研究成果的知识产权归属》，《中国科学基金》2005 年第 4 期。

　　② 同上。

资助的工程研究中心（ERCs）是以研究开发新的工程技术系统为主的跨学科研究中心。ERCs 设在大学，有企业参加，具有技术推广功能。ERCs 形成的知识产权一般归学校所有，成员企业可以获得使用许可，大部分成员企业具有获得中心出资开发的知识产权的同等权利。四是具有技术扩散职能的研究开发联合体，内部成员具有优先使用权或转让费优惠。奥地利研究中心是企业研发计划的伙伴，是有五十几个股东的股份制非营利机构，股东不享有专利权，但在使用科技成果或进行技术转让时，可享受 10% 的优惠。①

2. 项目成果的共有

实践中，共有主要涉及的是国家资助人、商业领域的资助人同依托单位之间的关系。基于本书的研究目的，主要局限于国家资助机构和依托单位之间的共有。根据我国目前的法律规定，可能出现共有的情形是，资助机构与依托单位订立协议约定项目成果专利权归双方共有，但没有明确约定为按份共有。目前许多国家为了规制依托单位对项目成果的使用，防止权利滥用，同时为了使国家在某些对国家利益、公共利益具有重大影响的研究成果上享有某些优先权利，而出现了项目成果的共有制度。这可以被看作是国家资助人和依托单位之间利益博弈的结果。但由于共有往往会导致冲突，所以一般来说在制度层面都会尽力避免共有的出现。

权利共有中最突出的问题是任何一方共有人都会以自己的利益为出发点，过多地强调自己的权利进而客观上贬损其他共有人的利益，同时共有权利的具体利益分配经常不得不进入诉讼程序，在法庭上方能得到解决。共有权利冲突主要根源于以下两个原因：一是依托单位出于对自身利益的考虑，为了最大限度地将其研究成果转化为经济价值，除了国家资助人外，依托单位还经常和企业等进行合作，造成一项研究成果涉及多方当事人；二是依托单位虽然作为其研究成果的共有人，但是由于国家资助人的某些限制，依托单位往往不能成为完全的权利人，在授权和许可使用的过程中也难免会出现争议。如何克服这些问题，在欧洲和

---

① 参见吕薇《完善知识产权权属政策的国际经验与借鉴》，载吕薇《知识产权制度挑战与对策》，知识产权出版社 2004 年版。

美国通常有不同的做法。

（1）欧洲的主要做法

第一，每个共有权人均可自行实施该专利，但如果要授权或许可他人使用该专利，原则上须征得其他共有人的一致同意。需要强调的是，国家资助人将涉及国防利益、军事利益以及社会公共利益的研究成果和发明非盈利地用于相关领域的，应当享有在特殊领域的独占使用的优先权。

第二，对授权或许可使用所取得的收益的分配，一般在共有人之间均分，但如果存在内部约定的，从其约定。

第三，依托单位可以将包括合作资助研究项目取得的专利自行进行转化，但是不得侵犯其他共有人所享有的可以被认为是该研究成果的基础性成果的权利。

第四，商业领域的资助人作为共有人可以自行将资助项目所产出的成果和发明投入应用。

第五，成果和发明投入应用领域后，包括依托单位本身，应当平等地向其他共有人支付相应的使用费用。尤其是在共有人独占或排他使用该研究成果和发明时，向其他共有人支付使用费尤为重要，否则共有人之间的权利义务关系就可能失去平衡。

（2）美国的规定

对外关系上，每个共有人都可授权非独占的普通许可给任何人，而无须经过其他各共有人的同意，该共有人仅在授权排他性许可使用时需要征得其他共有人的一致同意。对内，任何一个共有人均有权将该研究成果或发明进行转化和利用，包括研究机构在内的任何其他共有人，都不得以共有权或者任意性法律规定中的权利，排除其他共有人对研究成果或发明的非独占性的转化和利用的权利。[1]

（3）两种规定方式的利弊和特点

对比上述两种规定方式，从表面上看，欧洲各国的法律对于共有人

---

[1] European Commission: Expert group report—Management of intellectual property in publicly-funded research organizations: Towards European Guidelines. Prepared by the Rapporteur Laura Mac-Donald and the chairman Gilles Capart together with Bert Bohlander, Michel Cordonnier, Lars Jonsson, Lorenz Kaiser, Jeremy Lack, John Mack, Cino Matacotta, Thomas Schwing, Thierry Sueur, Paul Van Grevenstein, Louise van den Bos, Nicholas S. Vonortas. 2004 – P17.

的权利有更多限制，即通过其他共有人来限制共有人的权利。这种方式从形式上看对各共有人来说更为公平，但是在实际操作中，却会出现更多的问题。人出于自私、趋利避害的心理，共有人之间的利益可能会存在一个此消彼长的情况，即针对某项研究成果和发明，从该成果中所获得的利益总量是不变的，那么某一权利人获得某些利益的时候，就在一定程度上意味着其他权利人在该范围内获得与之相等或更多的利益成为不可能。因此，在智力成果的共有中，各权利人都会以自身利益为出发点，最大限度地限制其他共有人权利的实现。智力成果相对于其他权利客体，其特点是只有通过研究成果的转化和利用，才能体现其价值，因此欧洲各国规定的方式，实际上会形成对研究成果转化和利用的阻碍。

近年来，随着科技的重要性日益凸显，欧洲各国在实践中也逐渐意识到了原有模式存在的问题。为了缓解共有关系中的紧张关系，法律对于这部分内容往往作出任意性的规定，即各方当事人可以约定共有事项，但仍以国家、社会和他人利益为限度。应当注意到的是，尽管欧洲国家着力使共有研究成果、发明或专利能够广泛地投入到应用领域，但由于存在共有人之间关于权利分配的漫长协商过程，还是不能使研究成果和发明得到快速有效的使用，同时也延长了转化周期，降低了研究成果的利用效率。相对于企业资助项目的研究成果的保护和转化，国家资助研究项目在这方面的问题更为突出。

美国规定的最大特点就是便于研究成果和发明在最短的时间内进入应用领域，一方面，国家资助人可以在其所预期和需要的领域内通过公权力的介入高效地使用研究成果，另一方面，依托单位可以通过自由的非独占许可将其研究成果和已申请的专利适用于工业或企业中，不仅使产业领域的生产者能够在短期内使用新成果和新发明，同时使依托单位从企业手中获得充裕的资金以推进派生成果和发明的研究。因此，美国的规定极大地促进项目成果在国家、依托单位和企业之间高效流动。但是，本书认为这种模式也有其固有的弊端，即在这种模式下由于各方均有权授权他人非独占性地利用研究成果和发明，因此很有可能出现同一产业的生产者通过不同的专利权共有人的许可，在同一领域内使用和利用相同的技术、成果和专利，从而引发争议。从另一个角度来说，由于企业经营者为了避免争议和诉讼的出现而回避购买共有专利成果的使用权，客观上会阻碍新成果、新发明的价值实现。

（4）借鉴欧洲和美国的规定建构我国的相关制度

通过借鉴欧洲和美国对于国家资助研究项目成果权利共有的不同规定，结合我国的实际，本书对我国的相关制度完善提出以下具体建议：

第一，应当尽量限制或避免成果共有的发生。由于在知识产权共有中，涉及财产利益的权利主要是专利申请权和专利权以及非专利成果的所有权，而这些权利一般都是不可分的。对此，我国如果采取共有模式，最突出的问题是国家资助人会以保护项目成果的知识产权，以及防止新技术成果和新发明的滥用为出发点，通过共有关系限制依托单位和研究人、发明人的权利。由于共有关系中共有人的权利义务关系比较难以协调，容易引发各方当事人之间的争议，因此，一般来说，应当尽量避免项目成果的知识产权共有。

第二，在可能出现共有情况时，由国家资助机构专门设立项目成果登记机构为中间人，服务于专利权的实施和转化，由此体现国家的共有权。因为如果采用美国模式，完全允许各方当事人自由许可他人使用研究成果、发明及专利，国家资助机构有时就会力有未逮。国家资助人可以通过登记机构监督依托单位对项目成果申请专利权保护，并支持依托单位将成果转化。即由国家资助机构的某个特设机构统一对已登记的研究成果进行评估，以联系人和管理人的身份对实际应用价值较高的某些研究成果、发明和专利在应用领域进行推广，促进依托单位和企业之间对技术成果的转化和应用。具体的做法可以参照欧洲的 Knowledge Transfer Office（KTO）的运作模式，国家资助机构的共有权就体现在其参与成果转化，对依托单位的授权使用研究成果和发明进行监督的过程中。同时国家资助机构相对于学校等依托单位，在推广某些技术成果和发明的过程中能够发挥更好的作用，企业和其他愿意通过支付使用费方式获得研究成果、发明和专利使用权的组织，也会因国家资助机构这样的官方机构的介入而增加其对授权人的信赖度。

第三，对于共有人之间的权利义务关系：当某一共有人要将共有的研究成果、发明或专利授予他人排他性许可使用权时，应当征得其他共有人的一致同意；任何共有人许可他人使用共有成果、发明或专利的，应当以其许可使用的收益为限，平等地给予其他共有人经济补偿；共有权人都平等地享有直接或间接地使用该共有成果的权利，比如，许可他人非独占性地使用该研究成果；在合作资助研究项目中，可以约定商业领域的资助人在一定时期内排他性使用该成果的优先权利等；虽然共有人都享有非独占地许可他人使用研究成果的权利，但是任何共有人应当将其因此而取得的收益在所有共有人之间平均分配。①

　　上述内容在很多国家的法律中都有涉及，但是都赋予各方当事人对相关问题的自治空间，即可以由各方当事人对其权利义务进行约定。我国当然应当允许当事人，通过签订合同的方式，对共有人之间的权利义务作出另行规定。

---

① European Commission：Expert group report—Management of intellectual property in publicly-funded research organizations：Towards European Guidelines. Prepared by the Rapporteur Laura Mac-Donald and the chairman Gilles Capart together with Bert Bohlander, Michel Cordonnier, Lars Jonsson, Lorenz Kaiser, Jeremy Lack, John Mack, Cino Matacotta, Thomas Schwing, Thierry Sueur, Paul Van Grevenstein, Louise van den Bos, Nicholas S. Vonortas. 2004 – P17.

第二章

与专利相关的权利和义务①

在确定了专利权的初始归属之后，应当研究相关主体具体的权利义务，从而进一步明确权利的实际内容，以及权利主体所应承担的基本义务。

一 依托单位的基本专利权利及义务

依托单位享有的与专利权相关的权利主要包括所有权保留选择权、专利申请权、延期申请权、转让权、许可使用权以及专利放弃权等。由于国家资助研究项目的特殊性，使依托单位必须承担相应的义务，诸如发明披露、保护公共利益、提交专利使用的年度报告等等。此外，依托单位在行使自己权利的同时，还应当配合国家资助机构行使介入权并履行向国家资助机构转移所有权的义务。根据知识产权形成的法律流程，依托单位有权享有下列权利并履行相应的义务。

（一）所有权保留选择权

前已述及，所有权保留选择是依托单位取得专利权的前置程序，意味着依托单位要适时向资助机构表明自己愿意保留项目成果的所有权，一方面表达自己的意愿，另一方面更重要的是，依托单位必须在声明保留权利后的一定时间内申请专利，法律之所以设计选择权行使期间，其

---

① Code of Federal Regulations: Title 45 – Public Welfare Chapter VI-National Science Foundation. From the U. S. Government Printing Office via GPO Access.

目的也在于督促依托单位尽快申请专利权，因此期间的规定就非常重要。

美国NSF项目成果管理体系规定，依托单位在向国家资助机构披露研究项目成果后的一定期限内，有权选择保留该项发明的所有权并书面通知国家资助机构。同时，该项目成果的公开程度不同，所有权保留选择权的行使期限也有所不同：对于未出版、出售或为公众使用的发明所有权保留选择权的行使期限，规定为两年;① 对于已经出版、出售或已为公众使用的研究成果，规定为一年。因为其内容已为社会所知悉，法律不能无限期保护该研究成果，必须设定一个时间段让权利人申请专利权，同时这一时间也不能规定得过长，因此，美国法律规定的期间为自发明被公开之日起一年。

我国是否需要设计依托单位的所有权选择保留权，并非没有争议。本书同意将所有权保留选择作为依托单位取得专利权的前置条件，主要原因是考虑给依托单位一个决定是否保留权利的自主权，同时督促和提醒依托单位积极主张权利。当然在这一问题上，我国将来在制度设计时也可以做这样的变通：在规定项目成果的权利归属时，法律直接规定为权利归属于依托单位，同时规定一个"但书"——依托单位申明放弃权利的除外，其效果跟设计所有权保留选择权的效果基本相同。

要完善我国的所有权选择保留权制度，就必须考虑如下问题：

1. 这一权利的性质。从其本质属性言，所有权保留选择权属于形成权，只要权利人行使了该权利，就能发生既定的法律效果，无须义务人的配合和支持。在这个过程中，也不存在义务人。也正是由于其形成权的属性，才需要限定权利行使的期间。

2. 具体时间段的确定。本书认为我国在建立国家资助项目管理体系的过程中，可根据我国目前科学技术研究和专利发明的更新速度、研究水平以及科研成果的实施程度和效率，参考美国NSF就发明的所有权保留选择权的行使期限的限定，来设定我国的所有权保留选择权

---

① Cite：45 CFR § 650.4（c）– （2）Title 45 – Public Welfare Chapter VI-National Science Foundation，Part 650_ Patents – Table of Contents.

行使的期限。这一期间应该适当，太长或者太短都不能实现立法目的。综合考虑各种因素，本书认为我国可以采纳美国的相关期限规定。

3. 要明确界定该期限的性质为除斥期间，即如果依托单位在该特定期限内未书面向国家资助机构声明保留项目成果的所有权，期间届满后，则丧失了可能获得专利权的机会，而且不能事后救济。

4. 协调专利申请期间和所有权保留选择权行使期间，后者应当在前者的期间之内，而不能是相反。当然，法律还必须明确期间的起算点，否则具体期间的规定就没有意义。本书建议这两个期间均从成果公布之日起计算，如果没有公布，则应当从成果完成时起算。成果完成时比起成果公布时时间提前，这样设计的目的在于督促依托单位及早向资助机构报告成果、公布成果，否则就从成果完成时起算期间。

（二）专利申请权

法律规定依托单位可以取得专利权，但这并非意味着依托单位可以自动取得权利，而必须通过专利申请方可。

美国的相关制度规定，依托单位如果选择保留发明所有权，应当在其书面申明保留该项权利之日起一定期限内提交对研究成果的首次专利申请。如果该成果有出版、出售或公众使用等情况，依托单位应当在法律规定的获得专利保护的法定期间届满前提交专利申请，这一时间相对较短。由于专利具有很强的地域性，为了最大限度保护权利人的利益，美国法律赋予专利申请权人向国外申请专利的权利。国家资助机构虽然无须对依托单位向外国申请专利实行在先审查，但对于某些具有社会价值的研究成果，可以直接实施。

根据我国现行的《合同法》以及《专利法》，在委托研究中，除当事人另有约定外，受托人享有就研究成果申请专利的权利，依据一般理论分析，国家资助项目研究，本质上是国家委托依托单位而进行的研究，基金委代表国家为委托人，依托单位是受托人，据此依托单位就享有专利申请权。根据本书前述对我国相关制度的重新设计，依托单位原本就享有该权利。但有例外的情形：如果是可能涉及诸如国防、军事等与公共利益紧密相关的研究成果，其专利申请权应当归属于国家资助机构。专利申请必须在法律规定的期限内进行，这一点无须多言。需要强调的一点是，为了保护公共利益，如果依托单位试图转让项目成果的专利申请权，则必须首先转让给国家资助机构，在国家资助机构放弃受让之前，依托单位不得将其让与他人。

我国的《专利法》同时还规定，任何单位或个人均有权将在中国完成的发明向外国申请专利，但应当事先报经国务院专利行政部门进行保密审查。中国单位或个人也可以根据中国参与的有关国际条约提出专利国际申请，但也要经过保密审查。可见，在我国，依托单位取得项目成果后，如向外国申请专利，也应当经过保密审查方可进行。究其目的，一是为了保护国家利益，避免国家秘密对外泄露；二是通过审查，可以掌握我国主体向外申请专利的基本情况，适度控制其规模，以使项目成果能够优先为本国和公众利益服务。

专利申请权也受到一定时间的限制，同时有具体的程序要求，这些都跟一般的专利申请权无异，不再赘述。

（三）专利转让权

专利转让权是专利权人的基本权利，也是专利权这一权利当中的应有之义，依托单位作为项目成果的权利主体，有权处分其发明及相关的财产性权利。依托单位就项目成果取得专利权后，有权与其他主体签订从事项目成果的实验、发展、转化、实施、研究工作活动的技术转让合同，受让人有权继受取得依托单位所有的专利权利。专利权转让的方式只有一种，即将权利人名下的专利权转让给他人，转让后受让人拥有专利权，而转让人与该专利无任何关系。这一点与专利的实施许可不同，应予以区别。

专利权的转让有比较具体的规定，比如关于转让协议的形式、内容、价格的确定，以及相关程序要求等，应当遵循法律的这些规定。

国家资助项目成果专利权的转让比一般专利权的转让受到更多的限制，比如，依托单位会受到国家资助机构的某些限制，国家资助机构基于国家利益和社会公共利益的考量，有对项目成果优先的、免费的使用权，这对依托单位的转让权构成重大限制。当然由于国家资助机构不是专利人，国家资助机构在使用该项目成果后不得对其他第三方进行许可，唯依托单位怠于履行其成果转化义务的除外。① 另外，基于国家资助项目的公共利益性，也会对受让人形成某种限制，比如应当承受国家公权力的介入等，这反过来会影响依托单位的专利权转让。

（四）免费使用许可——依托单位所享有的最低限度的权利②

这种情形是指，当项目研究成果归属于国家之后，基于依托单位对项目成果所做出的贡献，同时也为了激励依托单位，法律允许依托单位在世界范围内对政府取得所有权的项目成果保留非排他的、免费的使用许可。这是依托单位所享有的最低限度的权利。

在美国，依托单位的免费使用许可权受到一个前提限制，即依托单位必须在法律规定的期间内对其接受资助的项目成果进行披露，旨在推动项目成果的披露。由于美国依托单位的范围要宽于我国，不仅仅限于学校和研究所，还包括很多营利性的，或者是附属于企业的研究机构。美国 NSF 的项目管理体系考虑到这种情况，规定，如果依托单位有国内的附属机构或者子公司的，这种免费使用许可权允许延伸到依托单位的附属机构或者子公司。在这种情况下，依托单位是授权方，其附属机构或者子公司为被授权方，授权的范围不得超过依托单位所取得的项目成果的免费使用许可的范围。应当注意的是，依托单位享有免费使用许可权，但并不享有对该项目成果的完全支配权。美国 NSF 要求如依托单位想要转让其所享有的免费使用许可权，必须以 NSF，即国家资助机构的同意为前提。

目前，对于专利权保护比较积极的国家，都对政府所有的发明专利的使用许可作出特别规定。在国家资助研究项目中，资助机构可以以这些规定为依据，对依托单位在国内的免费使用许可权作出一定的限制。如美国 NSF 规定，根据 37CRF Part 404，③ 有关主体可以提交排他使用许可申请，为了实现对项目成果迅速进行实际应用的目的，国家可以对

---

① 对于国家资助机构对依托单位的限制，详见后述，此处不赘述。

② Cite：45 CFR § 650. 4（e）Title 45 – Public Welfare Chapter VI-National Science Foundation，Part 650_ Patents – Table of Contents.

③ 该条文主要规定了政府所有的专利发明的使用许可的法律程序问题。37 CFR Part 404。

依托单位的国内使用许可进行撤销，而将其授予符合条件的申请人。这种规定秉承了国家资助研究项目的共同特点，即研究成果在必要的时候优先服务于国家利益和社会公共利益。同样的，国家对依托单位就国内许可使用的限制也是有限制的，即如果使用许可属于应用领域、地理学或基础科学研究领域，而且在那些领域里依托单位已经使发明达到实际应用的要求，并且正在继续使用该发明为公众带来合理的利益，那么该使用许可就不得被撤销。为了能够使资助研究项目成果的价值得到最大程度的发挥，依托单位的附属机构或者子公司在被授权使用许可后，其在国外的使用未能达到实际应用的要求的，国家资助机构也可以考虑撤销或修改其使用许可的授权。

当项目成果管理体系赋予国家资助机构一定权力以限制依托单位的权利时，依托单位也应当有相应的权利救济手段。即国家资助机构在撤销或者修改依托单位的免费使用许可权前，应当书面通知依托单位并告知其理由。依托单位可以在收到通知后一定期限内（美国 NSF 规定为 30 日）提出权利不应受到撤销和限制的理由。国家资助机构对依托单位的抗辩期间可以有一定的自由裁量权，如果认为依托单位需要更长的合理期间来抗辩，可以自行决定延长而不受 30 日的限制。

对于这种最低的免费使用许可权的设立，本书认为我国的国家资助项目管理体系也可以借鉴。因为这一制度的基本目的在于促进科技成果的快速应用。由于依托单位是成果的制造人，虽然成果的权利归属于国家，但由于依托单位对成果内容非常熟悉，同时也为了激励依托单位开展科学研究，[①] 就应当建立我国的依托单位免费使用许可制度。虽然我国的经济发展速度较快，但是以目前的状况来看，我国的项目依托单位仍然主要是学校和研究所，而学校和研究所即使有其相应的某些附属机构，其产业化的程度与美国等发达国家相比仍然有很大差距。这就涉及我国依托单位的范围和划定、职能等重大问题，是否需要改革，如何改革，特别是扩大依托单位范围，使得企业或其他经营性机构能够成为自然科学基金的依托单位，就是一个必须慎重考虑的问题。如果依托单位

---

① 这种激励作用的发挥，主要是通过这种方式实现的：依托单位自身通过对研究成果的应用，取得相应的经济收益和其他收益，收益的取得就构成对依托单位从事科学研究的强大激励。

可以直接使用专利成果，则最低使用权制度的设计就尤显重要。

另外一个需要讨论的问题是，对于国家资助机构对依托单位的制约，如何设计救济制度？美国的规则是赋予依托单位抗辩权，本书认为如果仅仅如此，则不能完全使其权利得到相应的保护。因此，基于国家资助机构的国家公权力性质，除了在国家资助机构的内部救济以外，可以参照行政法领域的救济手段，如依托单位对于其受到的权利限制可以申请行政复议，或者提起行政诉讼，而具体的制度要视资助机构的自身性质及其行为性质加以确定和具体化。

（五）发明披露义务

发明披露的目的在于及时将研究的成果以适当方式向特定机构告知，一方面便利国家资助机构掌握研究进展情况，进行项目过程监控，另一方面在于及时发现重要成果，并采取有效措施保护、公开、推广和实施该成果，从而实现国家资助研究的基本目的。

在美国的国家资助项目管理体系中，发明的披露义务分为两个层次。一是研究成果产出后，具体负责和参与研究的发明人应当以书面方式向依托单位负责专利发明的工作人员进行披露，即内部披露。在内部披露中，发明人在向依托单位披露前不得向其他研究机构就资助项目的研究成果进行披露。二是依托单位在接到发明人的披露后，应当对该成果进行论证和初步审查，并在一定期限内就该项目成果向国家资助机构进行披露，即外部披露。依托单位向国家资助机构的披露期限在欧美国家既可以由国家法律加以规定，也可以由行政规章加以确定（美国 NSF 体系中规定为 3 个月）。同时，美国 NSF 管理体系中，向 NSF 的披露应通过国立卫生研究院（NIH）维护的 iEdison 发明信息管理系统进行。①

目前，我国的国家资助项目管理还未能理顺，国家资助机构以及各省、自治区、直辖市的资助机构有各自的披露方式和体系。这样的管理体系一方面可能出现类似项目重复资助，造成资金的浪费，另一方面，也会使披露工作出现区域的局限性问题，从而限制了项目成果的实现、转化和深入研究。因此，本书认为，在完善我国的项目成果披露制度

---

① 该系统由 NIH 负责维护，但是包括 NSF 在内的多个联邦政府资助机构都可以使用。

时，可以借鉴美国 NSF 的披露方式，采用统一的披露途径。同时，在披露的时间上，期限的确定及延长可以根据研究项目的内容和规模加以区别，并可申请延长，由国家资助机构相关负责部门加以批准和确认。由于我国现在还没有建立一个统一的科研信息披露平台，① 国家资助机构可以以自身为主导，通过国家的支持，建立一个统一的项目成果披露平台。从长远看，平台的建立是基于国家项目成果的管理，但是平台也可以吸纳其他方面的研究成果和信息的披露，以促进我国整体科研水平的提高。

这里还需考虑的一个问题是，基于我国的实际国情——科研人员多，范围广泛等，由国家资助机构直接管理全国的各个资助项目是否现实，是否需要一个多层次的管理体系？所谓多层次的体系，包括：第一，由发明人向依托单位进行披露；第二，依托单位在接到发明人的披露后的一定期限内，向本区域的省级项目管理机构进行披露；第三，在接到依托单位的披露后，该区域的省级资助项目管理机构在一定期限内向国家资助机构进行披露；第四，国家资助机构在已披露的各项研究成果中，根据成果的内容和类型以及权利归属情况，有选择地向社会公众进行披露。这种层层披露的方式便于管理，但是很有可能造成效率偏低的现象。

这两种方式各有利弊，本书倾向于对于自然基金项目成果的披露，由依托单位直接向基金委进行披露，由后者统一备案管理。

除了上述披露的方式和途径外，披露的内容也有所限定。依托单位披露的内容包括但不限于：

1. 形成发明的受资助项目的名称及发明人的情况；

2. 对发明的技术细节的充分完整描述，达到使该发明的性质、目标、实施以及在已知的范围内其物理、化学、生物或电子特性能够被相关的科研人员清晰了解；

3. 研究成果是否已经出售或公开使用以及相关的情况；

4. 与研究成果相关的文字性著作，如论文、专著等是否已经交付

---

① 国家自然科学基金委员会网站有一个栏目为"成果公布"，点击进去就是"科学基金共享服务网"，其核心内容是提供项目研究的成果供公众查阅。而且成果形式局限于期刊论文、会议论文、著作和奖励四类，这与本书所说的信息披露平台还有很大的差距。

发表、出版，及出版的进程；

　　5. 对于已交付发表、出版的著作，依托单位应当明确该研究成果、发明、专利是否可以向社会公众公开披露，不向社会公开的，应当明确公开的范围。

　　除了以上几项，依托单位在完成披露后，应当将有关描述该研究成果的书稿的出版情况，依托单位正计划出售、转让或公开使用该发明的情况立即通知国家资助机构。①

　　如果依托单位未履行成果披露义务，根据美国的法律规定，则其无法行使项目成果所有权选择保留权，因此也就无法获得成果专利权。我国也应当借鉴这一做法，规定成果披露是依托单位获得成果专利权的基本条件，通过这种方式来保障成果披露义务的切实履行。

（六）提交年度使用情况报告的义务

　　依托单位在享有项目成果的专利权之后，必须进行项目成果的转化和实施，至少必须进行这方面的努力，可以是自行实施转化，也可以是转让或许可他人使用，这是公共利益的必然要求。如果取得了专利权后就束之高阁，这与国家资助的初衷相违，也与专利权的基本制度相违。而关于提交年度使用情况报告的义务，是指依托单位应当将专利使用的具体情况，向国家有关机构进行报告，从而起到督促专利权的实施的作用，同时也是为了利于国家对项目成果转化和实施的监管。

　　在美国，依托单位取得专利权后，应当按国家资助机构的要求，每年提交一次有关对项目成果的利用，以及依托单位或授权使用人或受让人为利用发明所作努力的报告。这些报告中应当包括项目成果、专利发明的开发状况、首次出售或使用的日期、依托单位取得的专利使用费总数额等信息，以及国家资助机构指定应提交的包括基础数据、经费的使用状况等相关的数据和信息。美国的国家资助机构如 NSF 依照本国的专利权法律法规启动介入程序，行使介入权时，依托单位应当提供有关的附加报告。需要强调的是，国家资助机构和使用相关成果的其他国家机

---

　　①　Cite：45 CFR § 650. 4 （c）Title 45 – Public Welfare Chapter VI-National Science Foundation, Part 650_ Patents – Table of Contents.

关，应当对项目成果及其相关的报告履行保密义务，即国家资助机构和其他政府机构不得在未经依托单位同意的情况下，将报告的相关信息向政府之外的人进行披露。对此，依托单位也可依照行政复议或者行政诉讼程序寻求救济。

就我国而言，为了督促依托单位积极实施项目成果转化，促进科学技术的进步和发展，本书认为应当建立我国的年度报告义务制度。这里所涉及的主要问题是报告内容，本书的建议是由基金委规定一个统一的要求，借鉴其他国家的操作实践，结合我国的国情，将需要报告的重点问题进行罗列，依托单位可以在这个普遍性要求的基础上进行具有个性化的报告，实现标准化和个性化的协调并存。同时还需要解决的问题有，报告时间、报告程序，以及如果不予报告所应发生的不利后果。时间问题比较容易解决，只要规定一个较为合理的时间点即可。报告程序主要包括向谁报告，如何报告等。建议在基金委内部设立一个专门负责项目成果管理的机构，具体负责项目成果管理的各项事务，当然包括接受年度使用情况的报告。最后一个问题很重要，如果没有一定的责任约束，这一义务就会落空，发挥不了其制度设计的预期作用。本书的建议是，如果依托单位连续三年未能提供年度使用情况的报告，或者连续三年发现所提交的年度使用报告当中存在重大问题，则其所享有的成果专利权将会被剥夺，或者给予他人使用的许可权。这样规定的目的就在于督促这一义务的切实履行。

此外，国家资助机构以及相关的政府机构也应当履行保密义务。这种义务对这些官方机构来说，应当不仅仅是义务，更重要的是责任。这种责任的重要性一方面在于对项目成果中所包含的专利权的维护，另一方面在于，一旦国家政府机构怠于履行该职责，将直接导致国家对公民的权威性和公信力的降低。同时还应当完善依托单位的救济制度，本书认为，由于项目成果的重要性，依托单位在权利救济中可以适用行政复议及行政诉讼等救济手段，以更有力地保护项目成果。

（七）保证优先为国家工业谋利的义务

这个义务很容易理解，基于国家资助的公共性特点，依托单位必须保证首先将其研究成果服务于本国，推动本国工业经济的发展。

在美国，这一义务主要是强调在项目成果产出后，在国内产业有条件、有能力实现的情况下，依托单位应当以国内产业的需求为先，最大限度地使新兴技术用于本国工业，从而由工业的进步带动整个社会和经济的发展。在美国 NSF 制度体系下，如果依托单位或其受让人通过各种努力表明，他们已经合理地向可能在本国大批生产专利产品的潜在生产商进行了授权以积极实施其专利，但均以失败告终，或者依托单位有证据证明，其专利就国内的生产环境而言还不具有商业可行性，在这些情况下，国家资助机构可以有条件地放弃或者放宽依托单位对此义务的保证要求。

基于我国的国家性质，应当更加强调这一点。国家资助研究设立的初衷就是通过国家资金的支持，给予各个研究机构广泛的研究空间和自由，通过做出新的研究成果来为国家和社会公众谋福利。国家资助研究项目优先为国家利益服务无可厚非。依托单位以及项目负责人必须承担起优先为国家利益服务的义务。具体要求为：依托单位必须承诺，不管是自己或是该项目成果的受让人，都不得给他人一个专有许可使用权，除非该受让人承诺会将通过该发明得到的产品在我国境内大量生产。这是为保障我国的国民利益所必需的。如果依托单位违反了这一义务，国家资助机构有权撤销其所享有的专利权，收归政府所有，或者给予他人许可使用的权利。

（八）保护国家和政府利益的义务

由于国家资助研究项目的特殊性，同时为了保护国家作为资助人在项目成果中的利益，依托单位负担保护国家和政府利益的义务是完全可以理解的。需要特别强调的是，这并不是一个抽象概念，既然被作为一个法律义务，是有非常具体的规定的，通过这些细节的规定而实现对国家和政府利益的保护。也只有这样，这一义务才可能得到兑现。

在美国，这一义务被细化如下：

1. 确认国家的基本权利并办理相关手续的义务

对于依托单位而言，在项目成果产出之后，应当履行相关手续，确认国家对项目成果享有的基本权利，并及时向国家资助机构或者国家项目成果管理机构提交必要的文书和保证。这些文书和保证应当包括：第一，依托单位就其拥有所有权的项目成果而言，设立或确认政府在世界范围内对项目成果所享有的权利；第二，依托单位依照有关规定向国家资助机构转让所有权，使政府在世界范围内获得该项目成果的专利权。①

2. 约束和教育科学技术人员的义务

由依托单位来约束和管理科研人员，以防止新兴科学技术的滥用，其重要性是不言而喻的，将该义务落实到依托单位身上，就需要有一套较为具体的、具有可操作性的程序来实现。目前实践中通常是通过依托单位与其科学技术人员签订书面合同的方式来约束后者，防止科研人员从事有害于社会公共利益的所谓科学研究。除此之外，事实上对于整个国家科研事业的发展来说，更重要的是由依托单位在科学研究中培养和教育更多的科学技术人员。这种教育和培养应当不仅仅限于参与研究课题和项目，还包括研究人员在多个研究机构之间的沟通、交流和学习，以及在相关领域以研讨会的形式对成果进行共享，以促进科研技术人员的成长和学习。同时，对于国家资助项目，资助机构也可以要求依托单位对参与项目研究的人员披露相关信息，并组织一些适当的教育活动，加强研究人员之间的沟通，普及知识产权保护方面的法律法规。在这方面，美国主要是以国家资助机构或者其他的交流中介机构为主导，组织研讨会、论坛等活动，促进科研机构之间、科研人员之间的交流和互动，并为其提供法律和制度方面的帮助。

3. 不保留专利权时的通知义务

依托单位有权作出就研究成果以及与其权利相关的决定，如不继续申请专利、不继续支付专利维护费用、不对专利复审或者异议程序进行答辩等等。依托单位作出这些决定时，应当及时通知国家资助机构或资助项目成果管理机构，不得超过法律规定或者国家资助机构规定的最后期限。这一义务的目的是，防止项目成果的相关权利因没有主体而得不到保护和使用。依托单位在做出放弃权利的决定后及时通知，有利于国家资助机构及时采取措施保护项目成果，并通过适当的方式推进项目成果的应用。

---

① Cite：45 CFR § 650. 4 （f） Title 45 – Public Welfare Chapter VI-National Science Foundation，Part 650_ Patents – Table of Contents.

4. 专利申请标注义务

在项目成果申请专利的文件中，应当进行项目标注。同时，任何在该项目成果之后含有项目成果内容的专利申请中，依托单位都应该在专利说明书中作出相关的标注声明。其目的在于彰显国家对该成果产出所作的贡献，同时提示该成果的权利人，正是因为有国家的参与，所以其权利受到较大的限制。

5. 提交有关文书的义务

该义务的目的主要是促使依托单位完成项目研究后，有效地使研究成果得到共享。美国 NSF 制度要求，依托单位应当在对其项目成果在国内提交专利申请后的两个月内，将其研究成果完整地提交到由 NIH 管理的 iEdison 电子信息系统中，同时提交文本书备查。①

我国还没有关于保护国家和政府利益这一义务的具体化规定，从概念的理解上，应当将其与服务于社会公共利益等区别开来，后者是比较抽象笼统的，意指依托单位在有关项目成果的使用及转化过程中，应当注意保护公共利益，而其表现形式是多样的；前者则是具体的法律义务，体现的是通过具体行为的实施，保障国家或政府对项目成果所享有的基本权利，便利国家或政府具体行使这些权利，促进国家的技术进步。我国应当借鉴美国的规定，进行相应的制度构建。

1. 确认国家的基本权利并办理相关手续

在我国，国家对于项目成果享有一定的权利，如优先免费使用的权利等，依托单位应当履行自己对政府权力所作的保证义务，提交相关法律文件，并履行相关手续。同时为了使国家资助项目成果得到及时、合理的保护和管理，还应当在成果产出之后向国家资助机构或指定的管理机构完成成果备案手续，备案的内容范围由国家资助项目成果管理机构根据自身的管理需要和能力加以确定。依托单位对其所报送的材料的真实性以及专利权利瑕疵负有担保义务。本书建议，接受备案的机关，在该项目成果申请专利之前，应当是项目成果管理机构，在申请专利后，应当是国家知识管理部门。

---

① Cite：45 CFR § 650.4（f） - （5）Title 45 - Public Welfare Chapter VI-National Science Foundation, Part 650_ Patents - Table of Contents.

2. 约束和教育科学技术人员的义务

国家资助项目的研究一方面是要利用国家资金促进科技发展，另一方面，也是为了推动对科学技术人才的培养。因此依托单位站在科学技术发展的前沿，有义务为我国的科研事业培养更多有用的科学技术人员。同时，科学技术的不断发展是一把双刃剑，新兴技术的革新既可以促进生产力的发展，推动整个社会的进步，新兴技术的滥用也往往会给人类带来巨大的灾难。而法律所具有的滞后性导致它不可能预见新兴技术的社会效果而加以规制，在这个空白期，就需要有人对新兴技术的负面效应加以控制。在国家资助项目管理体系中，依托单位就自然成为承担该义务的主体。一是因为依托单位能够承接国家资助研究项目，其研究能力在其所属的领域往往位列前沿；二是因为依托单位本身作为项目的承担者，对其所研究的项目内容、特点及其可能产生的危害有最为深入的了解，也最有可能设计出防止技术滥用的最有效的措施和手段；三是每个项目的研究人员大部分是与依托单位存在隶属关系的，依托单位有管理和约束科研人员的优势条件。

就科研人员签订合同而言，对于有隶属关系的科研人员，合同内容主要侧重于其所参与的国家资助项目研究的特殊权利和义务；而对于不具有隶属关系的科研人员，应当签订一个较为完备的书面合同。对于参与该项目的其他文书人员和非技术人员，应视具体科研项目内容的重要性而定，均可在必要的时候与其签订保密合同，或者在其劳动合同中附加保密条款。在对于其他文书人员和非技术人员的问题上，依托单位有权自主决定。在依托单位与科研人员的合同中，应当至少包括下列内容：第一，及时将每一项项目成果向依托单位中负责专利事务管理的人员进行书面披露，依托单位可以对披露的格式作出相应的规定，以符合国家资助机构规定的有关披露的要求；第二，在依托单位对研究发明申请专利的过程中，科研人员应当提交专利申请的必要文书和手续；第三，明确国家和政府对该项目成果所享有的权利。除了上述内容外，合同内容还可以包括保密条款以及科研人员职业操守等相关的内容。为了能够更好地约束和激励科研人员，依托单位还可以设立相应的奖惩制度，以激发其研究热情，并督促其履行相关的义务。

除此之外，我国的科研机构之间、科研人员之间交流的开放性程度还不够高，可以借鉴美国的模式，以国家资助机构为桥梁，加强交流和合作。通过学术论坛、讨论会等形式，促进项目成果的共享，提升科研人员的水平，共同推进我国科研水平的提高和科研后备人才的培养。

3. 通知义务、标注义务和提交相关文书的义务

这三项义务属于依托单位为了使其权利固化，并获得其他相关的精神性和财产性权利所必须履行的程序性义务。因此对不同的国家来说，这种程序性义务会因对项目成果管理制度的不同而有所差别，但是这类义务并不能免除。我国的依托单位为了取得围绕项目成果而产生的权利，也必然要履行相应的程序性义务，如标注、向国家资助机构报告、通知等义务。特别需要指出的是，在我国，目前的标注义务主要表现在，在项目完成或者是项目进行过程中，发表的论文及专著中必须作出如下标注："该项目是在政府支持下产生的，获得国家自然科学基金委员会/科技部的资助（项目名称）。政府对该项目成果享有一定的权利。"而一般标注的范围也仅仅限于在项目中承诺的篇目中加以标注。我们应当借鉴美国的模式，规定在专利权申请文件当中也应当进行标注。

为了保障政府在为了国家和社会利益的前提下能够顺利取得项目成果的专利权，更好地行使该权利，依托单位应当及时地确认政府对于其保留权利的项目成果享有一定的权利，即依托单位应当在提出专利申请时发布声明："该项发明经由国家资助机构拨款，政府支持研制，政府对该项权利享有某些权利。"当依托单位决定不保留项目成果的权利时，应依法向政府转让权利，并使政府得以在世界范围内对该项发明获得专利保护。当依托单位决定不继续进行申请，不继续支付维护费或不在复审程序中对专利进行辩护时，应及时将该决定通知国家资助机构或国家资助项目成果的管理机关，以使政府或者其他官方机构能够及时申请专利权。

（九）　依托单位的其他权利和义务

依托单位除了上述最主要的权利和义务外，还可以享有下列权利并履行相应的义务。

1. 依托单位原则上对项目成果保留完整的权利，该权利包括但不

限于：（1）研究成果的所有权；（2）专利申请权和专利权；（3）专利许可使用权；（4）专利许可使用的收益权。

2. 依托单位自选择保留专利权之日起或是自研究成果公布之日起的法定保护期限届满前，有权对其研究成果向本国专利行政主管部门提出保护申请。这一权利的目的在于，在该项目成果获得专利权之前，事先得到相关机关的技术保护，防止因研究成果的公开而由他人未经允许实施该成果。实际上是申请对项目成果进行获得专利权之前的保护。

3. 依托单位有权在第一次向本国专利行政主管部门披露专利相关的内容之日起一定期限内，同时向其他国家提交专利申请（美国为十个月）；对于某些会影响到国家利益和社会公共利益的研究成果和发明，应自国家专利行政主管部门审批后六个月内，向其他国家申请专利。

4. 在下列情形下，依托单位可以向国家资助机构书面转让研究成果的各项权利：

（1）当依托单位未在国家资助机构规定的期限内履行披露、登记和说明义务，未选择保留所有权或是选择不保留研究成果所有权，国家资助机构有权在一定期限内取得该研究成果的所有权。

（2）依托单位在国家资助机构规定的期限内未能在其他国家成功申请专利，或是逾期未申请专利，在国家资助机构提出书面申请前，其在所属国仍享有项目成果的所有权。

（3）依托单位在其他国家放弃申请专利、不再支付专利保持的相关费用或者不再继续在复审或异议程序中抗辩的，在其他国家申请或保留专利的权利转让至国家资助机构。

5. 依托单位还应当履行下列义务：

（1）除了在研究过程中提交年度报告外，依托单位在完成项目后以及对项目研究中的发明、实用新型申请专利时，应当在提交专利保护申请之日起一定期间内（可以为两个月到三个月，或者是在专利申请被受理后）就该项目成果、实用新型向国家资助机构披露，披露的方式可以根据我国的具体情况采取书面报告、登记等方式进行。

（2）依托单位有义务对研究成果和发明的技术细节进行充分完整的描述，以使国家资助机构对该研究成果、发明的性质、运作模式以及其物理、化学、生物等方面的特性有较清晰的认识。

（3）依托单位应当给予发明人一定的报酬，该报酬的数额不仅应当考虑发明人所付出的劳动，以及在项目成果的产生过程中所作出的贡献，更应该考虑该项目成果被应用于实践之后所产生的经济收益，包括发明专利的转让费、许可使用费、版税等所有收益，以此来决定应该支付给发明人的报酬和奖励，从而鼓励科研人员积极参与国家项目的研究工作。另外，还应当重申项目发明人的一些知识产权权利，如署名权。我国《专利法》第十七条规定：发明人或者设计人有在专利文件中写明自己是发明人或者设计人的权利。

（4）依托单位在将项目成果所取得的收益支付完发明人的报酬、奖金以及管理所需的行政费用及其他费用之后，应将余额用来支持科学研究或者教育事业。这样要求的目的是，一方面可以促进我国的依托单位走向商业化和产业化，另一方面，也使国家资助项目能够在科学研究—实施和转化—人才培养这一体系的进一步发展方面作出应有贡献，同时吸引和培养更多的科研人员参与研究，为国家和社会贡献更多的新技术、新方法和新成果。

二　国家资助机构的权利和义务

国家自然科学基金委员会是本书所研究的我国主要的国家项目资助和管理机构，它具有一定公权力的性质，因此，国家资助机构在一定条件下，可以代表国家和政府行使一定的专利权，这主要体现为国家保留发明所有权和国家行使发明专利介入权（March-in Rights）。同时国家资助机构也应当履行必要的义务。

（一）政府取得发明所有权及相关义务

基于前述对专利权的原始分配，在特定情况下，政府可以取得项目成果的专利权。在美国，其 NSF 项目成果管理体系中规定的具体情况如下：[1]

---

① Cite：45 CFR § 650. 4（d）Title 45 – Public Welfare Chapter VI-National Science Foundation, Part 650_ Patents – Table of Contents.

1. 在以下几种情况下，依托单位在先违反其义务或者明确放弃所有权，NSF 只有在得知事实后的一定期限内主张所有权才有效，否则，超过该法定期间的所有权主张不具有法律效力。目前美国 NSF 规定的期限为六十日。

（1）依托单位未能在规定的期限内选择是否保留项目成果所有权；

（2）依托单位未能在规定期限内向 NSF 作出发明披露；

（3）依托单位已经明确选择放弃项目成果所有权。

2. 在下列情况下，NSF 取得项目成果的所有权不受上述六十日的期限限制：

（1）由于专利申请具有很强的地域性，因此在项目成果产出后，依托单位如果不愿或没有能力在他国的法定专利申请期限内提交申请，而使该项目成果丧失在该国的专利权利时，NSF 获得在该国的发明所有权。

（2）依托单位如果决定不再继续在某国家范围内对项目成果的专利申请保护，即明示放弃其在该地区的专利保护，NSF 有权继受取得项目成果在该国家范围内的发明所有权。

（3）专利保护具有另一个重要特点就是时限性，如果超过时限而专利权人未继续主张权利，权利即失效。因此，当依托单位不再继续在某国家范围内交付专利维护费时，NSF 有权继受项目成果在该国的发明所有权。

（4）依托单位在某国家范围内的专利复审或者异议程序中不进行答辩的，NSF 有权继受项目成果在该国家的发明所有权。

国家资助项目研究的目的在于其研究成果能为社会进步带来实际效果，因此赋予政府取得发明所有权与这一目的完全吻合。政府代表国家行使职能，更加有能力统筹现有的各种社会资源，将已经产出的科学技术成果转化成社会生产力。但是政府取得发明所有权的权利并非不受限制，只有当依托单位没有能力或在现阶段不能够转化实施发明专利时，国家才可以取得该发明的所有权。此时，依托单位就有义务将其对项目成果的所有权转让给国家资助机构，同时国家资助机构应当以书面方式向依托单位发出转让请求。可见，政府行使这种权利是被动的，而且是有条件的。目前，我国对此问题还没有一个完整的制度体系加以规范，本书认为这种体系的建立应重点解决一个问题：政府在什么条件下取得项目成果的所有权？对此必须有严格的限制，以防止与依托单位的利益冲突。这一点在前文已有说明，兹不赘述。

为了保证专利的申请得以完成，政府有权阻止对政府拥有或可能拥有权利的成果信息在一段时间内予以公布。另外，政府不得要求依托单位向国家专利与商标局或者任何外国专利办公室公布项目成果专利申请文件的内容。

政府获得项目成果的所有权和专利权后，应当负担一定的义务，以保障依托单位和成果研究人的相关权利。政府有义务采取一切适当而必要的行动来保护和管理项目成果的权利。如果其他机构能更好地管理该项目成果，并能更好地实施该项目成果，政府有义务将项目成果的监督和管理权全部或部分转移给其他机构。政府有义务将自己拥有的权利以一定方式授予合适的单位或个人使用，以促进项目成果的实施。任何单位和个人，在同等条件下有平等地取得项目成果许可使用的机会。应当说，国家资助机构作为一个公权力机构，并不是最佳的项目成果实施者，因此，应当将其所拥有的项目成果专利权以适当方式授权给其他组织或个人使用，以彻底发挥其实际效用。政府还必须遵守相关的程序性义务，严格按照法律的相关规定，在与依托单位的关系当中，尽量保护后者的利益，并充分尊重后者的程序性权利。

（二）国家介入许可使用的权利（March-in Rights）

国家介入权（March-in Rights）是美国 NSF 资助项目管理体系中的一个比较新颖的概念。它是指国家或者政府为了国家利益、社会公共利益或者为了促进具有较高社会价值的科技成果的转化，在特殊情况下主动干预专利权人对项目成果专利权的行使，以国家公权力为依托，强制许可第三人实施该专利的权力。从介入权的概念不难看出，这是国家公权力对项目成果使用、支配的主动干预，与前文所述由国家直接获得专利权是有本质区别的。国家直接获得专利权的目的在于取得专利发明的所有权，以保护该专利在境内外的实施，但一般情况下需要以依托单位放弃其专利权为前提，而国家介入权的行使却不以此为条件。从理论上讲，依托单位完成项目研究并取得项目成果的专利权，其基础在于国家授权，而这一授权的目的，一是为了借助依托单位的研究能力完成研究，更重要的是通过赋予依托单位相关权利，促进依托单位主动将其项目成果申请知识产权保护，并努力实现项目成果转化。如果依托单位不能实现项目成果转化目的，并在一定程度上违反了其负担的义务时，国家介入权的行使就具有了充分的理由，其旨在干预依托单位及其他权利人对专利权的使用和管理，终极目的仍然是促进项目成果的有效转化和实施。

国家介入权的权力基础有二：一是基于其主体为国家公权力的代表者，有为了公共利益而剥夺私人利益的公法权力；二是基于国家对项目成果的产出投入经费，既然国家投入巨额经费支持研究，就应当在一定条件下享有干预项目成果专利权的权力。

从性质上说，国家介入权应当具有国家权力属性。国家介入权的设立，从根本上说是国家通过公权力来保护项目成果的专利权，并且使其在本国得到最大限度的实现。

依照美国法律的规定，NSF 在法定情况下可以将专利权人享有的使用许可权授予合适的申请人。"依托单位应当同意：当 NSF 认为条件合理的，有权将其取得所有权的发明，依照 37 CFR §401.6 和 45 CFR §650.13① 的程序性规定，要求依托单位、项目成果的受让人或者使用许可人，将他们在任何领域的非排他许可权、部分排他许可权或排他许可权授予负责任的申请人。依托单位、受让人或者使用许可人拒绝的，NSF 在确认一些必要事项后有权自行作出许可。"② 可见，在何种情况下由 NSF 自行进行许可，是一个可以由 NSF 以其自由裁量权自行确定的内容。

NSF 在自行作出许可时，主要考虑以下几个方面的因素，并遵守相关的制度规定。

1. 条件是否合适。这个因素从表述上看过于笼统，需要细化。主

---

① 美国有关 NSF 资助项目的知识产权法律制度，以 45CFR§650 为主，以主要规定非营利性组织和小企业因为政府项目或者协议资助而产生的发明权利的 37CFR§401 为辅，共同构成了美国的国家资助项目成果管理体系中的知识产权法律制度。

② Cite：45CFR§650.4（j）Title 45 – Public Welfare Chapter VI-National Science Foundation，Part 650_ Patents － Table of Contents.

要理解为该项目成果具有较高的社会价值，对国家利益和社会公共利益具有较为重大的意义，而此时依托单位未履行或者无能力履行项目成果的转化义务，从而使其符合了 NSF 自行决定许可转化的条件。这是国家介入的基本前提。

2. 是否存在合适的申请许可使用人。NSF 作为国家资助研究项目的授权人和管理人，不可能独立对需要转化的项目成果自行进行使用，项目成果的转化仍然需要商业生产者的参与，因此 NSF 如果需要行使许可权，就必须需要有依托单位或其受让人、许可使用人以外的其他人申请取得对该项目成果使用的授权，而且该申请人必须满足一定的条件，有能力和有基础实施该专利成果。

3. 介入权行使的针对对象。NSF 行使介入权的对象不限于依托单位，还包括依托单位的受让人和排他性使用许可人。

4. 介入权行使时给予他人许可使用的类型。NSF 可以采用的授权方式包括非排他许可权、部分排他许可权或者完全排他许可权三种。

5. 由于 NSF 行使介入权是国家公权力在国家资助项目成果管理体系中的体现，因此，公权力的行使必须以专门的法律规定为依据，且必须遵守程序的要求。

6. 在 NSF 体系中，依托单位作为相对人，有权利拒绝 NSF 介入权的行使。一旦 NSF 行使介入权的要求被拒绝，NSF 仍然可以在能确认一些事项时自行作出许可。这些事项包括：（1）项目不能合理实现。依托单位、受让人或者被授权许可使用人并没有能力或没有条件，在一个合理的时间内采取有效步骤和手段，以达到项目成果在其所属领域中的实际应用（Practical Application①），此时，NSF 的自行许可就成为项目成果转化的必要步骤。（2）损害社会公众的基本利益。当依托单位、受让人或者被授权许可使用人在实施项目成果的过程中，无法满足社会公众对于健康或者安全的需要时，NSF 可以应有能力合理实施该项目成

---

① Practical Application 是指对合成或产品的制造，对技巧或方法的使用，对机器或系统的操作，包括技术和相关的技能，并且每一事项的进行都必须满足一个条件，即发明正在使用，它的收益在法律或政府规章所允许的范围内以合理的方式供社会使用。Cite：45CFR§650.4 Title 45 – Public Welfare Chapter Ⅵ-National Science Foundation，Part 650_ Patents – Table of Contents.

果的申请人的申请，自行决定作出实施许可。（3）违反法律的规定。当依托单位、受让人及被授权许可使用人的实施方案、方法、手段或社会效果违反法律规定，或者以垄断等违反法律的形式实施项目成果而不能合理满足公共使用要求的，NSF 可以自行决定作出许可。（4）依托单位逃避法定义务。当依托单位或者其受让人在签署授权转让许可合同时，未包括优先为本国工业谋福利的内容，或者虽然约定了该内容，但依托单位、受让人或者被授权许可使用人在实施项目成果的过程中，以其实际行为表明其违反优先为本国工业谋利的义务，或者已经有证据表明其能力已不能履行该义务时，NSF 有必要自行许可，使新兴技术的积极成果在本国范围内得到价值的实现。（5）对于上述第四项中依托单位违反义务的情形，如果依托单位、受让人或者被授权许可使用人有合理的理由并向 NSF 提出申请，NSF 可以基于当时的情况以及该项目成果实施的情况，放弃国家介入许可使用的权利。美国法律体系在此例外当中引入了情势变更原则，即虽然依托单位及其相关权利人有合理的理由对抗国家介入权，但是当客观的情况发生变更，使依托单位及其相关权利人的申请理由无法成立的，NSF 仍然可以在此时代表国家行使介入权，以保证项目成果的有效转化和合理实施。

我国现在的专利制度中尚未有国家介入权这一概念，但有一个与此非常相似的制度，即强制许可制度。所谓强制许可，是指国家专利管理机关通过行政程序而不经专利权人同意，直接许可具备实施条件的申请者实施发明专利或实用新型专利的行为。法律上之所以规定这一制度，其目的在于防止专利权人滥用知识产权垄断技术，从而维护国家和社会的利益，促进科学技术的发展。这一制度与国家介入权的区别在于，国家介入权所涉及的是国家资助项目成果的知识产权，其权力基础之一在于国家对项目成果产出的经济支持；而强制许可并不一定仅仅是针对国家资助项目成果，可以针对任何的专利权，其权力基础仅限于其主体为国家公权力的代表者。此外，二者在条件和程序方面也存在重大差别。

我国《专利法》第四十八条规定，有下列情形之一的，国务院专利行政部门根据具备实施条件的单位或者个人的申请，可以给予实施发明专利或者实用新型专利的强制许可：

1. 专利权人自专利权被授予之日起满三年，且自提出专利申请之日起满四年，无正当理由未实施或者未充分实施其专利的；

2. 专利权人行使专利权的行为被依法认定为垄断行为，为消除或者减少该行为对竞争产生的不利影响的。

我国专利法还规定了其他几种可以实施强制许可的情形：

1. 在国家出现紧急状态或者非常情况时，或者为了公共利益的目的，国务院专利行政部门可以给予实施发明专利或者实用新型专利的强制许可。

2. 为了公共健康目的，对取得专利权的药品，国务院专利行政部门可以给予制造并将其出口到符合我国参加的有关国际条约规定的国家或者地区的强制许可。

3. 一项取得专利权的发明或者实用新型比前已经取得专利权的发明或者实用新型具有显著经济意义的重大技术进步，其实施又有赖于前一发明或者实用新型的实施的，国务院专利行政部门根据后一专利权人的申请，可以给予实施前一发明或者实用新型的强制许可。在依照前述规定给予实施强制许可的情形下，国务院专利行政部门根据前一专利权人的申请，也可以给予实施后一发明或者实用新型的强制许可。

在我国，实施强制许可还必须符合法定的实质性要件和程序要求：

1. 强制许可涉及的发明创造为半导体技术的，其实施限于公共利益的目的，并且专利权人行使专利权的行为被依法认定为垄断行为，实施强制许可是为了消除或者减少该行为对竞争产生的不利影响。

2. 除专利权人行使专利权的行为被依法认定为垄断行为，实施强制许可是为了消除或者减少该行为对竞争产生的不利影响，或为了公共健康目的，对取得专利权的药品给予制造并将其出口到符合我国参加的有关国际条约规定的国家或者地区的强制许可外，强制许可的实施应当主要为了供应国内市场。

3. 由于专利权人自专利权被授予之日起满三年，且自提出专利申请之日起满四年，无正当理由未实施或者未充分实施其专利的，或者根据前述第三条申请强制许可的单位或者个人应当提供证据，证明其以合理的条件请求专利权人许可其实施专利，但未能在合理的时间内获得许可。

4. 国务院专利行政部门作出的给予实施强制许可的决定，应当及时通知专利权人，并予以登记和公告。给予实施强制许可的决定，应当根据强制许可的理由规定实施的范围和时间。强制许可的理由消除并不再发生时，国务院专利行政部门应当根据专利权人的请求，经审查后作出终止实施强制许可的决定。

5. 取得实施强制许可的单位或者个人不享有独占的实施权，并且无权允许他人实施。

6. 取得实施强制许可的单位或者个人应当付给专利权人合理的使用费，或者依照我国参加的有关国际条约的规定处理使用费问题。付给使用费的，其数额由双方协商，双方不能达成协议的，由国务院专利行政部门裁决。

7. 专利权人对国务院专利行政部门关于实施强制许可的决定不服的，专利权人或取得实施强制许可的单位或者个人对国务院专利行政部门关于实施强制许可使用费的裁决不服的，可以自收到通知之日起三个月内向人民法院起诉。

从我国的具体规定可以看出，我国的强制许可制度比较成熟，制度规定比较完善，可以实现国家介入权的基本目的。但需要重视的是，学术界还有一种观点认为，介入权本质上应该是国家对项目承担方和第三人之间的关系进行干预的权力，这种权力存在的理论基础是：项目承担方基于国家的授权才持有知识产权，当其没有尽到勤勉义务，积极推动技术转移或者出于国家安全、国家利益和重大社会公共利益的特殊需要时，国家就得以原始权利人的身份，干预项目承担方的管理事务，强制要求其实施许可，或者不批准其实施许可或转让。[①] 本书认为，这种观点扩张了介入权的行使范围，除了进行强制许可之外，还包括对依托单位的对外转让或许可行为进行干预，即予以否定的权力，应当说这种说法更符合介入权的本意。从这个意义上说，本书主张在我国有必要引入国家介入权的概念。我国强制许可制度需要进行适度改造，使其能够发挥国家介入权的部分功能。对国家资助项目成果实施强制许可，除了前述基本的条件外，可以由国家专利机构根据我国资助项目的现状加以细

---

① 郑碧：《论国家科技计划项目的知识产权权属制度》，华东政法大学硕士论文，2012年。

化，重点补充以下情形：当依托单位、受让人或者被授权许可使用人实施项目成果的过程中，无法满足社会公众对于健康或者安全的需要时；当依托单位、受让人及被授权许可使用人的实施方案、方法、手段或社会效果违反法律规定时；当依托单位或者其受让人在签署授权转让许可合同时，未包括优先为本国工业谋福利的内容，或者在依托单位、受让人或者被授权许可使用人实施项目成果的过程中以其实际行为表明其违反优先为本国工业谋利的义务的。

（三）对专利权人进行特殊限制的权利

与前述国家介入权的理由相同，国家也可以对依托单位或其他专利权人的权利作出特殊限制，主要是在非常严格的条件限制下，剥夺或限制专利权人的权利，其目的仍然在于维护公共利益。

前文已述，即使是由国家享有项目成果的专利权，依托单位仍然享有一个最低限度的权利——免费的使用许可，但美国的国家资助机构可以在一定条件下撤销或者改变依托单位的免费使用许可权。美国 NSF 项目成果管理规定是这样描述的："为了更好地推动 NSF 法案的实施，与资助、项目合同管理相关的官员可以应依托单位的要求或者 NSF 工作人员的建议，在同项目管理人（Program Manager）协商达成共识后，确定存在例外情况的前提下，可以限制或者取消依托单位所享有的专利权利。相关的官员会按照 37 CFR § 401.3（e）的要求准备书面文件，并按有关规定向商务部长和小企业利益保护局首席顾问作出适当报告。除这种做法与法规、国际条约或有强制参与或支持该研究的人员签署的合同不一致的外，都应当允许依托单位在发明产生后向 NSF 申请取消这种权利的限制。"[①] 从以上的规定不难看出，NSF 作出限制、取消或者改变依托单位专利权的决定时，至少应当满足下列条件：一是，由依托单位主动提出申请或者由 NSF 的相关工作人员依其职权提出建议；二是，NSF 负责管理此项事务的人员要充分协商、沟通并征求相关的意见，方可作出决定；三是，NSF 所作出的限制性决定是一个要式行为，必须以

---

① Cite：45 CFR 650.5 Title 45 – Public Welfare Chapter VI-National Science Foundation，Part 650_ Patents – Table of Contents.

书面形式作出；四是，在条件允许的情况下，依托单位可以通过向 NSF 提交申请以恢复自己的基本专利权利。

应当注意的是，就 NSF 对依托单位基本专利权利的限制而言，美国的项目成果管理体系为此设立了一个监督机构，即接受 NSF 就限制性决定的报告机构——商务部长和小企业利益保护局。商务部作为国家的行政机构可以代表国家对 NSF 进行监督，通过公权力来限制公权力。而通过小企业利益保护局的监督以实现权力制约权力，并可以在一定程度上防止垄断出现。尤其是在目前，NSF 在很多方面享有自由裁量权，而其裁量的标准会随着科技水平和社会的不断发展而出现变化，这种监督机制可以限制 NSF 的权力滥用，从而保护资助项目管理体系的正常运转。

从美国的规定不难看出，针对专利权人的限制是很有限的，国家资助机构的行为很谨慎。当国家资助机构要对专利权人进行限制的时候，首先要具备一定的严格条件；其次是要经过多方的论证，在对专利权人进行限制的时候，所有的材料均要以书面为之，以有据可依；最后，强调对专利权人的限制并不是永久的，而是在一定条件下，专利权人可以通过一定的程序，履行相应的手续而恢复权利。这种规定其实也是美国政治和法律在国家资助项目管理体系中的一种体现，即权利制约权力的原则。

对于我国来说，国家资助项目管理体系决定了国家公权力不可避免地参与项目管理，依托单位的某些权利要受到国家公权力的约束和限制。因此，就这点来说，我国在国家资助项目成果管理体系内建立一个制约专利权人的机制是必要的，而公权力对专利权人限制和约束就是这种制约的集中体现。当特定情况出现，例如依托单位拥有专利权显然不利于社会公共利益时，国家资助机构可以限制或取消依托单位的专利权。应当说，这是对专利权人的重大限制，因此必须具备充分的理由，且应当严格遵守相关的程序性规定，以保障依托单位的权利不被国家资助机构随意侵害。这里就存在国家权力与私人权利的冲突问题，因此，处理好权力和权利在项目成果管理体系中的制约关系就显得尤为重要。本书认为，我国和美国相比虽然制度上的差异较大，但是在对依托单位的权利限制方面，应当借鉴美国对权利的尊重态度和行使公权力的审慎态度，防止公权力的滥用，并推动依托单位各项权利的实现。

（四）对公益性机构进行特殊限制的权利

公益性机构，在我国主要是指大学或者其他高等教育机构，或者是依法设立的非营利性的科学和教育组织。在美国特指根据 1954 年颁布的《国内税收法》第 501（c）（3）条所描述的以该法规定免于征税的组织类型。公益性机构的特殊性质，主要在于其经费的来源、其存在的公共利益目的等，决定了其对于项目成果的权利受到一定的限制。

美国的相关制度作出如下规定：

1. 学校等公益性的依托单位在本国境内转让其项目成果的，必须先经过 NSF 的同意。如果受让人是一个履行项目成果管理义务的机构，则无须经过国家资助机构的同意，但是该管理机构在持有该项目成果期间，应当履行与依托单位相同的义务。

2. 对所获得专利使用费的分配限制。对实际研究人员来说，其所进行的研究是职务行为，项目成果权利直接归属于依托单位。虽然发明人不直接对项目成果享有财产性的知识产权，但是他们有权利参与依托单位所获专利使用费的分配。在美国，作为合作发明人的政府工作人员也被纳入参与专利使用费分配的主体范围，同时 NSF 具有一定的裁量权，即作为合作发明人的政府工作人员是否参与分配，由 NSF 根据具体情况加以确定。这种制度事实上也是通过 NSF 来限制依托单位的专利使用费用的分配权利。

3. 学校和研究所等非营利性的依托单位，其存在本身就是国家资金投入的成果。因此，它们也成了科研、教育等公益体系中的重要一环。在资助项目成果管理体系中，这些依托单位在支付了专利行政管理费用、专利发明的保护费用以及支付给发明人的费用等必要费用后，应将收入的余额用于支持科学研究或者教育事业，从而促进国家项目资助金在公益领域内的良性循环。

4. 在公益性质的依托单位许可他人实施专利成果时，应当尽量使中小企业作为项目成果的使用许可人。这样做有以下好处：一是，中小企业的资金实力较弱，因此他们一旦成为使用许可人，就会更加渴望能够在短期内将项目成果投入实际应用，以获得高效的回报，这样就可以促进新兴技术的快速实施，更有利于产生社会实效，也能够更好地体现项目成果自身的价值。二是，中小企业的参与也可以在一定程度上避免大企业对技术的垄断。一般而言，小企业由于受到资金、规模等因素的限制，在技术研发及实施方面会落后于大企业，而大企业往往会形成技术垄断。因此，如果积极鼓励小企业成为项目成果的实施许可人，就可以在一定程度上缓解这种情况，从而使得整体社会的技术水平提升，因为竞争是科学技术发展最为重要的推动力。三是，中小企业在很多时候为了实施项目成果，需要与其他企业联合，这就客观上促进了项目成果在社会中的共享，从而也为该成果的进一步发展和改进奠定了良好和广泛的基础。四是，对于依托单位本身而言，公益性依托单位的最大特点就是资金不足，如果与大企业进行合作，大型企业很可能利用自身强大的经济实力，使依托单位在签订项目成果实施合同时处于弱势，从而侵害依托单位的权益。但是当依托单位面对中小企业时，这种压力要小很多，双方也更有可能实现双赢。

此外，依托单位在与中小企业合作实施项目成果的过程中应当接受公权力的监督，比如应当将相关的合同进行备案，项目成果转让进行公告等。这种措施可以被看作是对依托单位及受让人和被授权许可使用人的监督，也可以看作是国家通过行政手段为公益性的依托单位提供帮助。在这个过程中，依托单位也可以就政策、程序或者惯例的实施和修改提出自己的意见和建议。

这方面，我国的情况和美国有很多的差异，其中很显著的一点就是美国的依托单位有很多是营利性的机构，它们自身有一定的能力将其项目成果进行转化。而我国的依托单位基本上是公益机构，由此，美国体系中的公益性机构恰恰是我国国家资助项目研究中最主要的依托单位，因此，本书认为在完善我国的制度时，尤其应关注美国 NSF 对公益性机构的特殊限制的规定。

美国对非营利性科研机构的管理有明显的特点：第一，严格将学校等机构限制在非营利的范围内，同时限制这些非营利性机构的过分商业化；第二，维护依托单位的应有权利；第三，也是最为突出的一点，强调国家资助机构应当为依托单位的成果产出和转化提供帮助，并在该领域发挥推动作用。目前，我国的制度与美国的制度差异较大的是，我国将成果转化的义务交给依托单位，国家资助机构仅扮演一个相对消极的角色。然而美国对于非营利性机构进行特殊限制的政策，对我国仍然具有重要的参考价值。比如，成果转让费用的分配规则，除了用来支付科研人员的奖励或报酬之外，应当用于教育和科学研究事业；在合作进行项目成果转化及实施过程中尽量考虑中小企业等等。这些措施有利于促进项目成果的快速顺畅转化，同时会促进国家整体科技水平的提高。当然，对于项目成果的转化和实施，我国的国家资助机构必须有所作为，更为积极主动，转变先前较为消极的角色定位，推动项目成果的实施和转化。比如在机构内部建立一个专门促进成果转化和实施的机构，如KTO等，从而使国家资金的投入真正产生社会实效。就依托单位本身而言，应当更加积极地实施和转化项目成果。

三　其他主体的权利和义务

（一）项目负责人及研究人员的权利和义务

1. 权利

前已述及，项目负责人和研究人员在特定情况下可获得项目成果的专利申请权、专利权、获得报酬权、接受培训的权利等等，此处不再赘述。

这里对研究人员的获得报酬权稍作论述。由于研究人员的研究活动属于职务行为，因此其研究活动的成果在法律上归属于依托单位，但该成果的取得，毕竟是研究人员通过艰苦的努力，耗费大量心力，并积极探索创新取得的，因此必须给予研究人员一定的报酬。法律一般规定依托单位在取得成果权利后，有义务根据成果产生的收益给予研究人员一定比例的报酬，以激励研究人员，平衡依托单位与项目研究人员之间的利益，此即为研究人员的获得报酬权。在我国，应当特别强调这一点，尤其是具体确定报酬权的数额或比例，这是使这一权利得以落实的关键。

我国《促进科技成果转化法》第二十九条规定，"科技成果完成单位将其职务科技成果转让给他人的，单位应当从转让该项职务科技成果所取得的净收入中，提取不低于20%的比例，对完成该项科技成果及其转化做出重要贡献的人员给予奖励"。第三十条规定,"企业、事业单位独立研究开发或者与其他单位合作研究开发的科技成果实施转化成功投产后,单位应当连续三至五年从实施该科技成果新增留利中提取不低于5%的比例,对完成该项科技成果及其转化做出重要贡献的人员给予奖励。采用股份形式的企业,可以对在科技成果的研究开发、实施转化中做出重要贡献的有关人员的报酬或者奖励,按照国家有关规定将其折算为股份或者出资比例。该持股人依据其所持股份或者出资比例分享收益"。可以说,这些规定为研究人员的报酬权提供了保障,但需要考虑的问题有二:一是部分表述仍然比较模糊,比如"三至五年","不低于5%的比例"等,都不够具体,不具体就容易产生纠纷,建议做更加细化的规定;二是有关的比例、数额是否恰当?需要进一步的研究。

2. 义务

在美国的 NSF 项目管理体系中,项目负责人除了不可直接享有财产性知识产权之外,还需要承担许多义务,直接体现出国家资助项目的国家性特点。需要特别说明的是,项目负责人在履行义务时,其对象并不是以 NSF 为代表的国家资助机构,而是依托单位,而依托单位将就这些材料对国家资助机构承担责任。项目负责人原则上应当负担以下义务:

(1) 必须按照要求至少每年提供一次关于使用发明或为利用发明所做努力的报告。这种报告一是可以使依托单位及时了解项目成果的使用情况,并将其纳入依托单位自己的管理和监督范围之内,二是可以督促项目负责人积极促进和推动项目成果的使用,从而提高项目成果的实施和转化效率。之所以将该义务赋予项目负责人,主要是因为依托单位虽然是项目的承担人和成果的权利人,但是,项目负责人是对该项目的研究进程、项目成果的技术特点以及相关参数、使用和利用的领域、效果最为了解的人,由他来出具报告可比依托单位的报告更为细致和有力。同时,项目负责人促进转化也可以为项目成果的转化提供更多的机会。当然这里存在一个前提条件,即依托单位将项目成果转化的任务交给了项目负责人,由项目负责人具体落实并组织实施项目成果。如果没有这一前提,则项目负责人无须履行这一义务。

(2) 除非是为了国家利益或者社会公共利益,否则不得自行或许可他人实施排他性许可。这一义务是为了防止项目负责人在进行科研、报告以及促进转化的过程中侵害依托单位的权利。虽然项目负责人是实际研究人，但是他仍然不是国家资助研究的成果权利主体，因此无权自行或许可他人实施排他性许可。

（3）应当在项目成果产出后法定时间内向 NSF 披露项目成果。[①] 披露程序的设置主要是便利 NSF 对依托单位就项目成果产出及其转化、保护的情况作出监督，同时有利于 NSF 对项目成果作出评估，协助依托单位实现成果的实施和转化。此外，对于与社会公众和国家有重大意义的项目成果，NSF 也可以及时通过项目负责人的披露，使科研成果能及时产生社会实效，为国家和社会谋福利。

上述对于项目负责人的义务要求，可以为我国提供借鉴。我国在完善相关制度时，完全可以参考美国的规定，再针对我国的国情予以适当调整。

当项目负责人或发明人向国家资助机构提出保留项目成果的权利并申请了专利权后，为了保障依托单位和政府相关权益的实现，也为了便于政府对项目成果的管理和促进项目成果的应用实施，发明人应负担一定的义务：（1）与依托单位一样，为了政府能很好地了解项目成果的使用和受保护情况，发明人应当定期向国家资助机构报告其对该项目成果的使用情况或为实施发明所做的努力的情况。（2）发明人必须承诺不管是自己或是该项目成果的受让人都不得给他人一个专有许可使用权，除非该受让人承诺会将通过该发明得到的产品在我国境内大量生产。这是为了保障我国的国民利益所必需的。（3）为了保障政府能顺利取得项目成果的专利权，并有效地行使权利，发明人应当及时确认政府对于其保留权利的项目成果享有一定的权利，应当在提出专利申请时发布声明，"该项发明经由国家资助机构拨款，政府支持研制，政府对该项权利享有某些权利"。当发明人决定不保留项目成果的权利时，应依法向政府转让权利，并使政府得以在世界范围内对该项发明获得专利保护。当发明人决定不继续进行申请，不继续支付维护费或不在复审程序中对专利进行辩护时，应及时将该决定通知国家资助机构，以使得政府及时申请专利权。（4）发明人应与依托单位分享从该项目成果中所

---

① Patent Right in Inventions Made with Federal Assistance §202. Deposition of rights（b）.

得的收益。这方面我国尚缺乏明确而具体的规定，需要进一步完善。

此外，科研人员还有发表研究成果的权利并应履行相应的义务。科研人员个人在参与研究的过程中，除了在依托单位怠于行使专利申请权的情形之外，原则上对于研究成果不享有专利申请权，在专利获得批准后，也不会成为专利权人，因此，科研人员除了获取报酬的权利和署名权外，实践中最重要的就是科研人员对研究成果进行发表的权利。研究成果的发表不仅仅是对其研究成果和科研能力的肯定，在我国，发表与否在很多时候也会和该科研人员的声誉、地位和经济利益直接挂钩，其权利也应当得到保护。科研人员在学术期刊等公开发行的杂志、报纸上发表其研究成果，不仅包括终期成果，也包括在研究过程中的相关阶段性成果。对于科研人员的发表，往往在资助人和依托单位之间的项目合同中有所约定，并通过依托单位对科研人员进行规制。

同时需要研究的是，成果的发表是否也属于一种义务？这是一个比较难以回答的问题。一般而言，成果发表与否应当属于研究人员的权利，由自己决定是否发表及如何发表。但对于国家资助项目成果而言，本书主张对于重要研究成果应当予以发表，且必须首先在国内发表，即将其规定为一种义务。其实这是与成果的披露制度相配套的，成果应当披露，与之相适应，如果是学术性成果，就应当发表，而且应当首先在国内发表，以保障国家的利益。这一点似与我国的相关政策相冲突，我国现行的主导思想是鼓励重要研究成果在国外杂志发表，本书对此持否定态度。另外还有一个发表的时间问题，在这方面无法作出具体的规定，只能通过相关的政策和激励制度，引导研究人员及时发表研究成果。

（二）参与项目研究的学生的权利义务

当学校成为国家资助项目的主要依托单位之后，学生参与研究的情况在世界各国、各个学校都极为普遍。学生参与项目研究的基本原因是老师，即项目负责人和科研人员的指派。由于项目课题所涉及的领域和内容有所不同，学生的参与度也存在差异。学生参与的程度可以作出如下区分：一是学生的参与仅限于查找相关的资料；二是学生既在前期的准备和辅助阶段发挥了作用，同时又参与了该研究的主体部分。目前的情况是，无论学生参与多少，程度如何，其权利的内容、范围均由指派其参与项目研究的老师一人决定。虽然尚未见公开报道学生主张相关的权利，但是从公平正义的角度来说，也应当肯定其劳动的价值并赋予其相应的权利。

1. 欧美的现状和相关规定

事实上，目前虽已有人开始关注这个问题，但是这个问题仍存在很多争议，欧美通行的做法有以下几个方面。①

（1）对于曾经参与过国家资助项目研究的学生，在其选择继续深造时，优先录取。但是如果学生在研究项目中不署名，则很难查明其参与研究的真实性，也就是说这种对于学生的优待措施一般需要以其在研究项目成果中署名为前提。

（2）目前，在欧洲国家最常用的一种方式，就是参照与非依托单位科研人员之间订立研究合同的方式与学生订立合同。一般在这种合同中，依托单位都与学生或者非依托单位的科研人员约定了固定的报酬和收益分配的数额。这种方式的优点在于可以明确双方的具体权利和义务，特别是学生可以享有的权利，同时通过合同限制学生在项目之外滥用项目资料和研究技术秘密，但这种方式仍存在风险，即学生相对于非依托单位的其他科研人员而言，其研究水平和能力尚未可知，在赋予其相应的权利时，由于其能力所限而有更大的难以完成研究任务的可能性。

（3）允许学生全程参与项目，支持其进行相关的研究，同时应当保护学生的研究自由，在参与项目过程中所获得的具有独特性且不与研究项目相冲突的成果，允许学生自由发表。但是在这个过程中，也应当有所限制，即在学生以其所参与的研究部分所形成的研究成果作为个人成果发表之前，依托单位出于对项目成果专利权保护的考虑，可以对该研究成果申请专利保护，但如果依托单位对于该派生成果在六十日到九

---

① European Commission: Expert group report—Management of intellectual property in publicly-funded research organizations: Towards European Guidelines. Prepared by the Rapporteur Laura Mac-Donald and the chairman Gilles Capart together with Bert Bohlander, Michel Cordonnier, Lars Jonsson, Lorenz Kaiser, Jeremy Lack, John Mack, Cino Matacotta, Thomas Schwing, Thierry Sueur, Paul Van Grevenstein, Louise van den Bos, Nicholas S. Vonortas. 2004 - P14.

十日之内没有申请专利保护，该学生可以对其以资助项目为依托的相关成果进行公开的发表，依托单位应当对学生的这种权利予以保护。

（4）以国家资助机构的管理体系为依托，资助机构设立奖学金和培训计划（traineeships），以鼓励和支持对学生的教育或培训工作，该奖学金和培训计划属于研究外的资助。因此，在奖学金获得者或学员参与的研究中，资助机构不享有这两类参与人资助研究所取得创造发明的任何权利，但是如奖学金获得者和学员参与以依托单位为主体的资助研究，研究成果的专利分配仍然遵从基本的分配原则。在资助项目中应当包括如下知识产权的声明：国家资助机构对由其资助的奖学金或培训计划中形成的发明或著作不享有权利。然而，其奖学金获得者或学员应当承认，国家资助机构、其他政府机构或一些私人主体可能通过对研究的支持而主张某种权利。同时，奖学金获得者或学员应履行在任何出版物上注明包括确认和声明在内的义务。①

2. 我国的现状及制度建议

自我国的大学本科扩招开始，继而开始了硕士研究生的扩招，学生参与包括国家资助研究的各种科研项目的情况越来越普遍。但是，很少有学生能够成为项目研究中产出成果的核心研究人员。他们所完成的工作主要是资料查找、配合项目负责人完成实验等相对辅助性的工作。从总体来看，本书认为，学生的劳动在一定程度上为成果的产出作出了贡献，因此也应当享有一定的权利。权利的享有应当分别对待：一是当学生付出劳动后所产出的是具有创造性的成果，则该学生有权享有署名等知识产权中的精神性权利；二是学生的参与并不包含创造性成果时，学生在一定条件下可以获得科研的报酬，但是这些学生无权获得知识产权。应当强调的是，其所获得的报酬也不是项目成果财产权利的一部分，而是就其付出劳动所获得的劳动报酬。另外一个可以考虑的因素是，可以在政策导向上，鼓励参与项目研究的学生，在招生就业、评优奖励等方面给予优待。

这里需要细化的规则是，究竟学生在研究工作中所作的贡献属于创

---

① Cite：45 CFR § 650.6 Title 45 – Public Welfare Chapter VI-National Science Foundation, Part 650_ Patents – Table of Contents.

造性还是非创造性，应当由哪个主体来决定？学生的报酬标准如何确定，可否有一个相对确定的标准，还是完全由项目负责人自主决定？如果这些问题均由项目负责人来决定，则学生的权利就很可能落空。

同时，参与的学生必须履行相关义务，在有合同约定时遵守约定，没有约定时，至少应当履行这些义务：遵守学术道德与学术规范，恪守科学研究的基本准则；保守科学研究当中获知的技术秘密；规范使用研究经费等等。

（三）非依托单位的科研人员的权利义务

由于国家资助项目的特殊性，本书认为，一般而言，非依托单位的科研人员与依托单位的科研人员在研究中的角色应当是相同的。对于项目成果本身来说，原则上还是应当归属于依托单位，科研人员享有该成果的署名权。非依托单位的研究人员在使用研究资金、资源及设备方面应当与依托单位的科研人员享有同等的权利，也应当履行相同的义务，比如保密义务等。但是，由于其与依托单位的关系有所不同，此类科研人员也有其特有的权利和义务。

非依托单位的科研人员的特有权利义务主要包括：

1. 报酬取得权。非依托单位的科研人员的报酬主要由两部分组成，一是在研究过程中按项目的研究周期或按月取得基本报酬，二是研究成果经过转化后的利益分红。其中，相比于依托单位的科研人员，非依托单位的科研人员所获得的按月支付的报酬的绝对数额一般会高，但是由于非依托单位的科研人员不存在或者存在较少成果转化后的分红，故在成果转化后，非依托单位的科研人员所得的利益回报一般会低于依托单位的科研人员。

2. 有义务保守其在研究过程中所知晓和了解到的依托单位所有的其他研究成果及相关技术秘密。对非依托单位工作人员赋加该义务主要有两个目的。一是维护国家资助项目的价值。如果科研项目的相关技术参数、技术特点、难点等因素，因为这些参与研究人员的职业操守问题而泄露，不仅仅是对国家资金的浪费，更可怕的是一旦某些有一定负面影响的技术成果被滥用，对社会公众和国家所造成的危害是难以估量的。二是出于对依托单位利益的保护。任何一个依托单位都不可能仅承担某一个特定项目，而是依靠多个科研领域的科研人员，同时进行多项研究。依托单位的科研人员与其单位有更紧密的联系，损害依托单位利益的同时也会损害自身的利益，因此其行为会受到约束，这一点也会因为其为本单位的员工这种人身关系而得到强化。对于非依托单位的科研人员来说，他们在参与某个项目的研究过程中，必然会或多或少地接触到该依托单位的相关技术秘密、特有的科研方法等，这些都是依托单位特有的非物质资产。这些秘密一旦泄露，将会给依托单位造成巨大的损失，因此需要非依托单位的科研人员在参与国家资助项目研究过程中承担特有的保密义务。

3. 在进行某一国家资助项目研究的过程中，不得利用依托单位的资源、资金和设备从事与约定项目无关的研究。如进行该类研究，其研究可被视为职务研究，仍然由依托单位享有该研究成果的各种权利，这比较类似于公司法中的归入权。

实践中，对于非依托单位科研人员的权利义务的规制可以包括但不限于上述内容，依托单位在进行资助项目的研究过程中，可以根据不同的情况、项目特点以及自身研究项目的需要，通过合同具体约定双方的权利义务，利用契约的弹性来弥补目前法律规制的不足，从而合理地利用各种社会资源、科研资源，以提高国家资助项目的研究质量和研究效率。这种有弹性的尝试也不断为我国构建国家资助项目管理体系提供经验和教训，为我国建立完善的国家资助项目管理体系提供帮助。

第三章

项目成果专利权的行使和消灭

在权利人获得专利权之后，有权按照自己的方式进行使用，权利人可以自行使用该专利，从而获得经济利益和社会利益。但是通常说来，由于专利权的实现需要一些基本的条件，特别是需要相应的设备、技术和生产条件，而作为研究性质的依托单位往往缺乏这些，因此在其取得专利权之后，往往通过专利权转让、许可使用等方式行使专利权。当然，有时也可以采用合作的方式使用专利权。本章主要研究在专利权行使过程中权利人应当遵循的相关规定及受到的约束。

一 美国的政府介入权

就我国的情况而言，除了要遵守一般专利法的规定外，我们还应当借鉴先进国家的规定来完善我国的相关制度，其中美国的规定具有重大价值。美国相关法律就项目成果专利权的行使做了详细的规定。在此首先介绍美国的这些规定，特别是美国《拜杜法案》和《成果管理制度》中关于介入权及其行使的规定。

关于美国政府的介入权，本书在前一章已有所涉及，但主要是考证介入权行使的条件，本章则重点考察行使的程序等细节问题。

（一）美国 NSF 成果管理制度的规定

1. 对于项目成果，任何小公司或非营利组织在获得专利权后，联邦政府对于其资助协议下的发明，有权依照特定的程序要求项目成果的依托单位、受让人或授权许可使用人，依照法案规定的条件和程序，授予其他申请人或申请团体在任何领域的非排他的许可使用权。依托单位、受让人或授权许可使用人可以拒绝这样的请求，但是如果联邦政府经过调查，认定有以下情况时，政府可取得该许可权：

（1）依托单位、受让人或其授权许可使用人，并未在合理的期间内采取有效的措施使该项目成果进入实际应用领域；

（2）该项目成果对国家和社会的卫生或者安全事务有重大影响，但是依托单位、受让人或者被授权许可使用人没有能力将该发明加以实施或转化；

（3）该项目成果对于推动社会进步或者对公众的利益有重大影响，但是依托单位、受让人或者被授权许可使用人没有能力将该发明加以实施或转化；

（4）依托单位、受让人或者被许可使用人进行转化时，未达到拜杜法案 204 部分对协议的要求或者其行为违反该部分规定的。

2. 在上述情况下，任何受资助人、发明人、受让人或授权许可使用人，如果对政府的这一决定不服，均可以在政府的相关决定发出后的六十日内，向联邦政府确定的有管辖权的法院上诉。同时，这些主体也可以要求作出决定的政府机构对其决定进行改变或撤销。其中，对于第一部分的（1）项和（3）项中所描述的情形，可在该机构作出决定后再提起上诉。①

同时，美国成果管理制度也规定了介入权的适用，并设定相应的程序以补充拜杜法案的规定。这些规定也适用于美国国家自然科学基金会持有的介入权，包括那些因基金资助协议产生的但拜杜法案并未涉及的权利义务关系。以国家矿物学基金会行使介入权为例，该组织行使介入权应当首先向科学基金会专利助理处提交申请书，申请书的内容应当包括：（1）确定涉及的专利或专利申请以及会用到该发明的相关领域；（2）提供证据证明已经出现了能够行使介入权的情形；（3）明确行使介入权所要采取的具体措施等等。

在出现了可以行使介入权的情形时，国家科学基金会专利助理应当对可执行规则 §401.6（b）规定的事项首先进行非正式审查。非正式

---

① Patent Right in Inventions Made with Federal Assistance § 203. March Right.

审查指明上述状况很可能存在的，专利助理可以向专利持有人发布书面通知以启动正式的介入程序。专利助理应当在通知中指明执行规则§401.6（c）所要求的所有信息。接到通知后，专利持有人可以自行书面提交或者通过代理人提出反对公权力介入的信息和证据。国家科学基金会专利助理在确定重要事实上存在重大争议时，专利助理应当将争议事实提交国家科学基金会总法律顾问并征求其意见。总法律顾问应成立一个情况调查小组，该小组会依执行规则401.6（e）要求，针对争议的各个不同方面建立调查程序。专利助理可担任小组秘书，但不参加调查工作。对事实进行调查后，总法律顾问应当向专利持有人出具书面的调查结果，同时将该结果抄送给专利助理及其他相关人员。除此之外，国家科学基金会总法律顾问可以向基金会提出是否依照§401.6（g）行使介入权以及如何行使介入权的建议。①

（二）拜杜法案的规定

拜杜法案中就联邦政府的许可也作出相关规定。

1. 一个联邦政府机构可以对法案第207（a）项中所规定的发明，给予其他申请人排他或部分排他的许可使用权并发放许可证。

政府机构行使该权利的前提是，项目成果的实施义务人并未有效和合理地将发明投入实际应用领域，同时该发明有利于社会公众的利益，而申请人申请获得许可权的目的是为了有效地将项目成果进行转化，且该申请人有能力实施该发明。同时，申请人除了在获得许可权后有实施成果的义务外，还应当作出实施的时间承诺，申请人应当在承诺的期限内合理实施该成果。当申请人面临的客观情况使其不能在承诺期限内应用该发明的，可以请求许可机构延长实施期限。在美国的实践中，虽然这种许可制度的存在一定程度上与依托单位的基本权利相冲突，但是通过这种制度可以使项目成果得到合理的实施和保护，尤其当一项发明在国外申请专利保护并获得专利权后，该制度将会极大地促进国家对外贸易行业利益的提高。

---

① Title 45 – Public Welfare Chapter VI-National Science Foundation, Part 650_ Patents - Table of Contents. sec. 650. 13. Exercise of march-in rights.

2. 任何联邦政府根据第 207（a）（2）为项目成果发放许可证的条件，还包括需要被许可人承诺，同意通过使用该发明而产生的任何产品将大量在美国制造以满足公众的需要。

3. 该法案同时还规定，当小公司作为申请人提出申请时，在同等条件下享有优先权。

4. 在第 207（a）（2）中还对许可的内容、条款和条件作出相应的规定。

（1）即使申请人获得许可使用权，但是该权利不可转让、不可撤销，同时联邦政府仍然有权在世界范围内实施该发明。（2）被许可人需要定期汇报在发明的利用方面所做的努力。联邦政府通过对该汇报的审查和监督，对被许可人的发明实施情况作出评价。由于被许可人的汇报内容会在一定程度上涉及其商业秘密和技术秘密，因此，该汇报的内容不受第五百五十二条披露规定的限制。（3）规定了全部或部分终止许可的情形，这些情形包括：第一，被许可方不执行其将发明进行使用的承诺，包括时限承诺、效果承诺等，或者是被许可使用人在合理的期限内采取所有有效的措施仍然不能达到预期目的时，联邦政府可以终止许可；第二，为了实施项目成果而采取的行为违反法律的规定；第三，在被许可人取得许可使用权后，由于实际情况的变更，联邦政府终止该许可将对社会公众更为有利；第四，政府在授予申请人许可使用权后，在公告期内有人提出异议，且经论证该异议是合理的、有效的，并且有利于公共利益，政府可以终止该许可。但是本节规定不适用于由 1980 年的 Stevenson-Wydler 技术创新法的第十二部分（15 U. S. C. 3710a）规定的合作研究与开发协议下产生的发明。

5. 对联邦政府机构发出许可的限制，即政府在发出许可前，除了要审查前面所说的申请的内容以外，还需要审查申请人提供的实施该发明的市场投入计划和市场评估报告，否则不得发放许可。①

（三）美国公共基金资助的专利权研究议案中的规定

1. 美国公共基金资助的专利权研究议案，主要针对的是美国在南

---

① Patent Right in Inventions Made with federal Assistance §209 Licensing federally owned inventions.

非的许可实施的情况，许可的条件如下：

（1）专有的许可优先。（2）任何独家许可证必须有一个时间限制，即五年，五年后机构将咨询 NIPMO 来重新确定排他性的需要。（3）独家许可证持有人必须承担在南非可行的地理区域内生产、加工及以其他形式利用该发明或者实用新型的义务。（4）独家许可证持有人不能在南非可行的地理区域内继续生产、加工及以其他形式利用该发明或者实用新型时，必须在三十天内向 NIPMO 充分说明理由，否则独占许可证应被视为已被废除。（5）如果 NIPMO 不满意专属许可人的开发转化，NIPMO 应当出具指令促使权利人在南非的地理区域内继续处理或者利用该发明或者实用新型，否则执照持有人将会失去排他性的许可权，他们的发明只有在南非的地理区域内可以使用。（6）独占许可证必须不损害国家利益并对此负举证责任。（7）所有类型的许可证必须包含一个条件，即该许可证持有人如没有充分开发或未充分考虑南非的公共利益，NIPMO 将有权在询问原因后终止许可证。①

2. 政府取得发明的专利权的情形

（1）权利依据和来源：1978 年的专利法案额外授予国家的权利（ACT NO. 57）；（2）如果部长与贸易和产业部长可以经过适当的协商提出在发明实施的使用率和实施规模等各个方面的意见和建议；（3）专利指定和许可的期满后，如果实施未达到预期的结果且没有合理的免责事由，该授权将直接归属于国家，对于这种情况，应当由作出决定的机关在政府公开发行的官方刊物上进行公告；（4）一个人能证明政府对其专利或者专有使用权的撤销或终止有不利后果且该行为是不合理的，权利人可在前项规定的公告作出之日起三十日内向有关机关提出复议。②

除了发明的所有人以外，专利的受让人或专利独占许可证的持有人也受本法的约束。相关的政府机构有权对专利的受让人或专利独占许可证持有人进行限制和约束。这种约束主要是出于对国家利益和公共利益的考虑。③

---

① Intellectual Property Rights from Publicly Financed Research Bill 12.
② Intellectual Property Rights from Publicly Financed Research Bill 18.
③ Intellectual Property Rights from Publicly Financed Research Bill 19.

二　我国项目成果专利权的许可使用

（一）许可使用的基本类型

专利实施许可合同，是指就专利人或者经专利权人授权的人作为一方许可另一方在约定的范围内实施专利技术所订立的合同。专利实施许可不同于转让，合同生效后专利权仍在专利权人手中，被许可人只享有合同约定范围内的实施权，并不享有完整的专利权。

专利实施许可，按被许可人享有实施权的排他程度可分为独占实施许可、排他实施许可和普通实施许可。所谓独占实施许可是指在独占实施许可有效期间，被许可人以外的任何人包括专利权人本人，都不得实施该项专利，只有被许可人享有实施该项专利的许可方式。但专利权仍然属于专利权人，待实施许可期限届满专利权人将再度享有全部的实施权。排他实施许可是指专利权人将许可他人实施专利的权利仅仅授予某一位被许可人，在该许可有效期间，专利权人不得再度许可任何第三人实施该项技术，但专利权人本人仍保留实施权，即专利权人本人仍可以实施该项专利的许可方式。而普通实施许可的被许可人则不享有任何意义上的专有实施权，专利权人不仅自己可以实施其专利，而且可以不受限制地再许可他人实施其专利。

（二）许可使用的基本特色

1. 企业是研究成果使用的最重要主体

国家资助研究的目的是将研究所得的成果，包括尖端技术和发明创造投入应用领域，以实现智力成果的社会价值和经济价值，从而推动生产力的提高和整个社会的进步。从目前的实践看，研究成果的专利权人，即依托单位实现成果价值最常用的手段就是专利的许可使用。一般来说，那些具有生产能力和技术条件的企业，往往需要高新技术以提高生产能力，改进产品质量，提高自身的市场份额，从而成为最普遍最重要的新成果、新技术的需求者。从我国国家知识产权局 2007 年的年度报告中可以看出，自 1985 年起到 2007 年，我国职务专利的授权使用最主要的被许可使用人仍然是企业。① 因此依托单位应当以企业为主要的合作对象。

2. 对于依托单位来说，许可使用的效果优于专利权转让

在欧洲和美国等西方发达国家，在研究成果向工业领域的转化过程中，大多数都是以许可使用的方式进行，而直接将该研究成果、发明或者专利完全转让给企业的则比较少。这种现象值得研究。从依托单位的角度看，许可使用相对于专利转让更为有利。这主要是因为以下几点：

（1）欧美国家在科学研究领域，尤其是国家资助项目的管理中，所保护和重视的对象不仅仅限于可被转化为发明、专利等的研究成果，同时重视依托单位本身所具有的研究技能、特定的研究方法等一些还不能以成果评价的独特技术，这些技术在其发明及专利转让之后，很有可能因受让人享有专利权而受到限制，无法正常使用。同时这些研究技能和研究方法相对于研究成果更具有持久性，即它们不会像专利那样，当更新、更有价值的专利出现的时候，原有的技术和发明就会迅速地贬值而很快被淘汰。这些研究技能和研究方法是研究机构及其研究人员积累下的智力成果，该智力成果在不同的研究项目中都可能被使用，往往会成为其他研究的基础。因此，对于国家资助项目，为了保证依托单位其他研究的进行以及其对其他国家资助项目的承担，应当适当关注各研究机构的研究技能和研究方法，并可以对项目成果的转让施加一定的限制，或是在转让过程中为依托单位保留这些方法和技术。

（2）某些研究成果往往是具有广泛利用价值的基础性研究，为了能够使基础性研究成果在各个有需要的领域内最大限度地实现其价值，依托单位宜选择许可使用的方式以达到该目的。本书认为，对于某些在许多领域均有利用价值的基础性项目成果，国家资助机构或者相关的知识产权行政管理部门应当对其转让进行严格的限制，从而避免因转让而造成对此类成果的垄断。同时，国家资助机构也可以设立被许可使用人的限制条件，以防止一些人滥用研究成果和专利。

---

① 中华人民共和国知识产权局：《2007 专利统计年报——国内职务发明创造专利申请授权量》，http：//www. sipo. gov. cn/sipo2008/ghfzs/zltjjb/jianbao/year2007/b/b5. html，访问时间 2010 – 12 – 12。

3. 国家公权力在项目成果的许可使用中可以适当介入

对于国家资助项目成果的许可使用，除了知识产权行政管理部门可以对许可的范围、方式和内容进行适当的限制以外，其他公权力机构也可以适当介入，主要基于以下两方面的原因：

（1）智力成果的价值评价一直是被许可使用人和依托单位之间最难解决的问题之一，因此，公权力对于国家资助项目成果价值评价的介入，一方面可以缩短依托单位和被许可使用人之间就研究成果许可使用费用方面的磋商期间，另一方面由于国家资助项目中，国家资助机构相对于被许可人对该项目有更深的了解，其对研究成果的社会价值和经济价值可能会有更合理的预期，从而能够协助双方比较合理地确定使用或转让费用。

（2）由于我国的依托单位相对于欧美国家的研究机构来说，商业化程度比较低，在许可使用或转让过程中处于相对弱势的地位。因此，在与企业等被许可使用人协商的过程中，在商业价值的判断方面需要国家资助机构以及相关的政府行政管理部门加以协助，从而避免出现显失公平的许可使用合同。

表面上看来，这些限制可能对企业等被许可使用人的权利造成影响，但实际上这种限制往往使依托单位和企业达到双赢。其原因就在于，企业关注的重点在于能够在短期内转化的发明专利，而国家资助机构的限制主要针对的是具有多领域使用价值的基础性研究成果，两者并不冲突。同时，在订立许可使用合同时，公权力的介入有利于对发明专利的价值确定，既维护了依托单位的应有权利，也大大降低了企业的缔约成本，有利于专利的迅速转化。

（三）专利许可合同中的特别问题

这里列举的主要是针对国家资助项目的一些特别的问题，而许可使用合同中其他内容依然应遵循我国现行的知识产权方面的相关规定。

1. 由于国家资助项目的特殊性，相对于一般的许可使用，合同中应当首先明确使用人的权利不及于以下内容：

（1）项目研究中所取得的实物标本、资料等实物材料。这些属于该研究项目在研究过程中或者在研究完毕后应当共享的部分，因此，应当在许可使用合同中对这部分原始材料、资料和标本内容予以排除。

（2）依托单位所享有的专业研究技能和研究方法。但如果被许可人在生产、技术改进过程中需要技术人员指导的，被许可人可以与依托单位约定期限、人员及报酬。

2. 明确约定许可使用的性质。前已述及，按被许可人权限划分为独占许可、排他许可、普通许可，最容易出现问题的就是独占许可使用中"独占"的范围。实践中因排他性的含义不同，往往导致在与专利相关的一些权利方面出现争议，如独占的效力是否及于除专利以外的研究技术、研究方法等。目前，欧美国家在实践中对独占的范围有不同的解释。有的认为独占许可是一种完整的许可，不仅包括专利，也包括研究技术、研究方法以及与该专利相关的所有档案资料。有的解释认为独占许可中，合同虽然约定包括研究技术和研究方法等内容，但独占权仅及于专利部分，而专利部分以外的内容虽然也是受许可的范围，但该许可为非独占许可。同时，独占许可在不同的研究领域中，独占的范围也有所不同。此外，许可制度一般为各国国内法的规制范畴，当专利权跨国流动的时候，不同国家的当事人对于该理解也会存在分歧。因此，基于前述对于实物资料以及研究技术、方法的排除，本书认为，出于对整个科学研究体系延续性的某种程度的保护，我国比较适合采用狭义的独占的范围，即独占许可使用的范围仅限于专利，而不及于其他实物资料、研究技术和方法。

3. 在订立许可合同时需要明确该授权许可使用是否及于被许可人的子公司和分公司。一旦这种情况出现，依托单位可能会因合同无明确约定而遭受损失，因此，为了使各方的权利义务关系更为明确，应当在订立许可合同时约定被许可人使用的权限和范围，如果明确需要在被许可人的子公司、分公司使用的，依托单位和被许可人可以约定增加许可使用费。

4. 依托单位对于其所授权许可使用的专利负有瑕疵担保责任，违反该义务给被许可人造成损害的，依托单位负有赔偿损失的义务。但该义务也不应是绝对的，本书认为，依托单位对于研究成果的权利瑕疵担保责任在国内来说是比较固定的，但是当智力成果跨国流动的时候，依托单位的权利瑕疵担保责任的免责，也可以参照《联合国国际货物销售合同公约》中对于卖方的权利瑕疵担保责任的相关条款来执行。

5. 由于国家资助项目往往具有基础性，因此，其所许可使用的专利在被许可人使用过程中常会产生新的成果、发明和专利，对此，原则上该成果应归被许可人所有，但依托单位对于新成果有使用权。同时，依托单位和被许可人也可在许可合同中约定相关专利、成果的使用权限和使用费，以避免出现争议。但是为了平衡依托单位和被许可人之间就派生成果之间的关系，欧洲各国和美国一般都规定如果派生成果为完整的可被申请专利保护的新成果，则适用双方之间关于派生成果的约定，而未成型的其他派生成果，则由被许可人所有。

6. 许可使用合同应当对合同涉及的专利的保护作出约定。这部分内容的重点是两个方面的问题：一是有关该研究成果的文字资料和档案的保存问题；二是许可使用后发生专利侵权时谁有权主张侵权责任。对于第一个问题，本书认为即使国家资助机构建立资助项目档案管理制度，依托单位也有义务妥善管理项目成果的相关资料和档案，如果因为依托单位的过错造成被许可人的损失，依托单位应当承担赔偿责任。而对于第二个问题，各国目前通行的做法是依托单位和被许可人均有权主张侵权损害赔偿，发生侵权后两者之间的权利义务关系可由双方在许可合同中约定。

7. 关于许可使用的期限问题。原则上许可使用的期限不得超过专利保护的期限，但合同中涉及许可使用期限的，主要是专利尚在法定保护期之内，而许可合同双方提前终止许可合同的事项。被许可人大多为企业，其对合同约定的专利的使用需求和依赖性更大，提前终止许可合同会给企业带来重大影响，因此实践中这部分的内容主要是限制依托单位对于合同的解除权，即依托单位仅在被许可人的行为构成对许可合同的根本性违约时，才可以主张解除许可合同。对于这部分内容，许可合同的双方当事人在缔约时会有比较大的分歧，为了解决这个问题，我国也可以借鉴欧美的经验，即引入一个双方都接受的无利害关系第三人参与磋商，以协调双方的关系。① 对于项目成果的专利，本书认为国家资

---

① European Commission: Expert group report—Management of intellectual property in publicly-funded research organizations: Towards European Guidelines. Prepared by the Rapporteur Laura Mac-Donald and the chairman Gilles Capart together with Bert Bohlander, Michel Cordonnier, Lars Jonsson, Lorenz Kaiser, Jeremy Lack, John Mack, Cino Matacotta, Thomas Schwing, Thierry Sueur, Paul Van Grevenstein, Louise van den Bos, Nicholas S. Vonortas. 2004 – P29.

助机构可以作为这样的第三人帮助双方缔约。但是为了保障合同双方当事人的缔约自由，国家资助机构不能主动介入缔约过程，仅在合同双方当事人同意且共同向国家资助机构提出咨询和介入请求时，方可介入缔约并提供帮助。

（四）强制实施许可

这一制度在前文已经做过说明，这里仅做强调。

强制实施许可也属于专利实施许可的一种类型。与其他许可方式不同的是，这种许可合同中国家干预是一个非常重要的因素。所谓强制许可，是指在法定的特殊条件下，未经专利权人同意，他人可以在履行完法定的手续后取得实施专利的许可，但仍应向专利权人缴纳专利实施许可费。即使在专利局作出强制许可决定之后，双方当事人还应协商许可使用费，若不能达成协议时，可由专利局进行裁决。

强制许可在性质上不具有独占性，属于普通许可，且不可转让。与强制许可制度应予严格区别的是，在我国专利法上还有一种指定许可。所谓指定许可是指政府可以决定对国家利益或者公共利益具有重大意义的专利技术在指定的单位实施。国务院有关主管部门和省、自治区、直辖市人民政府在报国务院批准之后，有权决定在批准的范围内推广应用国有企事业单位的，对国家利益和公共利益具有重大意义的发明专利，但只能允许在指定的单位实施，由实施单位按国家规定向专利权人支付使用费。在需要的情况下，我国集体所有制单位和个人的专利，对国家利益或公共利益具有重大意义，需要推广应用的，也可以参照此办法办理。这是我国专利法的明确规定。①

三　我国项目成果专利权的转化

在我国，项目成果的转化成为非常急迫的问题，我国每年投入大量

---

① 我国专利法第十四条规定，"国有企业事业单位的发明专利，对国家利益或者公共利益具有重大意义的，国务院有关主管部门和省、自治区、直辖市人民政府报经国务院批准，可以决定在批准的范围内推广应用，允许指定的单位实施，由实施单位按照国家规定向专利权人支付使用费。中国集体所有制单位和个人的发明专利，对国家利益或者公共利益具有重大意义，需要推广应用的，参照前款规定办理。"

科研经费，[①] "近几年来，中央财政科技支出持续增长，2013 年达到
2530 亿元，……国家加强了对基础研究的投入，2012 年，中央财政对
基础研究投入 328 亿。其中，国家自然科学基金达到 170 亿元。"[②] 然
而，科研为科学技术进步所做的贡献却极为有限，一个非常重要的制约
因素就是我国科研成果的技术转化率很低，研究人员只重视成果的产
出，且其成果主要表现为大量的科研论文，而忽略了成果的进一步转化
和应用。在科研成果的转化方面，我国现有的国家资助研究制度存在两
大问题：一是所设计的研究课题远离企业的现实需要，生产经营者与项
目承担者之间缺乏有效的沟通；二是所产生的成果难以实现有效转化，
一方面成果拥有者转化的积极性不高，转化压力不大，另一方面由于成
果距离现实的应用还比较遥远，要实现转化本身非常困难。因此在制度
设计上必须特别重视解决这两大问题，限于本书的研究范围，本书侧重
于研究项目成果的转化机制问题。本书的初步设想是，将成果特别是专
利权的转化作为成果权利主体的一项法律义务规定下来，从而强制其实
施转化，提高科研成果的利用效率，促进科学技术的发展。

我国《促进科技成果转化法》第二条规定，科技成果转化，是指为
提高生产力水平而对科学研究与技术开发所产生的具有实用价值的科技
成果所进行的后续试验、开发、应用、推广，直至形成新产品、新工
艺、新材料、发展新产业等的活动。由此可以看出，项目成果的转化主
要针对的是应用技术成果，即将应用技术成果进行后续试验、开发、应
用、推广，直至形成新产品、新工艺、新材料、发展新产业等活动，以
促进科技的进步和经济发展。转化强调的是将成果进行后续的试验、开
发与利用，使原本处于文字表述状态的研究成果，能够在生产生活中应
用，从而产生实际的效果。基于本书的研究目的，本章侧重对项目成果
专利权的转化研究。

---

① "2012 年，全国共投入研究与试验发展经费 10298.4 亿元，比上年增加 1611.4 亿元，
增长 18.5%。" 2013 年 9 月 26 日，国家统计局、科学技术部、财政部发布《2012 年全国科技
经费投入统计公报》，参见财政部官方网站 http://www.mof.gov.cn/zhengwuxinxi/caizhengshu-ju/201309/t20130926_993359.html，访问时间 2014 - 1 - 13。

② 万钢同志在加强科技计划经费监管暨科技部 2013 年科研经费巡视检查启动会上的讲
话（2013 年 6 月 3 日）

（一）　转化义务

1. 转化义务的理解

基于专利权的专属性，专利权的转化使用必须由特定的权利人进行，其他主体无权。如果未经权利人的同意而任意转化使用他人专利，会构成侵害专利权的行为，从这个意义上说，专利权的转化为一种权利。这一权利归属于谁？毋庸置疑，应该归专利权人享有。

如果将成果转化仅仅作为一项权利来看待，则根本无须特别强调，因为其内容包含在权利的内涵当中，专利权的转化是专利权的一项当然内容。因此本书不在这个角度研究这一问题，而是为了实现科研成果的实际效益，将成果转化视为一种义务，这一点非常重要，特别是对于国家资助项目成果而言。任何一个项目，其最终目的是要将该项目成果转化实施，从而对科技的进步和发展起到一定的推动作用。所以，项目成果产生之后，就要积极促成其转化。我国的现行《促进科技成果转化法》是从权利的视角规定有关主体可以进行成果转化，国家"鼓励"、"支持"项目转化，① 对于国家资助项目成果的转化义务没有作出专门规定。本书建议，在将来修改该法时，一定要确定国家资助项目成果的转化义务，从而使其成为法律义务，确保项目成果的实施转化。

这一点可能会面临概念上的挑战。可能遭受的质疑为，既然属于权利，则转化与否就属于当事人可以自决的范围，甚至连权利本身都可以放弃，如何能够成为法律义务？对这一质疑的回答是，法律当中存在本身既属于权利又属于义务的例外情况，诸如受教育权、监护权等等，这一点并不奇怪。另外对于国家资助项目成果而言，因为其接受了国家资金的支持，本身就应该接受较多的约束，这跟完全由自己投入资金开展自主研究的情形是不同的，前文对此已经做了足够的说明。从这个意义上说，将其规定为义务是完全可以理解的。

---

① 其第十一条规定，企业依法"有权"独立或者与境内外企业、事业单位和其他合作者联合实施科技成果转化。第十二条规定，国家"鼓励"研究开发机构、高等院校等事业单位与生产企业相结合，联合实施科技成果转化。第十三条规定，国家"鼓励"农业科研机构、农业试验示范单位独立或者与其他单位合作实施农业科技成果转化。农业科研机构为推进其科技成果转化，可以依法经营其独立研究开发或者与其他单位合作研究开发并经过审定的优良品种。

2. 转化义务的承担主体及其内容

项目成果专利权的转化义务应当由其权利主体承担。这一点是毋庸置疑的，因为其他主体跟项目成果都没有直接关系，而且这也是该义务得以成立的基础，其他人未经权利人同意，根本无权行使该权利，当然就无法实施转化。

我国法律应当明确，国家资助项目成果的转化主体为成果权利人。

根据前文分析，在我国，虽然国家资助机构和依托单位可以约定项目成果的所有权归属，但一般情况下都归依托单位所有。约定或者根据法律规定由国家资助机构享有项目成果专利权的，则国家资助机构应负责成果的转化，并给予依托单位和项目负责人相应的转化费；由依托单位享有成果所有权的，则由该单位负责成果的转化。因此，国家资助项目成果的转化义务原则上归属于依托单位。

这里存在一个技术问题，依托单位如何实施转化？由于依托单位的管理层本身并没有参与项目研究，对于成果的性质、目的、运行等等都不太熟悉，而只有项目负责人及其他研究人员因为实际参与了研究工作才最清楚该项目成果的性质、价值以及优缺点，而且项目负责人也是最关心项目成果转化的人，由项目负责人负责转化是最有利的。因此依托单位在获得权利之后，可以通过内部的协议或者工作指示，让项目负责人或者项目研究人员代表依托单位具体负责项目实施的工作。当然，这一点并不能成为一个法律的规则存在，因为一方面成果转化的方式本身是很多的，① 并不仅限于实际开发利用这一种方式，前述的论证仅针对由依托单位实际开发利用的情形。另一方面，即使是由依托单位自行组织开发实施，也并非必然要由项目负责人或者其他研究人员负责，由其他的技术专家负责并非绝对不可。这里的提法只能是鼓励或者提倡由原项目负责人或者项目研究人员负责，当然依托单位对此享有自主决定的权利。

依托单位在取得项目成果所有权之日起，参照我国《促进科技成果转化法》第九条规定的转化方式，可以自己实施，也可以将成果转让或

---

① 我国《促进科技成果转化法》第九条规定的成果转化方式：（一）自行投资实施转化；（二）向他人转让该科技成果；（三）许可他人使用该科技成果；（四）以该科技成果作为合作条件，与他人共同实施转化；（五）以该科技成果作价投资，折算股份或者出资比例。

与其它单位合作实施转化。单位实施转化的应当给予项目负责人及其他重要研究人员一定比例的奖励。在此期间，如果单位未实施转化，国家资助机构应当提示依托单位积极转化项目成果。

为了将依托单位的成果转化义务进一步落实，建议在我国的立法当中进一步规定依托单位成果转化的时间要求，考虑成果转化的各种复杂情况，本书建议将其规定为获得成果权利之日起的两年内。

3. 以非资助成果的实施为前提时的特殊情况

当一资助项目成果的实施有赖于项目负责人的前一项非资助成果的实施时，则涉及对于该非资助成果的实施以及其所有者的保护问题。我国专利法规定："一项取得专利权的发明或者实用新型比前已经取得专利权的发明或者实用新型具有显著经济意义的重大技术进步，其实施又有赖于前一发明或者实用新型的实施的，国务院专利行政部门根据后一专利权人的申请，可以给予实施前一发明或者实用新型的强制许可。在依照前款规定给予实施强制许可的情形下，国务院专利行政部门根据前一专利权人的申请，也可以给予实施后一发明或者实用新型的强制许可。"[1]

参考我国专利法对于专利强制许可使用的规定，对于资助成果的转化有赖于在先的非资助成果的实施时，可以适用以下规定：对资助成果采取合作转化的方式转化时，对于之前的非资助成果的转化实施，应当由其享有者和合作转化单位约定其转化使用费，协商不成的，可以由国家资助机构出面，向专利局申请该非资助项目的强制实施许可，由转化单位给予成果享有者强制许可使用费。就该费用无法达成协议时，则由专利局规定。如果是以转让的方式转化资助项目成果的，就该非资助成果的转化实施也应由双方通过合同约定。双方协商不成，可以由成果转化权的受让人向专利局申请该非资助成果的强制许可，并支付相应的强制许可使用费。当成果享有者自己或是项目负责人自己转化项目成果时，如果是单位自己实施转化，并有赖于本单位之前的非资助成果的转化时，则应当给予项目负责人的成果转化收益不应包括该非资助成果的转化收益，在项目负责人所得的转化收益中应扣除相应的单位所有的非

---

① 《中华人民共和国专利法》第五十一条。

资助成果转化使用费，具体数额可协商确定。如果是项目负责人自己实施资助成果的转化，并有赖于自己所有的非资助成果的实施时，其给予单位的资助成果转让费也应扣除相应的非资助成果的转化使用费，具体数额由合同约定。

之所以赋予申请强制许可转化的权利，是为了促成项目成果的转化。但是，国家资助机构或者资助成果转化权受让人行使申请强制许可转化的权利时，也应最大限度地保护非资助成果享有者的合法权益。所以国家资助机构或者资助成果转化权受让人行使申请强制许可转化的权利之前，必须先以合理的使用费向成果所有者申请许可使用，而且必须具备转化该非资助成果的条件。在合理期间内未得到许可使用权时，才可向专利局申请强制许可使用，并且必须提供证据证明之前以合理的使用费和条件未获得所有者的使用许可的事实存在。

另外，如果项目成果的转化所要依赖的非资助成果的所有人未申请专利或不愿申请专利，则对于该非资助成果的转化，应由实施转化的单位或个人与成果所有者通过合同方式，约定具体的使用方式和期限以及使用费用、使用收益的分配，还有使用过程中技术秘密的保密等问题。如果该非资助成果的所有人权衡利弊之后不愿接受提供的转化使用条件，可以不准许资助转化方使用该非资助成果。此时应当尊重成果所有者的意愿。如果资助转化方泄露了非资助成果的相关技术秘密，给成果所有人造成损失的，应当承担相应的法律责任。

（二）转化机制

1. 项目成果转化的形式

我国《促进科技成果转化法》第九条规定，项目成果转化的形式主要有自行投资实施转化；向他人转让该科技成果；许可他人使用该科技成果；以该科技成果作为合作条件，与他人共同实施转化；以该科技成果作价投资，折算股份或出资比例。应该探索在这几种方式之外，是否还会有其他的形式，以创新手段，提高转化效率。我国《促进科技成果转化法》规定，各级人民政府组织实施的重点科技成果转化项目，可以由有关部门组织采用公开招标的方式实施转化。

2. 促进项目成果转化的保障机制

为促进科技成果的转化，国家应提供有力的保障。我国《促进科技成果转化法》规定，国家在财政税收以及金融机构和基金等方面为科技成果的转化提供了有力的保障措施。在财政方面，法律规定国家财政用于科学技术，固定资产投资和技术改造的经费，应当有一定比例用于科技成果的转化。科技成果转化的国家财政经费主要用于科技成果转化的引导资金、贷款贴息、补助资金和风险投资以及其他促进科技成果转化的资金用途。在税收方面，国家对科技成果转化活动实行税收优惠政策。国家金融机构应当在信贷方面支持科技成果的转化，逐步增加用于科技成果转化的贷款。另外，国家鼓励建立科技成果转化基金或者风险基金，支持高投入、高风险、高产出的科技成果转化，加速重大科技成果的产业化。

除了以上所述之外，最重要的一个保障措施是，通过合同的约定来具体化成果转化参与各方的权利和义务，运用合同法来保障科技成果顺利转化。成果享有人、科技成果转化实施单位和投资单位，就成果的后续试验、开发应用和生产经营进行合作，应当签订合同约定各方享有的权利、承担的义务以及所面临的相关风险。在合作转化中，各方当事人除了应约定转化收益的分割以及转化中风险的承担等事项外，还应约定对于科技成果享有者的权利保护以及科技成果技术保密问题。对违反合同约定，损害成果享有者权利，或是泄露技术秘密而造成了损失的，应当追究相应的法律责任，从而通过具体的法律适用来保障科技成果合法有效地顺利转化。

3. 项目成果转化激励机制

为促进项目成果的转化，还应制定比较完备的激励机制。

（1）成果转化的经济收益归属于成果权利享有人

此处需要界定成果转化的收益。《南京信息工程大学科技成果转化管理办法》第十三条规定：成果转化的经济收益指成果转化产生的一切收益，包括转让费，许可费，技术入股的股权和与该成果相关的所有权益。美国 NSF 制度对于依托单位所得的项目收益也作了界定，资助项目收益是指该项目在基金的资助下所获得的一切收益。具体包括但不限于以下收益：成果使用费；由于基金的资助而归受资助方所有的财产的使用费和租金；基金资助下的日常用品出售所得的收益；许可使用费及版税；资助基金所生的利息。① 综合上述可知，项目成果转化的经济收益应该包括成果转化产生的一切收益和所有与项目有关的收益，具体有转让费，许可使用费，由版税、技术入股的股权、资助基金所生的利息，由于基金的资助而归受资助方所有的财产的使用费和租金，以及基金资助下的日常用品出售所得的收益，比如研究设备、器械等转让、出租所得的收益等等。使成果享有人取得项目成功转化所得的一切收益，无疑是促使成果所有人积极转化其成果的强大动力。如果对项目成果限定为专利权，则对上述范围中相关受益进行相应限缩即可。

（2）成果的社会奖励应当重视成果转化的情况

在我国的实际操作中，一项项目通过鉴定评审之后，成果即得到了肯定，成果权利所有者即可以自己的成果参加各种社会奖项的评定，并且在职称晋升，新项目的申报等方面获得一定的优势。但是，目前在我国社会奖励的评定中，对于该成果的实际转化情况却很少考虑。这种机制对于促进成果价值的实现产生一定消极的影响。而在社会奖励的评定中加入已有成果的转化情况这一因素，就会促使成果享有者积极转化其成果，真正实现成果的价值。在项目负责人的职称晋升、各种科研奖励、项目申报等情形下，可以优先考虑已经投入转化的成果。对于基础理论成果的转化情况主要考察该理论在实践中是否具有指导意义，是否已在实践中发挥了一定的实际效用，对于科技的发展是否起到了积极的推动作用。对于应用技术成果的转化，则主要看该成果是否已投入实施，是否已有新产品、新技术、新工艺、新材料、新设计和生物矿物新品种等产生。对于软科学成果，也应考虑其对推动决策科学化和管理现代化等方面的实际效用，以考虑是否优先给予该成果享有人一定的奖励。

以上各类成果的实际转化情况都应在统一的成果管理机构进行登记和公告，以便考察。这就涉及成果享有人的另一义务或责任，即定期向成果管理机构披露其成果研究的进展情况及成果转化的情况，并在成果管理机构予以登记，由成果管理机构予以公告。如果成果权利人未按期

① 参见美国 NSF Grant General Conditions（GC－1）January 5，2009 page15，19. Program Income，a. Definition.

报送转化情况，且无证据证明已转化的，可以视为成果未转化。

4. 成果转化的督促机制

项目成果只有转化实施，才可对科技的进步和发展起到推动作用。如果科技成果被闲置而不能指导实际活动，不能产生新的先进产品工艺等，其价值也就大大贬低。为了促进成果的转化，必须设法使前述的成果转化义务得到切实履行，通过法律程序，督促国家资助机构、依托单位以及相关当事人积极履行义务，没有履行法律义务的，必须承担相应的责任。应当特别强调对依托单位的督促。

如果依托单位在法定时间内无正当理由没有转化该成果的意思，更没有转化该项目成果的行动，则应当赋予项目负责人转化成果的权利。项目负责人可以在不变更成果权利归属的前提下，享有成果转化权。我国《促进科技成果转化法》也做了相应规定，即"国家设立的研究开发机构，高等院校所取得的具有实用价值的职务科技成果，本单位未能适时地实施转化的，科技成果完成人和参加人在不变更职务科技成果权属的前提下，可以根据与本单位的协议进行该项科技成果的转化，并享有协议规定的权益。该单位对上述科技成果转化的活动应当予以支持。科技成果完成人或者课题负责人不得阻碍职务科技成果的转化，不得将职务科技成果及其技术资料和数据占为己有，侵犯单位的合法权益。"[1] 项目负责人转化成果也应受一定时间的限制，考虑各种因素，以及为了与本书前述依托单位自行转化的时间接轨，建议将项目负责人自行转化的时间规定为依托单位应实施转化的期限届满之日起三年。同时项目负责人不得侵犯依托单位应有的权益，不得变更项目成果的权利归属。项目负责人应与依托单位约定转化费的分配比例。依托单位应当积极支持项目负责人自己转化项目成果。项目负责人可以选择自己实施转化，也可与其他单位或个人合作转化，或者转让于其他单位实施，但必须保证单位的权利不受侵犯，并且不损害单位的合法利益。在此期间内，如果项目负责人未实施转化，国家资助机构应当提示项目负责人积极转化项目成果。

三年期满之后，如果项目负责人也没有转化成果的意思或行动，则国家资助机构享有强制将这一项目成果许可他人使用的权利，即可以根据具

---

① 《中华人民共和国促进科技成果转化法》第十四条。

备转化条件的单位的申请，给予其转化该项目成果的强制许可。国家资助机构应当对此予以公告，鼓励符合条件的单位或个人申请。在国家资助机构享有强制许可他人转化的权利之日起一定时间内，如果仍没有单位或个人申请转化，或者在申请获准后没有转化该成果时，法律可以规定使成果享有者丧失权利，从而使其成为公共财产而方便他人使用。

国家资助机构给予强制许可他人转化或公开时，应当将强制许可转化的相关情况或者公开情况予以登记并公告。经国家资助机构强制许可转化项目成果的单位，应该给予成果享有者一定的费用，具体数额由双方约定，没有约定或协商不成的，由国家资助机构规定。

5. 成果转化中新成果的归属

在成果享有人自己实施转化的情况下，新成果归成果享有人所有，他可以以自己的名义申请专利权。在以转让的方式实施转化的情况下，转化中产生的新成果归受让人所有，受让人可以自主申请专利权，并可获得新成果转化的所有收益。在合作转化中新成果的归属一般由双方约定。

（三）转化的管理机构：KTO 运行及其我国的借鉴

在欧美的国家资助项目管理体系中，有一个很重要的环节，就是对项目成果转化的管理。其中特别值得研究的是，欧美国家产生了一批独具功能且很有特色的项目成果管理和转化机构，即 KTO[①]，极大促进了项目成果的有效和合理利用。本书在此对 KTO 的建构和运行制度加以简要介绍和分析，旨在能够为我国的项目成果转化提出一种新的构想，在国家资助机构的主导下建立适合我国现状的类似体系，提高项目成果的利用率以及实施的效率，并期待在这种制度的影响下，使我国的国家资助项目各个环节的参与者能够更加紧密地联系在一起，提高项目成果的管理水平，促进我国科学技术的不断发展。

1. KTO 的基本制度设计

KTO 并不是在国家资助项目研究体系产生时就存在的，体系建立之初，成果转化和监督的责任由依托单位来直接承担。从欧洲的实践经验来看，以依托单位人员为主的项目成果转化和管理专家所提供的意见是

---

① 即 Knowledge Transfer Office。

多样化的，对项目成果的价值评价也呈现多样化的情形，这往往导致项目成果的价值和实效被低估。在这种情况下，资助研究项目各方的权利义务也会出现一定程度的失衡，因此就需要有个权威机构对项目成果按统一的标准作出评价并促进其转化，同时负责对转化的过程和结果进行监督，在这一背景下 KTO 应运而生。在欧美国家，KTO 是独立存在的项目成果转化和管理机构，既不隶属于国家资助机构，也不隶属于本国政府，其性质为社会组织。但是 KTO 并不孤立，而是得到国家资助项目从开发到实施各个环节参与者的认同和支持的，同时接受本国政府的监督。

（1）人员配置

鉴于 KTO 提供的主要服务是以各高校为主体的依托单位的知识产权事务，而知识产权保护本身是一个长期而艰巨的工作。为了使 KTO 能够实现这一目标，KTO 至少需要配置以下几个方面的专家：①

首先，法律方面的专家，应当熟悉知识产权法、专利法、反垄断法、公司法以及合同法，这些法律是国家资助项目管理体系中所涉及的最常用的五部法律；其次，需要有对科学研究有足够了解的技术型专家；再次，KTO 需要吸收对产业领域有深入了解的专家，从而为项目成果的转化方向提出合理的建议，同时也可以为依托单位选择出更好的合作伙伴；最后，KTO 需要配备一批精通企业管理并具有较高谈判技能的专家，为依托单位在公司设立过程中提供制度方面的咨询和支持，同时在促成依托单位和企业的合作中，能够恰当地把握合同的内容，维护公平的合作关系。

在上述各类专家的努力下，KTO 的重点就在于协助项目成果的转化并促进科学技术的不断发展，尤其是在依托单位自身对某些研究没有能力或者不愿进行进一步探索的时候，经过 KTO 的协调，可以由其他的单位或者有一定科研能力的企业参与，使科研成果的价值得到最大的体现。同时，KTO 的介入也能为依托单位寻找到最合适的合作者，KTO 此时不仅仅是依托单位进一步发展的推动者，同时客观上也推动着工业

---

① A detailed analysis of skills and training needs can be found in the Oakland Innovation and Information Services report produced for the Department of Trade and Industry Business Interface Training Provision (BITS) Review, March, 2002.

技术的不断发展。由来自不同领域、拥有不同背景的专家共同构成的KTO 团队有其特有的优势，这样的 KTO 可以对项目成果和发明的价值、科研水平以及实施的方式等各个方面作出更为合理和全面的评价，同时使各个不同领域的项目成果通过 KTO 这个熔炉实现共享，有利于国家资助项目成果的顺利转化。

（2）主要目的和任务

KTO 把参与项目成果转化的各类组织和机构紧密地联系在一起，核心任务和目的是通过 KTO 的介入，提高项目成果的转化效率，使研究发明以及科学发现能够被最优化地为国家和社会公众谋取最大的利益。

第一，为国家资助的项目发明向新兴产品和服务的转化提供便利和帮助，使社会公众能够因此获益；第二，通过 KTO 的努力和支持，客观上在相关区域和领域内促进经济增长并提供就业机会；第三，鉴于国家资助项目往往以学校为依托单位并有学生参与，KTO 的介入能够通过某些机制激励依托单位及在校学生的研究热情，加速成果的产出，同时为依托单位、研究人员和有成果的学生提供知识产权保护方面的帮助；第四，通过 KTO 的介入，使依托单位与企业建立新型合作关系，使合作更加公平、有效；第五，KTO 也可以为依托单位与其他非官方的投资人进行合作研究提供帮助。由于 KTO 能够了解到依托单位的各种信息，就可为投资者找到更加适合的合作者，同时依托单位作为非营利性机构，合作模式的引入在一定程度上会缓解其研究资金不足的压力。KTO 也同时是一个监督者，督促合作双方忠实履行各自的义务。在这种情况下，KTO 客观上促进了社会闲置资金向科学研究领域的投入，从长远来看，有利于一国整体科研水平的提高；第六，KTO 在欧美国家还有一个很重要的作用，就是当依托单位想通过设立企业来自行转化成果时，KTO 为其提供企业设立方面的实际帮助。

（3）基本类型

第一，为某个依托单位或者科研机构所专属，并为其提供服务的KTO。仅为某一特定的机构服务，由此导致了自身的局限，使其在促进合作时有自己的立场，很难作为一个中立的中间人来维护合作协议的公平性。这种 KTO 的规模一般也比较小，客观上决定了其能够从社会中分享的资源比较有限。另一方面，由于这一类 KTO 的专一性，他们也最有可能同科研人员以及依托单位建立起更为稳固的联系。由于他们的介入，为某一单位提供的服务更有针对性，也能够找出最合适的运营策略和合作方式，从依托单位本身的角度来看，其所享受到的 KTO 的服务也更具体化，更具有可操作性。

第二，独立于依托单位而存在，不仅仅为一个科研机构服务，而是为促进多个依托单位的技术进步和科研水平提升作出努力的 KTO。他们关注的群体更大，均衡地为各个单位提供服务，这决定了这种类型的 KTO 与直接参与研究的科研人员之间的关系要松散一些。由于缺乏同科研人员和发明者的直接沟通，KTO 无法透彻地了解每一项目成果的价值，往往以自身对于项目成果的价值判断为基础来为其寻求转化的机会和途径，在有些时候就会造成合作者的生产能力与项目成果转化需求之间的偏差。另一方面，这种 KTO 往往为各个依托单位提供统一的转化标准、条件和程序，依托单位会主动地依照程序在 KTO 的辅助下转化成果，从而提高成果转化的效率。

第三，主要为营利性的 KTO，以企业等与依托单位合作的相对人为服务对象，就项目成果的合作和转化作出努力。这种 KTO 是以企业的利益为出发点而寻求依托单位的项目成果并促进双方的合作的。显而易见，利益最大化就成为这种 KTO 的追求，使其客观上忽略了某些经济利益较小的项目成果和发明，实践证明，某些经济利益并不大的项目成果，往往蕴含着巨大的社会利益，能够推动整个社会不断进步，这种情况无形中造成对项目成果的浪费和成果价值的贬损。但是这种模式也有其无法比拟的优势，即在这种模式下，企业出于对自身利益最大化的追求，会极力地推动成果的转化，此时项目成果转化的效率和速率都是前两种模式无法比拟的。

（4）资金来源

从美国拜杜法案通过后的实践来看，KTO 对于项目成果转化的水平和效率，很大程度上取决于一个因素——转化的实践经验，[1] 而这与资金有很大的关系。除此之外，类似的一些调查报告也显示，在没有其他

① Everett M. Rogers, Jing Yin and Joern Hoffmann: *Assessing the Effectiveness of Technology Transfer Offices at US Research PROs.* Journal of the Association of University Technology Managers, Vol. XII (2000) 47-80.

经济支持的情况下，依托单位一般至少需要十年才能回笼为实现知识产权保护所支出的成本。大多数欧洲的科研机构都无法靠自身的经济能力完全承担知识产权的保护费用。一份来自于加拿大的报告评估了依托单位项目成果的商业化程度，① 报告显示在加拿大的国家资助项目体系中，依托单位至少将资助资金的 5% 用于项目成果的知识产权保护。在加拿大，国家和政府对于高校研究的支持在近十年来每年超过 5000 万，在这种动力下，加拿大因此也获得近 44 亿的经济增长。但是在这么大的回报当中，依托单位仅能够获得 1.2 亿左右的版税收入。② 在这些收入当中，为了实现项目成果的合理转化，其中有 7% 用于 KTO 的支出。

从欧洲的整体情况来看，很少有依托单位能够负担从研究到成果转化再到版税回报的长期的资金支出和消耗，这在客观上促使依托单位产生了对 KTO 这样能为其提供知识产权保护服务的机构的需求和依赖。在这种情形下，即使依托单位向 KTO 支付一定的费用，也比依托单位自己操作所有的程序要经济的多，同时也为依托单位节省了相关的人力资源。依托单位支出的这部分费用构成了 KTO 运转资金的一部分。

目前，KTO 的资金主要来源于以下几个方面。

第一，依托单位。传统的国家资助主要为依托单位提供基础科研资金，而依托单位进一步研究所使用的资金往往来源于具有竞争力和对新技术有需求的企业。为了寻求企业的合作，依托单位往往需要耗费大量的时间、人力和物力，从而降低了成果传播和转化的效率，同时也浪费了其进行新兴技术研究的时间。此外，对于依托单位来说，他们是成果转化的义务主体，因此寻求 KTO 的帮助成为依托单位的上佳选择，KTO 的介入平衡了成果的传播和研究的不断进行，KTO 也从依托单位中获得了相应的资金。这些直接或间接地来源于依托单位的经济支持主要包括：第一，依托单位为实现项目成果的知识产权保护和成果转化而支付给 KTO 的费用；第二，KTO 居间促成项目成果或发明的许可使用后，依托单位所获得的许可使用或转让费用的一小部分；第三，KTO 居间促进依托单位与企业

---

① *Public Investments in University Research*: *Reaping the Benefits*. Report of the Expert Panel on the Commercialization of University Research, May 4, 1999.

② Presentation of James W. Murray at the OECD Workshop on Management of Intellectual Property Generated from Public Funded Research, December 11, 2000.

达成合作协议后，支付给 KTO 的居间费用。

第二，企业。无论是传统企业还是新兴企业，在促进与 KTO 的联系及实现项目成果的转化的过程中，始终都是相当积极的，也正是在他们的推动下，以 KTO 为代表的知识产权管理和成果实施的进程才得以不断地向前推进。企业为了实现与 KTO 的合作，会支付经费给 KTO。

第三，其他社会资源。KTO 在促进项目成果转化的过程中，会对社会利益给予很大的关注，需要国家和当地政府通过立法，肯定 KTO 的价值并给予支持以促进 KTO 的发展。欧盟以及英国在这方面作出的努力值得肯定，尤其是在 KTO 的建立初期，在国家和政府的支持下，KTO 自身增强了其运作和同各方沟通的能力，也带来了本国经济的大幅增长。政府会相应给 KTO 一定的经费支持。美国的做法很典型，在整个国家资助项目成果管理体系当中，美国通过立法确立国家的科研机构应当在每一年度的经济预算中拨出 0.5% 作为对 KTO 的资金支持。

（5）KTO 的联合

随着信息网络技术的不断发展，整个世界被联系成了一个整体，在这种情况下，任何一个 KTO 都不可能是孤立的。为了项目成果的合理转化和实施，应当鼓励建立跨地区、跨国家的一个广泛的沟通和联系网络。从欧美国家的实践来看，在知识产权领域存在许多官方和非官方的组织，通过这些组织的联系，一些专家个人和相关的企业、组织等都不断地参与到促进知识产权的维护和科学技术转化的体系当中，相互交流和分享实践经验。美国的尝试之一是设立了一个名为高校技术管理人员协会（Association of University Technology Managers［AUTM］）的组织，主要工作是为依托单位的科研人员组织研讨会和其他的培训等。该协会目前在美国已经成为专业的服务机构。①

---

① 起初该协会仅仅关注以高校为主的依托单位的需求，近年来协会逐渐吸收了一些来自于产业领域和其他的非依托单位的主体，扩张了主体范围，也为依托单位在确定研究方向、成果的实施方式以及技术改进等方面开阔了视野，同时由于他们的参与，依托单位吸收其意见和建议，使其科研成果更具有实用性和经济价值。European Commission：Expert group report—Management of intellectual property in publicly-funded research organizations：Towards European Guidelines. Prepared by the Rapporteur Laura MacDonald and the chairman Gilles Capart together with Bert Bohlander, Michel Cordonnier, Lars Jonsson, Lorenz Kaiser, Jeremy Lack, John Mack, Cino Matacotta, Thomas Schwing, Thierry Sueur, Paul Van Grevenstein, Louise van den Bos, Nicholas S. Vonortas. 2004 – P57.

目前，欧洲也逐渐成立了一些 KTO 的联合组织，而且其发展水平都比较高，比如，英国的 AURIL 和 UNICO、法国的 C. U. R. I. E.、德国的科技联盟、西班牙的 Red OTRI、芬兰的 FINNISH 联络办公室、比利时的 LIEU、荷兰的 VSNU 联络组织等等。这些组织建立的基础一方面是科技传播的实践经验，另一个很重要的方面就是国家在知识产权领域方面的制度支持。由于各国国情不同，相关制度的建立需要以自己的国情为基础，只有这样才能够建立起适合本国国情的 KTO 网络体系。欧洲委员会（European Commission）以现有的各个科技转化机构和组织为基础，正在筹备建立一个覆盖包括整个欧盟在内的欧洲体系的 KTO 联盟，以推进整个欧洲各国间就科技成果转化和知识产权领域的沟通和合作。①

2. KTO 的运行

（1）KTO 同科研人员个人建立良好的关系

当 KTO 需要得到科研人员的帮助时，应当作好前期的准备，为科研人员提供最大的便利和条件。虽然在国家资助研究中，实际参与项目的科研人员个人在项目完成后所能取得的权利较少，但是这仍然不能动摇科研人员在整个体系中的重要地位，他们的存在和贡献是各种研究成果产出的基础。他们不仅将研究的理念转化成实际的研究成果，同时由于他们对其研究成果的了解最为透彻和深入，在研究成果转化、实施和利用的过程中也能够提出有效的建议和方案。基于科研人员的重要性和其在科研领域以及社会领域角色和工作的多元化，KTO 在同科研人员的联系与合作中，首要的就是要尊重科研人员的研究成果以及其所安排的科研计划。

KTO 要为依托单位、科研人员以及学生在其对研究成果申请知识产权保护时提供相应咨询和帮助。这些帮助应当包括但不限于协助专利申请人解读政策法规以及明了相应的申请程序，解答知识产权方面的问

---

① European Commission: Expert group report—Management of intellectual property in publicly-funded research organizations: Towards European Guidelines. Prepared by the Rapporteur Laura Mac-Donald and the chairman Gilles Capart together with Bert Bohlander, Michel Cordonnier, Lars Jonsson, Lorenz Kaiser, Jeremy Lack, John Mack, Cino Matacotta, Thomas Schwing, Thierry Sueur, Paul Van Grevenstein, Louise van den Bos, Nicholas S. Vonortas. 2004 – P58.

题，甚至包括资金方面的帮助等等。同时，KTO 要为科研人员和依托单位寻求成果转化的合作企业。

最后，对研究人员提供激励。随着科技对经济发展的影响越来越大，许多国家都通过各种方法来激发科研人员的研究热情。有研究显示，当研究机构给予其科研人员更多的信任以及更高的报酬份额时，科研人员就能够产出更多的成果并创造更多的经济收益。①

为了完成上述工作，KTO 在处理与科研人员个体的关系时应当注意：第一，通过 KTO 的帮助，鼓励科研人员在开展一个新的项目研究之前，对其所在领域的已有成果进行了解，以避免重复劳动，导致研究资源和社会资源的浪费；第二，科研人员可以在 KTO 的帮助下确认申请专利的范围、种类并准备申请专利保护的相关材料，帮助科研人员确认发明人和专利权利人并协调他们之间的关系；第三，协助科研人员及时高效地披露项目发明和提交知识产权保护方面的申请。

（2）支持、帮助和管理科研机构

在整个国家资助项目成果管理体系中，虽然 KTO 的存在便利了依托单位以及相关各方之间的联系，并有利于权利的保护和成果的实施，但是 KTO 在体系中仍然是一个辅助的角色，KTO 的工作内容根本上取决于依托单位的需求，其工作的目标重心应当与依托单位保持一致，KTO 最主要的任务就是为依托单位提供支持和帮助。依托单位尤其需要 KTO 在知识产权的权利归属、利益分配等方面提供帮助。具体而言，主要包括：

第一，明确项目发明的权利归属和依托单位就项目发明的权利和义务；对依托单位的项目成果和发明进行价值和权利评估；帮助依托单位在公开或者出版与项目成果相关的文献或者资料之前认真审查，并选出适合申请专利保护的发明，使其能够将研究成果纳入法律保护的范围之中；帮助依托单位建立自己的发明披露审查程序，并为其申请专利保护提供帮助，尤其是协助依托单位向相关部门提出专利申请。在具体的工作中，KTO 应当适当地提醒依托单位注意明确项目成果和发明的归属以及权利主体，以尽量避免在以后的研究活动、授权许可使用以及在与其

———————————

① Centre for Economic Policy Research, *Incentives and Invention in PROs*, 2003.

他合作方达成协议的过程中使依托单位卷入知识产权方面的纠纷。

第二，KTO 可以以其转化的实践经验为基础，设立一套完整的、明确的并且具有可行性和可操作性的项目成果和发明的许可使用及转让的程序和制度，以供依托单位参照适用。同时在某些依托单位的要求下，KTO 也可以以这个体系为依托，帮助依托单位建立适合需要的许可使用和转让制度。

第三，协助依托单位进行有关其项目成果和发明的市场调查，以防止项目成果贬值；协助依托单位同企业达成成果转化的合作协议；在项目成果转让后，从所获得的净利润中按约定的比例向实际研究人员分配其所应享有的报酬。

第四，其他。以 KTO 对多个依托单位研究方向和科研能力、水平的了解为基础，协调依托单位之间的研究方向和课题等各方面的冲突，使依托单位之间构成一个有机的整体，不断提高研究的能力和水平；在依托单位通过自行设立公司进行成果转化的过程中为其提供法律上和制度上的支持等等。

为了更好地帮助依托单位，KTO 应当注意：第一，尽量协调依托单位之间的关系，以避免依托单位之间存在研究方向方面的潜在冲突，并通过 KTO 的协调，解决依托单位之间已有的冲突；第二，在依托单位与其他主体进行合作的过程中，KTO 可以为依托单位提供签约方面的帮助，以最大限度地使各方的利益和要求达到平衡，从而使项目发明的成果能够得到最广泛的实现和利用；第三，在依托单进行项目研究的过程中，可以为依托单位提供相关领域研究的前沿信息，并在需要的时候促进研究设备的升级和更新。

（3）帮助设立企业或者与已有企业建立良好合作关系

欧美国家对于项目成果的利用和转化除了通过 KTO 的帮助寻求已有的企业进行合作以外，很多依托单位以自己的成果为技术支持，由原有的研究人员进行监督，再加上自身的资金投入，申请设立一个高新技术公司来实施其项目成果。在这个环节中，KTO 可以进行可行性评估并为其提供公司设立方面的咨询和帮助。KTO 的帮助模式主要有两种，一是以美国为代表的消极模式，仅仅为这些依托单位提供设立公司的模式，由依托单位自行完成相关的设立工作；另一种就是以欧洲为代表的积极模式，KTO 所提供的帮助包括：帮助撰写商业计划、分析公司的资本构成、构建公司的管理层和运营团队等等。

与企业良好沟通是项目成果实施的保障，KTO 作为催化剂，主要要把握下列几个方面：第一，了解和把握企业的投资意向并与这些商业团体保持长期的、良好的合作关系；第二，在促进合作协议订立的过程中，应当最大限度地使双方在公平的前提下进行合作；第三，在促进合作的时候，应当提醒双方明确授权许可使用的范围、期限以及权限，从而避免纠纷的出现；第四，帮助依托单位建立自己的企业以实现项目成果的有效转化。

（4）KTO 与政府之间的关系

在欧美国家的实践当中，KTO 为独立于政府的非官方组织，其作用在于促进依托单位与政府之间的沟通，并在一定程度上向政府的相关机构进行国家项目成果管理和体系运作状况的反馈。

3. 我国对 KTO 制度的借鉴

（1）我国 KTO 的构成和运行所应注意的问题

第一，我国 KTO 的设立

我国国家资助项目成果的转化比例和效率都比较低，这就需要具有权威性的且构成多元化的主体通过利用其在相关领域的影响力，为国家资助项目成果转化创造条件，从这个角度来说，KTO 是一个很好的选择。考虑到我国的实际情况，结合相关国家的实践，建议为了促进国家资助项目成果特别是国家自然基金资助项目成果的转化，首先在国家资助机构下设立一个附属性的性质为事业单位的 KTO。在 KTO 与科研人员建立良好的沟通和服务关系时，由于我国的依托单位和科研人员集中在学校和科研院所，为了更好地为其提供服务，KTO 可以在学校的允许下在科研能力较强和成果产出较多的学校设立 KTO 办公室，为学校、科研人员在第一时间提供其所需要的帮助。从欧美国家的实践来看，KTO 的核心任务是为社会谋福利，同时对不适合直接适用于社会及公众的发明和项目成果出台相应的政策加以保护。KTO 的另一重要任务就是在市场经济的条件下帮助依托单位，并成为项目成果管理和转化的联络者，以适应社会发展和技术革新的要求。KTO 也应当建立一个自身的更新机制，使其能够不断地修正自己的制度以适应社会的发展。

第二，KTO 的资金来源

为了筹措资金，在为学校和科研人员提供服务的时候，可以以会员制的模式进行操作。这一模式下，KTO 作为组织者，其他的依托单位、高校以及科研人员个人作为会员参与，每年交纳一定的会费，由 KTO 统一管理。这些会费主要用于 KTO 为会员提供知识产权方面的咨询、帮助以及组织研讨会、培训、讲座等服务活动。此外，这些资金还可以为个人会员提供资金支持以帮助其申请知识产权保护。KTO 可以与研究人约定在成果转化后，个人会员应当以其所获得的收益偿付 KTO 为其所支出的费用，或者是 KTO 对于其专利有优先购买权，或者是当专利获批之后，专利权人在一定期限内不将专利实施的，KTO 可以自行寻求企业的合作以实施该专利等等。

KTO 除了作为科研人员的服务者，同时在成果转化中也是重要的居间人，KTO 有权从中获得一些利益。对于国家资助项目的研究成果，由于依托单位本身有转化义务，因此依托单位应当承担 KTO 为转化所付出的必要居间费用。在我国，如果设立 KTO，初期规模较小时，还没有能力同时为非国家资助项目的研究成果提供转化帮助。随着科研项目成果管理体系的完善，在适当的时候，可以考虑将科研人员个人研究的成果以及非国家资助项目成果的转化纳入帮助的范围。但是这也同样要以 KTO 与各个领域的企业建立良好的合作关系为基础。对于科研人员个人和非国家资助项目成果的转化居间活动，KTO 有权获得居间报酬。作为一种新的制度，报酬的比例、额度等，需要在不断的实践之中才能确定。

第三，KTO 提供的主要服务

在我国，依托单位的项目成果产出之后，需要 KTO 在两方面提供帮助。一是因为成果的转化效率和速率偏低，合作的对象范围局限性很大，因此需要 KTO 提供合作机会；二是我国国民整体的知识产权意识较差，各依托单位虽然站在科研的前沿，但是对于其智力成果的知识产权保护的意识仍然比较弱，就需要有懂得相关法律制度的 KTO 工作人员协助其完成权利的维护工作。KTO 在建立初期，主要以这两个内容为工作的重心，同时协助依托单位进行项目发明的价值评估和市场分析。

KTO 需要与科研人员、依托单位和企业建立良好的合作关系，发挥在三者之间的桥梁纽带作用，沟通各方的需求。在 KTO 协助下，依托单位和企业之间开展多方面的合作，包括科研、成果价值评估、新兴技术在企业适用后的反馈与改进、技术设备更新等。KTO 充当着催化剂的角色，其介入为双方寻求合作提供了机会，同时使得双方合作的信任度更高，稳定性也更强。随着长期的合作和交流，无论是企业还是依托单位，甚至 KTO 都会从这种合作中获得宝贵的经验和丰厚的收益。对 KTO 本身来说，长期地为促进项目成果转化而服务，会提高其对项目成果社会价值判断的能力。同时，当 KTO 的发展趋于成熟后，也可以对未来国家资助项目的资金投入方向提出更为合理的建议。

在我们的国家资助项目成果转化体系中，本书的设想是将 KTO 纳入国家资助机构的管辖范围，在初期通过国家权力在一定程度上的介入，使 KTO 能够有效地运行，同时也便于国家资助机构对项目成果进行管理。由于 KTO 与其他主体的联系较为紧密，也可以帮助国家资助机构更好地管理项目成果，避免成果的滥用和贬值。目前，我国科研成果的转化比例和效率比较低，同时依托单位的产业化程度也较低。KTO 在国家资助机构的支持下，为依托单位提供更多的成果转化机会，可以促进我国科研成果的转化，也能够实现项目成果应有的价值。

应当注意的是，KTO 虽然是成果转化的关键角色，但是 KTO 在运行过程中，应当尊重依托单位的根本目标和任务。依托单位应当将其重点放在项目研究上，并以此为基础获得 KTO 的帮助。依托单位从 KTO 获得知识产权保护方面的帮助，以法律的途径维护自己的权利并致力于新兴技术和发明的研究，在 KTO 的帮助下将项目成果进行转化，进而取得发展的资金。

（2）我国 KTO 人力资源和资源的网络化

在 KTO 的工作人员方面，由于国家资助项目的课题涉及不同的领域，每个领域都配备一个专家是不现实的。本书所设想的 KTO 隶属于国家资助机构，具有一定的官方性质，以我国目前的就业状况来说，能在 KTO 工作是一个不错的选择，因此我国的 KTO 所面临的人员流失的压力相对欧美国家较小。但是为了使 KTO 能够有效地运行，我国的 KTO 也需要关注工作人员的工作满意度问题，以调动各个环节工作人员的积极性，完成 KTO 的工作任务。

同时，本书将我国的 KTO 设计成为国家资助机构的下属机构，事实上就是为了以此为主导建立我国的 KTO 网络体系。由于这种 KTO 的官方性质，无形中可以通过国家资助机构的帮助建立相关的制度支持。同时本书建议在各个省、自治区、直辖市的资助项目管理机构中都设立类似于 KTO 的工作机构，从而建立以国家资助机构为主导的技术转化和管理的网络体系。

KTO 在欧美国家从出现至今历经二十多年的发展，不仅仅为依托单位项目成果的转化作出贡献，同时也通过他们的努力为欧洲和美国探寻了一条技术革新的道路并使科学逐渐向公众靠拢，研究的成果也更加贴近社会。我国目前正在全面建立国家资助项目成果管理体系，KTO 的参与能够更好地解决成果转化问题，使项目成果真正进入实用领域，为国家和公众的利益服务。

四　项目成果专利权的消灭

（一）一般专利权的消灭

我国现行法律中明确规定了可以导致专利权消灭的情形，分别是《专利法》第四十二条、四十四条，以及《继承法》的第三条，除此之外，专利的无效宣告也会导致专利权自始无效。

1. 专利权的保护期限届满

通常，依法设定的所有权与物同存，只要物不灭失，权利就存在。专利权是一种法律予以保护的对发明创造的独占性权利，如果允许这种独占性权利长期存在的话，这个独占性保护就会变成对社会技术进步和社会经济发展的障碍。出于专利权的特殊性及公众利益的考虑，专利权在时间上不应是无限的，因此法律一方面给予专利权人独占性的权利，另一方面也规定了专利权的存续时间，以此平衡专利权人的利益和社会公共利益。[①] 法律上对专利权的时间限制主要表现为专利的保护期，这一期限一旦届满，专利权将随之消灭。在国际上，发明专利权保护期通

---

① 柳申一：《医药品专利与 2010 年问题》，《科学·经济·社会》2010 年第 2 期。

常是十五到二十年，实用新型、外观设计专利权保护期通常低于十年。美国、加拿大等国专利法规定的发明专利权保护期为十七年，自授权之日起计算。英国、法国等国专利法规定的发明专利权保护期为二十年，自申请之日起计算。在日本是以申请公告之日起十五年，但不得超过自申请日起二十年。世界贸易组织的 Trips 协定也将发明专利权的保护期规定为申请日起二十年。我国现行专利法规定发明专利权的保护期为二十年，自专利申请之日起计算；而实用新型和外观设计专利权的保护期则为自专利申请之日起算十年。①

2. 因专利权人的原因导致专利权消灭

除了专利权期限届满，一些专利权人自身的原因也会导致专利权的消灭。

（1）专利权人未按期缴纳专利维持费

各国的专利法要求专利权人在享有权利的同时，还应当承担相应的义务，除了实施专利外，按期缴纳专利年费也是专利权人的义务之一。若专利权人拒不承担该项义务，其专利权将自动归于消灭。专利年费的作用主要有两个方面：第一，专利年费可直接用于专利局的日常管理和服务；第二，由于专利年费在数额上采用累进的方式逐年增加，采取此种经济手段可以促使专利权人及早放弃专利权，从而使技术尽早地进入公有领域。专利权人应当自被授予专利权的当年开始缴纳年费，如果专利权人不按期缴纳，则会被认为是专利权人已经失去了维持专利权的兴趣，法律自然也应当终止对其专利权的保护。我国《专利法》第四十四条第一款规定专利权人没有按照规定缴纳年费的，专利权消灭，同时《专利法实施细则》第七条规定，专利权人在遇到不可抗拒的事由或者有正当理由时可以请求恢复其权利，从而给予了专利权人补正的机会。

（2）专利权人书面声明放弃其权利

根据私法自治原则，专利权人有权自主选择以书面方式放弃其专利权。如果专利权人以书面方式放弃其权利，则其专利权自然应予消灭。我国《专利法》第四十四条第二款也明确规定了专利权人可以以书面方式放弃其专利权。专利权的放弃需要由专利管理机关将有关事项登记

① 参见刘春田主编《知识产权法》，北京高等教育出版社 2007 年版，第 214 页。

并公告，不登记就不能认为专利权的放弃已经生效。

（3）专利权人死亡后没有继承人

《继承法》第三条规定公民的著作权、专利权中的财产权利亦属于遗产，即公民死亡时遗留的个人合法财产。由此可知，专利权是一种可以继承的财产权，在专利权人死亡后其专利权由其继承人继承，如果没有继承人或者继承人拒绝继承此项专利权，那么专利权人的专利权也就宣告消灭。

3. 专利权的无效宣告

我国《专利法》规定，发明创造必须具有新颖性、创造性、实用性，公知技术是不能获得专利权的。在专利的实质审查中，由于具体技术的复杂性和文献检索的局限性，难免会有个别不具备专利条件的申请被授予了专利权。为此，《专利法》规定了宣告专利无效的制度。其程序为：任何单位或者个人认为某项专利权的授予不符合有关规定的，可以向国家知识产权局专利复审委员会提交证据，对该项专利进行复审，进而宣告该专利权无效。

我国《专利法》规定，在国务院专利行政部门授予并公告某项专利权后，任何单位和个人认为该专利权不符合《专利法》及其实施细则的规定，自公告之日起可以请求国务院专利复审委员会宣告该公告的专利无效。专利复审委员会对宣告专利权无效的请求应当及时审查和作出决定，并通知请求人和专利权人。宣告专利权无效的决定，由国务院专利行政部门登记和公告。

被宣告无效的专利权视为自始即不存在，这表明专利无效宣告具有溯及力。但是，无效宣告对于此前人民法院作出并已执行的专利侵权的判决、调解书，和已经履行或者强制执行的专利侵权纠纷处理决定，以及已经履行的专利实施许可合同和专利权转让合同，不具有追溯力。如果是因专利权人的恶意给他人造成损失，应当给予赔偿。另外，专利权人或专利权转让人不向被许可人或专利权受让人返还专利使用费或专利权转让费，明显违反公平原则的，专利权人或专利权转让人应当向被许可人或专利权受让人返还全部或部分专利使用费或专利权转让费。

由此可以看出，宣告专利权无效的法律后果是相当严重的。对于专利申请人来讲，务必要作好申请专利的前期工作，比如专利文献的查询、查新、市场调查等。

4. 转让

专利权作为一种具有财产属性的权利，专利权人有处分的权利，除了放弃专利权外，还可以将自己的专利权转让给他人。专利权转让是指专利权人作为转让方将其发明创造专利权移交受让方，使受让方拥有专利权，而己方的专利权归于消灭。专利转让的过程中专利权人和受让方通常会订立一份专利转让合同，双方在合同中约定以下事项：专利技术的名称、内容；专利申请日、申请号、专利号以及专利权的有效期；专利实施的状况，包括许可他人实施的状况；有关技术情报资料的清单；转让费用及支付方式；违约责任及其承担；争议解决办法等。[①] 专利权人对于其专利权的处分方式与物权、债权等权利的处分方式有所不同，物权的处分通常伴随着对物本身的处分，例如所有权的转让通常伴以物本身的移转，但专利权的处分仅仅是法律状态发生了变化，而丝毫不会影响专利技术的存在状态。又如，物权处分方式并不都需要办理登记手续，但专利权的处分行为在法律上都属于要式行为，当事人转让或放弃专利权都必须经专利局登记、公告。专利权一经转让，转让人的专利权将不复存在，而是由受让人依法取得。

（二）项目成果专利权的消灭

国家自然科学基金项目所获取的专利权毋庸置疑应属于"知识"范畴，其专利权的消灭情形与一般专利权有类似之处，例如专利期限届满、专利人明示放弃专利权、专利人未按期缴纳专利年费以及专利被宣告无效等事由，专利权消灭。但由于项目成果专利权的特殊性，其与一般的专利权消灭的情形略有不同：

1. 当依托单位或者发明人享有项目成果的专利权时，依托单位或者发明人可自主将其专利权转让给第三方，第三方拥有专利权，依托单位或者发明人的专利权因转让而归于消灭。同时，当政府认为有必要而撤销依托单位或者发明人的专利权，或者指令他们将其专利权转让给国家时，依托单位或者发明人的专利权也归于消灭。"政府认为必要"的

① 参见刘春田主编《知识产权法》，北京高等教育出版社 2007 年版，第 218 页。

情形是指政府出于保护公众利益或社会公德的考虑，包括保护人类、动物或植物的寿命及健康，或者为避免对环境的严重污染等，才可撤销依托单位或发明人的专利权或指令他们将专利权转让给国家，由国家行使专利权。

2. 当权利人获得专利权后，若其没有按约定在合理时间内自己或许可他人以约定的方式实施该专利，则可能发生专利权消灭的效果。前文已述，项目成果的专利权人负有成果转化的义务，如果不按照规定进行转化行为，国家资助机构可以通过法定程序，宣告该专利权消灭，使得国家资助项目成果成为公共财产，任何人均可使用。

另一方面，如果专利权人不恰当地实施专利，也可能导致权利的消灭。专利技术的价值是通过实施专利的行为得以实现的，实施专利技术可以给实施人带来相应的财产利益。专利权人申请专利的直接目的就是为了垄断该项技术的实施权，凭借这种垄断性权利获取独占性利益。"专利法上的实施在内容上是非常丰富的。原则上专利法上的实施包括对专利产品的制造、使用、销售、进口以及为销售目的的展示、出租、占有、派送；对于专利方法，包括使用专利方法或者销售、使用、进口用专利方法获得的产品，以及为销售目的展示、出租、派送、占有用专利方法获得的产品。从商品流通角度看，专利实施包括了整个流通领域的每一个环节。"[1] 当国家认为权利人的实施行为没有考虑国家利益，或者在国家规定的为了公共卫生和安全或紧急情况下撤销受让人的专利权，或指令其将专利权转让给政府时，该受让人的专利权即归于消灭。

3. 如果依托单位和研究人员都决定不保留项目成果的专利权，政府可以就该发明申请专利并享有专利权。但是当政府认为没有必要申请或保有专利，或者不申请专利将更有利于社会公众了解和利用该发明的相关信息，更有利于我国科技的进步和经济的发展时，国家可以决定以适当的方式将该项目成果予以公开，使其成为公共资源，更好地为社会所用，实现其价值。当政府将该项目成果予以公开，使其成为公共资源和信息后，政府将不再享有该项目成果的专利权，其专利权即归于消灭。

---

① 刘春田主编：《知识产权法》，高等教育出版社 2007 年版，第 209 页。

第四章

项目成果的著作权保护

　　项目成果除了发明、实用新型和外观设计等可以获得专利权的成果之外，另一个重要形式就是著作，著作权同样也是成果知识产权保护的重点。狭义的著作权是指各类作品的作者或其他著作权人依法享有的权利，其内容包括著作人身权和著作财产权两个方面；广义的著作权是指除了狭义著作权以外，还包括艺术表演者、录音录像制品制作者和广播电视节目的制作者依法享有的权利。作品在创作过程中主要依靠创作人，且作品在进入市场后可以带来巨大的社会效益和经济效益，而作品可以被广泛阅读学习是其区别于专利的一个特点。项目成果著作权的归属认定和保护有一定的难度，本章研究的核心问题就是著作权的归属认定和保护问题。

一　著作权的客体及一般问题

（一）著作权的保护对象

　　著作权法保护的对象是指著作权的客体，为文学、艺术和科学领域中的作品。作品，是指文学、艺术和科学领域内具有独创性并能以某种有形形式复制的智力成果。其构成要件是：第一，属于文学、艺术和自然科学、社会科学、工程技术等科学领域中的智力成果。第二，具有独创性。所谓的独创性，一是作品系独立创作完成，而非剽窃之作；二是作品必须体现作者的个性特征，属于作者智力劳动创作结果，即具有创造性。独创性存在于作品的表达之中，作品中所包含的思想并不要求必须具有独创性。著作权法保护作品的表达，不保护作品所包含的思想或主题。由不同作者就同一题材创作的作品，只要作品的表达系独立完成并且具有创造性，应当认定作者各自享有独立的著作权。作品的表达是作品形式和作品内容的有机整体。第三，可复制性，即作品必须可以通过某种有形形式复制，从而被他人感知。

根据我国现行《著作权法》第三条的规定，我国著作权法所保护的对象主要包括以下列形式创作的文学、艺术和自然科学、社会科学、工程技术等作品：1. 文字作品；2. 口述作品；3. 音乐、戏剧、曲艺、舞蹈、杂技艺术作品；4. 美术、建筑作品；5. 摄影作品；6. 电影作品和以类似摄制电影的方法创作的作品；7. 工程设计图、产品设计图、地图、示意图等图形作品和模型作品；8. 计算机软件；9. 法律、行政法规规定的其他作品。

前文已述，国家资助项目成果的形式是多种多样的，比如基础数据等原始资料和材料、发明、特定的外观设计和模型、文章、报告，以及专著等等。其中发明、外观设计和模型主要由专利方面的法律法规予以保护；基础数据等的原始资料和材料不具有独创性，同时也往往是其他研究得以开展的基础，如后文所述，属于可被共享的范围。因此，本书认为国家资助项目成果中著作权法主要保护的是论文和专著，即包含了科研人员独创性的精神成果中的文字成果。现实中，个别科研机构会将整个研究过程以录像的形式拍摄下来，这样的影像资料也在著作权的保护范围之内。因此，本书认为，文章、专著和影像资料就成为国家资助项目成果中著作权的主要保护对象。

在项目完成的过程中形成的影像资料是著作权的客体，受著作权法的保护没有异议，但是，影像资料属于上述九种著作权客体的哪一种？这是需要界定的。摄影作品是指借助器械在感光材料或者其他介质上记录客观物体形象的艺术作品，如人物照片、风景照片等等。这类作品只要在拍摄选定对象的构图、取景或方式上表现出独创性，即可以受到著作权的保护。电影作品和以类似摄制电影的方法创作的作品是指摄制在一定的介质上，由一系列有伴音或者无伴音的画面组成，并借助适当的装置放映或者以其他方式传播的作品，包括影视作品、录像作品、载有音像节目的半导体芯片、激光视盘等作品。通过对两类作品概念的对比，本书认为影像资料有可能属于摄影作品，也有可能属于电影作品和以类似摄制电影的方法创作的作品，关键是看影像资料是以静态的形式出现的，还是以动态的形式出现的，需要做具体的分析。但是影像资料是著作权法的客体，受著作权法的保护，这是没有异议的。

除上述影视资料外，国家资助项目成果也可以以论文、专著的形式出现，如果以这种形式出现，那么项目成果属于文字作品。文字作品，是指小说、诗词、散文、论文、专著、报告等以文字形式表现的作品。著作权中以文字作品最为普遍，数量最多，运用最广泛，因此，世界各国一般情况下将其列入第一类作品进行保护。其范围极其广泛，具体包括：小说、诗词、散文、论文、专著、译著、报告、工具书、统计报表以及其他一些以数字、符号表示的作品等等。值得说明的是，文字作品不同于文学作品，文字作品的范围要比文学作品广。没有上升到"文学"水准，但具有独特性的文字组合仍然是文字作品。① 如果项目成果作品上升到"文学"的水准，那么项目成果作品不仅是文字作品，而且还是文学作品。

计算机软件也是我国著作权法保护的对象，资助项目成果也有可能以计算机软件的形式出现。随着社会的发展，计算机的应用得到了广泛普及，成为人们工作、生活不可缺少的工具。在计算机软件保护的问题上，很多国家曾经尝试用专利法进行保护。但是计算机软件的新颖性、创造性和实用性的标准难以判断，再加上其数量之多、发展之快等特点，导致专利法保护计算机软件困难较大，所以大多数国家都放弃了此种措施，进而转向了用著作权法对计算机软件进行保护。1972 年，菲律宾在世界上第一次适用著作权法对软件进行专门保护。美国于 1976年、1980 年两次修订著作权法，确认了对软件的著作权保护。计算机软件是指计算机的程序及有关文档。计算机程序是指为了得到某种结果而可以由计算机等具有信息处理能力的装置执行的代码化指令序列，或者可以被自动转换成代码化指令序列符号化指令序列或者符号化语句序列。计算机程序包括源程序和目标程序。同一程序的源文本和目标文本应当视为同一作品。源程序是指用高级语言或汇编语言编写的程序，目

---

① 王迁：《著作权法学》，北京大学出版社 2007 年版，第 47 页。

标程序是指源程序经编译或解释加工以后，可以由计算机直接执行的程序。所谓文档，是指用来描述程序的内容、组成、设计、功能规格、开发情况、测试结果及使用方法的文字资料和图表等，如程序设计说明书、流程图、用户手册等。①

　　在特殊情况下，国家资助的项目成果形式还可能表现为美术作品、图形作品和模型作品，虽然这三种作品在国家资助项目成果中比较少见，但毕竟是存在的，是不容忽视的。另外还有一个问题需要解决，就是国家资助项目的成果，有没有可能以口头作品的形式出现呢？口头作品又叫口述作品，是指即兴的演说、授课、法庭辩论、即赋诗词等以口头方式创作的作品。文字作品与口述作品的区别在于，前者通过文字来表达自己的思想感情，而后者则以口头的方式来叙述。本书以为，国家资助项目成果不符合口述作品的特点，因而其不可能以口述作品的形式出现。有人指出，当国家资助项目结项时，项目负责人向依托单位或者基金委所做的汇报内容就是口述作品。但口述作品与以口头形式表演作品并不相同，以口述的方式创作作品，在创作之前，作品并不存在，是在演说等活动中才被即兴创作出来的；以口头的方式表演作品，是指表演者按照事先准备好的讲稿来宣讲，宣讲者并没有创作出新的作品，只是为自己的作品进行表演，其享有的是邻接权中的表演者权，而不享有狭义上的著作权，但其事前准备好的，具有独创性的演说讲稿属于文字作品，受著作权法的保护。由此可以看出，国家资助项目的成果，既有受著作权保护的客体，又有受邻接权保护的客体。

（二）我国职务作品保护的现状

　　根据我国《著作权法》第十六条规定："公民为完成法人或者其他组织工作任务所创作的作品是职务作品。"从作品本身的形式来看，职务作品并不是一类新的作品类型，它可以是作品分类中的任何一种形式，是根据作者与工作单位的关系来进行划分的。但是，职务作品是一种特殊的作品，其特殊性体现在职务创作是基于某种特定的义务产生的。我国《著作权法》第十六条第一款规定，公民为完成法人或其他

---

① 吴汉东主编：《知识产权法》，北京大学出版社 2010 年版，第 42—43 页。

组织工作任务所创作的作品是职务作品。该条第二款规定在两种情形下的职务作品，作者享有署名权，著作权的其他权利由法人或者其他组织享有，法人或者其他组织可以给予作者奖励。《著作权法实施条例》第十一条规定，著作权法第十六条第一款关于职务作品的规定中的"工作任务"，是指公民在该法人或者该组织中应当履行的职责。《著作权法》第十六条第二款关于职务作品的规定中的"物质技术条件"，是指该法人或者该组织为公民完成创作专门提供的资金、设备或者资料。

由此可以看出，职务作品有两种类型，即所谓一般职务作品和特殊职务作品。对于前者而言，著作权归属于作者，而单位仅仅在一定范围内享有优先使用权；对于后者而言，著作权则属于单位，而作者只享有署名权。比较清晰的是，在完成国家资助项目研究时所创作的作品属于职务作品，但需要研究的是究竟属于职务作品中的哪一种具体类型？在国家资助项目研究中，项目负责人及其他研究人员所利用的经费是国家划拨到依托单位账户中的资金，而且研究成果由依托单位直接向国家资助机构承担责任，国家资助机构也直接以依托单位为管理对象，由此可以认定，国家资助项目研究当中创作的作品属于特殊职务作品。

职务作品的著作权保护是一个相当复杂的问题，从我国的现状来看，目前还存在以下问题。

1. 由于著作权法对于职务作品的规范比专利权法要宽松，因此，对于职务作品的界定还有些模糊。

我国现行《著作权法》和《著作权法实施条例》对职务作品的规定，过于笼统、抽象，在现实生活中很难把握。而且有的时候容易与其他概念发生混淆。为了清楚、详细地把握"职务作品"的概念，首先，必须清楚职务作品构成要件。我国职务作品应该具备以下构成要件：第一，实际创作人与法人或其他组织存在劳动关系或者雇佣关系，即该作者是该单位领取工资、薪金的工作人员，但为临时创作某作品而缔结的非劳动、雇佣关系的人员不属于该单位的工作人员，这就排除了劳务用工的工作人员成为实际创作人的可能。第二，该创作行为属于作者的职务职责范围，即作品的创作是法人或其他组织依照其单位性质提出的工作任务。而所谓工作任务，是指公民在该法人或者该组织中应当履行的职责，这种规定缺乏明确性。各国立法中比较通行的一种方式是将职务作品范围界定为根据劳动合同的规定创作的作品或为履行劳动合同规定的义务创作的作品。这种规定指明了职务作品的创作与劳动合同的密切关系，有利于明确职务作品的范围，我国应当借鉴国外立法来界定"职务作品"的范围。但是还要明确：即使是实际创作人为工作单位创作的作品也不一定就是职务作品，在判断是否是职务作品时，还要透过现象看本质，从本质上进行判断，这个问题涉及职务作品与相关概念区分的问题，将在下文详细论述。第三，如果该职务作品属于特殊的职务作品，还需要"主要是利用法人或者其他组织的物质技术条件创作，并由法人或者其他组织承担责任"这一构成要件。

其次，为了更好地把握"职务作品"这一概念，还有必要将"职务作品"和与其相关的概念加以区分，与"职务作品"相对应的概念是"非职务作品"，其主要包括委托作品、个人作品、法人作品等等。下面将这些概念与"职务作品"进行区分。

第一，职务作品与委托作品的区分。委托作品，是指著作人按照委托人的要求，以对方支付约定的报酬为代价而创作的作品。《著作权法》第十七条："受委托创作的作品，著作权的归属由委托人和受托人通过合同约定。合同未作明确约定或者没有订立合同的，著作权属于受托人"。该条规定了委托创作作品的著作权在有约定时从约定，无约定时属于受托人所有。两者最主要的区别在于创作是基于作者的职责范围，还是基于委托合同的约定，如果是基于作者的职责范围则为职务作品，反之则为委托作品。

关于委托作品还需要探讨一个问题：即委托作品的实质及其著作权的归属，委托创作作品虽其名为委托，但当事人之间的法律关系却并非是委托法律关系。在出版界，习惯上把应人之约创作的作品称作委托作品，我国《著作权法》第十七条也称之为委托作品。这种创作的特点是，受约人无论是利用自己的物质条件或设备，还是利用委托人提供的条件和设备，受约人依约定向委托人提供的不是劳务，也不是处理或管理有关创作活动的事务，而是特定的文学艺术品。比如，根据合同完成工程设计图、产品设计图、翻译作品或绘制人物肖像以及广告设计、拍摄纪念照片、开发计算机程序等。这种特征反映了承揽合同的性质，以这种方式创作完成的作品实际上是定作作品，双方是一种加工承揽合同关系。我国台湾地区的"著作权法"则称这种作品为出资聘人所成之著作。①

关于委托作品的著作权归属，依《合同法》第二百六十一条的规定，承揽人有义务交付工作成果，著作权归定作人享有。依《著作权法》第十七条规定，委托创作作品的著作权在有约定时依从约定，无约定时属于受托人所有。关于委托作品的著作权归属到底适用《合同法》还是《著作权法》便产生了冲突，本书认为应当适用《著作权法》的规定，其基本理由是，著作权法作为专门调整著作权归属与保护的特别法，应当优先于作为一般法的合同法适用。

对定作作品的权益归属问题，我国台湾地区"著作权法"规定前后的变化，可以借鉴。1964 年修正公布的台湾地区"著作权法"第十六条规定："出资聘人所成之著作物，其著作权归出资人享有之。但当事人之间有特约者，从其特约"。1992 年修正公布的"著作权法"第十二条规定："受聘人在出资人之企划下完成之著作，除前条情形外，以该受聘人为著作人。但契约约定以出资人或其代表人为著作权人者，从其约定。"这一规定，改变了传统的态度，在无特别约定的情况下，受聘人为著作权人。1998 年修正公布的"著作权法"进一步完善了这一做法，该法第十二条规定："以前项规定，以受聘人为著作人者，其著作财产权以契约约定归受聘人或出资人享有，未约定著作财产权之归属者，其著作财产权归受聘人享有。""依前款规定著作财产权归受聘人享有者，出资人得利用该著作"。这种规定既维护了创作者享有著作权的原则，又尊重了出资定作者可以利用其定作作品的正当要求。②

第二，职务作品与个人作品的区分。前文已述，即使是实际创作人为工作单位创作的作品也不一定就是职务作品，也就是说在判断是否是职务作品时，还需从本质上进行判断。职务作品与个人作品区分的标准要依据职务作品的三个构成要件来判断，如果单位让本单位以外的人进行创作或者让本单位的工作人员进行职务范围以外的创作，或者单位让本单位的工作人员进行职务范围以内的创作，但创作人没有利用法人或

---

① 刘春田主编：《知识产权法》，北京大学出版社 2007 年版，第 93 页。
② 同上书，第 93—94 页。

者其他组织的物质技术条件，并且法人对此也不承担责任，这种作品就不能叫作职务作品，一般情况下应当属于个人作品，当然还有可能属于合作作品、委托作品等。

第三，职务作品与法人作品的区分。法人作品，是指由法人或者其他组织主持，体现单位或其他组织的意志，并由法人或者其他组织承担责任的作品。我国《著作权法》第十一条规定："由法人或者其他组织主持，代表法人或者其他组织意志创作，并由法人或者其他组织承担责任的作品，法人或者其他组织视为作者"。由此看出，构成法人作品的要件有三：一是必须由法人或者其他组织主持；二是作品必须体现法人或其他组织的意志；三是责任必须由法人或者其他组织承担。两者最主要的区别在于署名权的归属不同，法人作品必须由法人署名，不能由别人署名。而职务作品的署名权则归作者享有。

这里有一个问题在我国向来存在较大争议：法人作为著作权人的问题。有学者认为，"集体创作"现象的存在是承认法人作者的主要理由之一；[①] 有学者认为"法人作品"的存在，是因为有些作品以作为工作人员的实际作者名义发表没有任何意义，而只能以法人（或其代表人）的名义发表，并认为应当严格把"以法人名义发表"限制为必须以法人名义发表，而且双方当事人已事先约定如此发表的情况；[②] 也有学者认为，法人作品的规定是没有必要的，因为它会引起权利归属问题上的混乱。[③] 关于这个问题有待学界的进一步探讨。有学者的观点深具启发性，他指出，市民法系国家的著作权制度，承认作品的人格与财产两位一体性。作者的人格性源于创作者本质力量的对象化。所谓本质力量，亦即心理力量，包括价值追求以及表现思想和情感的创作能力。价值追求和创作能力是自然人固有的心理能力，法人无从谈起。既然无价值追求和创作能力，也就不能称之为创作作品。民法之所以肯定社团法人为民事主体，完全出于经济考虑，即让企业能够取得民事资格，而企业的

---

① 邱国侠，张红生：《试析法人作品与职务作品的区分标准》，《河北法学》2004 年第 2 期。

② 刘春田，刘波林：《论职务作品的界定及其权利归属》，《中国人民大学学报》1990 年第 6 期。

③ 赵罡，龚维梁：《职务作品的权利归属》，《甘肃政法成人教育学院学报》2003 年第 9 期。

本质，无论采信"市场替代物说"，抑或采信"诸多契约联结点"说，企业都是为自然人服务的装置和工具，不涉及心理能力的问题，也与文学艺术作品的创作无关。准此以解，将法人生硬地与经济领域之外的创作能力以及人格问题相联系的做法，远离了法人制度创制的初衷。在市民法系著作权制度中，原则上否认法人能够作为作品的创作者。然而，对于电影和汇集作品（例如百科全书、辞典以及将报纸或者每期杂志作为一件作品看待），为了便利地行使著作权，降低交易成本，将电影的制作企业和报刊的编辑企业作为"契约的连接点"，使企业依法受让取得作品的著作权，以便能够成为许可他人使用电影和汇集作品的处分权人。①

2. 作者与其单位之间的关系，尚未能真正理顺。

工作单位和作者之间的利益关系不平衡，有时存在冲突，所以有必要平衡工作单位与作者之间的利益，加强著作权保护和传播。在现实生活中，有一些用人单位将不是职务作品的作品强行认定为职务作品，还有一些用人单位利用自己的强势地位，强行约定把职务期间形成的个人作品认定为单位作品，这样不仅打击了作者的创作热情，而且还阻碍了文学艺术的发展，同时也会引起用人单位与其工作人员之间的矛盾，为了更好地协调两者之间的关系，有必要平衡两者之间的利益。

（1）根据我国著作权法关于职务作品归属的规定，可以看出一般职务作品的著作权归属于作者，但法人或者其他组织有权在其业务范围内优先使用。作品完成两年内，未经单位同意，作者不得许可第三人以与单位使用的相同方式使用该作品。单位在业务范围内使用该职务作品是否向作者付酬，由双方签订合同解决。如果在作品完成后的两年内单位在其业务范围内不使用的，那么作者可以要求单位同意由第三人以与单位使用的相同方式使用，单位无正当理由不得拒绝。许可使用作品所获报酬，由作者与单位按约定的比例分配。作品完成两年后，单位可以在其业务范围内继续使用。由此一般的职务作品完成后，法人或其他组织享有两年的优先使用权。在这两年的优先权期限内未经法人或其他组织同意，作者不得许可第三人以与法人或其他组织的相同方式使用该作

---

① 张俊浩主编：《民法学原理》，中国政法大学出版2000年版，第573—575页。

品。需要研究和深入讨论的是，"两年优先使用权"的规定对于职务作品创作人是否合理？单位的"优先使用权"使得其在实务中几乎可以在两年内独占实施并且无偿使用该职务作品，而职务作品创作人的任何处分行为都必须经其同意，这种权利是不对等的。

《著作权法》规定，职务作品创作人若要求单位同意将此职务作品由第三人以与单位使用的相同方式使用，则必须证明"单位在其业务范围内不使用"，但这在实践中是非常困难的，此款的规定非常笼统，在现实生活中缺乏可操作性。因为同单位相比，职务作品创作人处于弱势地位，很难证明"单位在其业务范围内不使用"，所以其经常处于非常被动的地位。

（2）特殊职务作品的著作权归单位享有，而作者只有一项署名权，该项规定是否妥当？著作财产权暂且不论，仅从著作人身权看，该款并未具体规定署名权以外的发表权、修改权和保护作品完整权的归属。虽然有学者认为这些权利法律上没有明确的规定，是法律的真空，这些权利的归属是模棱两可的。从法条的字面意思理解，极易理解为发表权、修改权和保护作品完整权是归单位享有的。一旦出现纠纷，这些具有人身依附性的著作权容易被认为归属于单位，这样极容易造成作者的人身权损害。

与此同时，关于特殊作品的著作权归属的规定是否与著作权的"自动取得制度"冲突？著作权的自动取得，是指当作品创作完成时，作者因进行了创作而自动取得作品的著作权，无须履行其他手续，该制度又被称为"自动保护主义"、"无手续主义"。"自动保护主义"的最大特点在于作品一经创作完成即可及时获得著作权的保护。我国《著作权法》第二条第一款规定："中国公民、法人或者其他组织的作品，不论是否发表，依照本法享有著作权"。由此可以看出工作单位和作者之间存在利益关系的冲突，而且法律体系内部也存在着矛盾。

（3）本书认为应当着重加强保护作者的著作权。因为世界上任何一部著作权法，其立法目的都是一致的——鼓励创造，促进社会的发展。另外，从职务作品的实际应用来看，著作权由自然人享有更能发挥其最大作用。工作单位出于其使用的目的而布置任务，极有可能忽视或摒弃职务作品其他方面的使用价值。对此，我国《著作权法》规定，在一般的情况下，著作人格权归作者所有，著作财产权原则上也归作者所有，同时又规定了单位的优先使用权，使得单位对作品可以正常使用，平衡二者之间的利益关系。另外政府在一定范围内可以同时使用该作品，这就需要对著作权有一定的限制，这些限制包括"合理使用制度"、"法定许可制度"和"强制许可制度"等等。权利限制是实现法律的公平价值的重要机制，著作权限制体现了法律的这一价值。但在过分限制的情况下则会因为妨碍实现著作权人的利益而影响到作品的创作和传播，危及公共利益，同样违反了公平原则。①

3. 我国现行的法律体系中对于职务作品的保护力度不够，保护范围还不够全面，尤其是对于作为项目成果的特殊职务作品的保护明显不足。

在我国，职务作品的著作权保护是一个相当复杂的问题。一般而言，在著作权保护机制健全的国家，对职务作品的著作权实行较全面的保护，不仅需要著作权法，还需要从劳动法、合同法、反垄断法、反不正当竞争法等多个角度加以考虑，而且各国的规定也存在较大差异。②我国立法仅仅通过著作权法对职务作品进行保护，虽然著作权法中对职务作品进行保护规定了民事责任、刑事责任和行政责任，但是无论是保护力度，还是保护的全面性都有所欠缺。我国应借鉴国外的经验，在完善著作权法使其更具有操作性的同时，从劳动法、合同法、反垄断法、反不正当竞争法、侵权责任法、刑法等多个角度对职务作品进行更为全面的保护，对于作为项目成果的特殊职务作品的保护，还应当借助《科学技术进步法》、《促进科技成果转化法》予以保护。除了立法上的保护，还要从执法和司法的角度，对职务作品进行保护。

4. 从全社会的角度来看，从普通的民众到研究者自身对于知识产权的保护意识比较薄弱。

目前我国存在相当数量的职务创作人，他们与工作单位一般是劳动关系或者是雇佣关系，且他们在这种法律关系中常处于弱势地位，容易受到单位或雇主的侵害，因此法律更应侧重保护他们的利益。所以，一

---

① 冯晓青：《试论著作权限制之正当性》，《湘潭大学学报》2007 年第 3 期。
② 赵罡、龚维梁：《职务作品的权利归属》，《甘肃政法成人教育学院学报》2003 年第 9 期。

方面创作者自己要及时地学习知识产权方面的基本法律常识，维护自己的合法权益；另一方面国家和社会有义务对这些人进行知识产权法律方面的宣传、普及，使他们更好地掌握知识产权法的有关知识，明确自己与工作单位之间的权利义务关系和知识产权的具体归属，更好地保护创作人的权利。防止工作单位通过施加不正当影响，将应由单位承担责任的作品，转嫁到创作人负责，但著作权最后仍由单位享有；或者利用协议将与工作单位业务活动无关的、不属于职务作品的著作权也划归单位享有。这两种情况对创作者是极其不公平的。还有一些创作者，为了保住自己所谓的"饭碗"，被迫与工作单位进行"自由的约定"，以达到单位的不正当目的。

（三）国家资助项目著作权问题的特殊性

国家资助项目和其他科研项目相比，具有自己的特点，决定了其著作权也有自己的特色。

1. 最主要的特色是有国家公权力的介入。每一个国家资助的科研项目从申报到结项直到项目成果的转化，都在国家资助机构或其委托的管理人的监督之下。国家通过公权力的介入和强大的国家资金的支持，旨在推动我国整体科研水平的提高。在国家的推动和努力下，通过将科研成果转化成现实利益以推动国家、社会的进步以及人民生活水平的提高。因此不难看出，国家资助项目最显著的特点就是国家成为科研项目成果管理体系的重要角色之一。政府对国家资助项目成果的权利是政府科技行政管理权的一部分，这种权利的行使既要符合国家利益和公共利益，又要符合科技资源优化配置的基本要求，还要有利于保护依托单位和科技成果完成人的合法权益。

政府在这个法律关系中，扮演着平衡各方利益的角色，一方面，不能因政府代表公共利益对项目进行了投入，就将其成果知识产权视为公有，而忽视依托单位和成果完成人的合法权益；另一方面，也不能过度保护依托单位和成果完成人利益而损害公共利益和国家利益。政府作为计划项目的投入者，代表公众承担了知识生产的资金成本。这种投入的目的并非是盈利，当作品投入社会后，可以为社会带来经济利益，并且促进国家的发展和社会的进步。与此同时，著作权人可以获得相应报酬，其作品也广为传播，这正体现了个人利益与公共利益，单位利益与国家利益的平衡。

除此之外，政府还扮演着传播者的角色，鼓励作品的创作和传播是著作权法的目的，作品创作出来，如果没有传播者的传播，则该作品就不能充分实现其社会价值，既然国家资助的项目成果是为了国家利益和公共利益，那么在该项目完成之后，在一定时间内、一定的条件下，政府要积极、广泛地传播该作品，使更多的公众享有这一成果作品带来的精神利益和经济利益。当然这种传播是在不损害著作权人权利的条件下进行的。还有一点需要说明的是，政府毕竟是公权力的行使机关，对项目成果的监督管理不宜采取过死、过硬的手段，在政府分享国家资助项目成果的著作权时应当采取适度放权原则，这既有利于对项目成果著作权的管理，也有利于调动依托单位科技创新的积极性。在一些特殊的情况下，政府还扮演着对著作权人的著作权进行限制的角色，关于这部分内容将在下文详细论述。

2. 依托单位在完成项目过程中处于主导地位。依托单位在此法律关系中处于一个中间环节，起着承上启下的作用。这种承上启下的作用具体表现为：项目负责人对国家资助项目的申请是通过依托单位进行的，基金委对申请批准后，下达项目指标也是通过依托单位完成的，然后由依托单位下达给项目负责人，而且依托单位对于科学基金的管理、应用和监督也起着重要的作用。由此决定了国家资助项目成果作品属于特殊职务作品，依照我国著作权法的规定，其著作权应当归属于依托单位。作品的著作权归依托单位享有，但作品也体现出一定的公共性。基金条例第一条明文规定，国家自然科学基金的宗旨在于促进基础研究，培养科学技术人才，增强自主创新能力，这一点明确地体现了其公共性特征。这就决定了国家自然科学基金的投入属于非营利性投入，不是为了实现所投资金的增值，而是以追求整个社会的进步及社会利益的最大化为最终目标，因而它要求研究成果产生后，以服务于本国为第一要务，能够在全社会范围内最大限度地推广使用。

有一些依托单位或者研究人员在结项前，在国外的期刊、杂志上发表或者在国外的出版社复制、发行作品，并在外国取得著作权，使其无法适用于我国而为我国服务。还有一些依托单位或研究人员为了谋取私利，投机取巧，在项目结项时不予发表作品，而在项目结项以后的一段时间内悄悄地进行发表、发行，与国家将要实施的或者正在实施的一些规划相冲突，损害国家利益和公共利益。上述两种做法都是与国家资助项目的初衷相违背的，在这个时候政府就扮演着对著作权人的著作权进行限制的角色。政府作为其投入项目的行政管理者，当出现上述情形时，应当予以妥当限制。

3. 基于前两者的地位和作用，实际参与研究的科研人员的相关利益就受到大幅度的压缩。由于项目负责人的利益受到大幅度的压缩，所以，加强对项目负责人权利的保护是非常必要的。一般情况下项目负责人是一个或几个自然人，其与依托单位之间是劳动合同关系，处于弱势地位，经常受到依托单位的压制，有时候迫于生存的压力，不得不顺从用人单位不合理的决定。其在强大的用人单位面前更是显得十分的渺小。上文中我们提到国家资助项目成果作品属于职务作品，我国著作权法规定，职务作品的著作权属于用人单位，而创作人只享有署名权。这种规定对于创作人员的激励不够，项目负责人付出了辛勤的体力劳动和脑力劳动，却获得一项署名权，而且在一些特殊的情况下，如用人单位利用其实力、地位强迫创作人将职务作品认定为法人作品时，创作人甚至连署名权都没有。本书以为，应当积极地保护创作者的著作权，将著作人身权赋予创作人，而著作财产权由双方当事人通过合同加以约定。当然，有时也要对创作人的一些权利进行限制，只有这样才能更好地平衡各方当事人的利益。

二　国家资助项目成果著作权的归属

著作权的归属在著作权制度中意义重大，作为国家资助项目成果的著作权归属问题，意义更是非同一般，但在现有的相关规定中，这一块基本上还属于空白。

（一）职务作品的著作权归属模式

目前世界上占主流地位的职务作品著作权归属，主要有以下三种模式。

1. 大陆法系的作者归属模式

大陆法系职务作品著作权归属模式的主要特征是，以作者利益的保护为首要出发点，以"人格价值观"为基础，认为智力成果由创作而来，来源于作品被作者所创作的事实，其所具有的人格特性大于其财产特性。因此权利只能归属于作者本人，即使有合同约定也不能改变作者对职务作品享有著作权。康德认为，作品是作者灵性感受的创作物，是思想与愿望的表现形式，是作者人格的延伸。这种观点以法国、德国及俄罗斯为代表。1959 年法国《著作权法》第一条第一款规定：创造智力作品的作者对其作品享有专有的，对一切人都有抗辩力的无形财产权。第三款规定：雇佣合同，服务合同的存在或者智力作品的作者签订上述协议的行为丝毫不影响作者享有第一款确立的权利。德国《著作权法》第四十三条也有类似规定。由此可见，大陆法系国家坚持的是一元论，立法者更加重视对付出脑力活动的实际创作人的保护，一般将职务作品的著作权赋予作者。德国法学家 M. 雷炳德教授认为：作为著作权的客体，作品通过自己所体现的独创性而获得著作权的保护资格，正因为如此，著作权的主体必须是那些给予作品独创性的人，而作者就是那些在内容与形式方面赋予作品以独创性的人。对创作人的人格以及他们为文化生活所带来的价值的尊重要求人们只能把法律保护赋予作者而不是其他人。[①] 在此基础上，部分东欧国家也作出了一定的变通，即职务作品原则上归作者所有，作者所供职的单位在一定条件下可行使作者的某些权利，或者说是代行某些权利。可见，东欧国家仍然坚持作者的主导地位，其所在单位处于次要和辅助地位。

采取这种立法体制的理由如下：第一，在大陆法系国家，一般认为单位没有主观意识，不能进行创作，因此也不能成为著作权人，著作权只能由自然人享有；第二，防止著作权权属纠纷的发生，保护作者的正当权益，鼓励他们创作文学、艺术和科学作品的积极性，同时还在于促进作品的传播与使用，丰富人们的精神文化生活，提高人们的科学文化素质，推动经济的发展和人类社会的进步。然而这种立法体制虽然有效地保护了作者的权利，但也存在明显的弊端，就是忽视单位的权利，单

---

① M. 雷炳德：《著作权法》，张恩民译，法律出版社 2004 年版，第 181 页。

位对于职务作品的产生付出了一定的投资，却没有回报；还有就是片面地强调作者的权利，使权利绝对化，则会限制和妨碍作品的传播与使用。禁止通过合同约定分享著作权，有悖于私法法中的"意思自治原则"。

2. 英美法系的单位归属模式

英美法系国家的版权概念来源于"复制权"，其立法深受经济垄断概念和财产权神圣观念的影响，因而在立法上未能顾及作者的人身权。以"财产价值观"为基础，认为著作权的价值在于作品是可以进行交易和流转的财产，而著作权法的作用在于保护作品不受非法的临摹，是一种消极权利，并不包含人格成分。因此，英美法系奉行版权体系理论，认为职务作品的著作权若无相反的规定则应属于作者所在单位。在英美法系国家，如果雇佣双方没有对著作权的归属进行约定，一般情况下由雇主取得版权包含的一切权利。当然存在例外的情形，一是当事人双方存在相反的约定，二是即使没有相反约定，雇主也并非在任何情况下都能取得全部著作权。例如在英国，报刊社的著作人主要为报刊登载而撰写职务作品，雇主仅在报刊登载方面取得著作权，其他方面的权利任由著作人享有，这些权利雇主只有另外通过著作人的书面转让合同才能取得。类似规定还可见于其他国家的立法中，如美国《版权法》第二百零一条第 b 项规定：就职务作品而言，雇主或者指示创作作品的其他人被认为是本法上的作者，享有著作权法之各项权利，但双方在其签署的书面文件中另有约定的除外；英国《著作权法》第十一条第一款第二项规定："除非雇佣合同有相反规定，由雇员在受雇期间创作之文学、戏剧、音乐或艺术作品，其雇主为首位著作权所有人"。可见，在版权体系国家，著作权是被视为阻止他人模仿文学艺术作品的消极权利，著作权的宗旨不是酬劳著作权人，而是保证公众从著作人的成果中获取广泛的利益。① 显然，在保护作者和雇主的问题上，英美法系国家认为受雇人正是在雇主提供的各种技术条件下才创造了作品，基于二者之间在法律上的劳动、雇佣合同关系，职务作品的著作权应该归雇主所有，但另有约定的除外。

---

① 郭禾：《知识产权法教科书》，中国人民大学出版社 2003 年版，第 107 页。

　　采取这种立法模式的理由如下：第一，由单位享有著作权，有利于提高企业对文化产业的投资积极性，推动经济的发展和人类社会的进步；第二，将著作权赋予单位也是现代经济的要求，它可以降低交易的成本，促进作品的流通和使用。该理论"合理性的依据之一是它降低了交易成本，雇用作品是为公司创作的作品，因此不需要进行转让，雇用作品理论本质上预先将作品转化给雇主，这对于减少谈判和执行转让协议的成本起着重要作用。"[①] 而这种立法体制也有明显的弊端，就是忽视创作者的权利，严重地打击了创作者的创作积极性，同时还阻碍了作品的传播与使用。

　　3. 折中模式

　　从权利侧重点来看，两大法系对职务作品著作财产权归属的侧重点是不同的，大陆法系更侧重保护著作人的利益，而英美法系则更侧重保护雇主的利益。严格地奉行著作权由创作人享有或者完全由单位享有，都是不可取的，前者缺乏对单位的保护，而后者则不能保护作者的权利。在两个极端之间寻找一个折中点，是不偏不倚的最好做法。折中模式是指职务作品的著作权在没有约定的情况下分不同情况来确定归属，将其区分为一般职务作品和特殊职务作品，针对不同的类型有不同的归属模式。我国目前的相关规范就是个典型，即我国《著作权法》第十六条的规定。

　　为了既调动作者的积极性，又维护作者所在单位的利益，我国著作权法对职务作品的归属作了明确规定。第一，一般职务作品的著作权归作者享有，但法人或者其他组织有权在其业务范围内优先使用。作品完成两年内，未经单位同意，作者不得许可第三人以与单位使用的相同方式使用该作品。单位在业务范围内使用该职务作品是否向作者付酬，由双方签订合同解决。如果在作品完成后的两年内单位在其业务范围内不使用的，那么作者可以要求单位同意由第三人以与单位使用的相同方式使用，单位无正当理由不得拒绝。其许可使用作品所获报酬，由作者与单位按约定的比例分配。作品完成两年后，单位可以在其业务范围内继

---

　　① 罗伯特·P. 墨杰：《新技术时代的知识产权法》，齐筠等译，中国政法大学出版社2003年版，第328页。

续使用。作品完成的两年期限，自作者向单位交付作品之日起计算。第二，由法律规定的某些特殊的职务作品，作者只享有署名权，著作权的其他权利由法人或者其他组织享有，法人或者其他组织可以给予作者奖励，这些特殊的职务作品主要有：（1）主要是利用法人或者其他组织的物质技术条件创作，并由法人或者其他组织承担责任的工程设计图、产品设计图、地图、计算机软件等职务作品；（2）法律、行政法规规定或者合同约定著作权由法人或者其他组织享有的职务作品。[1] 知识产权及相关的法律始于工业革命，是时代的产物，因此，它也将随着时代的不断发展而产生各种各样的变化。因此，一般和特殊职务作品的界定标准也可能随之发生改变。

本书认为，折中模式是比较灵活且较为合理的归属模式，当然前已述及，我国的这一模式仍存在改进的空间。

（二）项目作品著作权涉及的具体权利及其归属

1. 项目作品著作权的权利类型

作品与其他受保护的智慧产品一样，是人格和财产两位一体的，因而著作权便呈现为人格权与财产权两位一体的权利。《保护文学艺术作品伯尔尼公约》第六条之二和我国《著作权法》第十条均承认作者享有精神权利或人身权。[2] 从我国的著作权法来看，著作权包括发表权、署名权、修改权、保护作品完整权、复制权、发行权、信息网络传播权、翻译权等十七项具体权利。在国家资助项目成果中，著作权保护的对象以文章和专著为主，因此在本体系内部著作权不可能包括所有的十七项具体权利，比如一般不涉及出租权、表演权、放映权、广播权等。上述权利从性质上区分为人身权和财产权。著作人身权，在大陆法系国家通常称为作者人格权，在英美法系国家则称为精神权利，我国著作权法称之为作者享有的人格权。虽然称谓不一样，其含义基本一致，均指作者基于作品创作所享有的各种与人身相联系而无直接财产内容的权利，体现的是作者的精神气质和追求，与作者的人身有非常紧密的联

---

① 吴汉东主编：《知识产权法》，中国政法大学出版社 2007 年版，第 56—57 页。

② 张俊浩主编：《民法学原理（下册）》，中国政法大学出版社 2000 年版，第 561 页。

系。著作财产权是指基于对著作权的行使所能得到的财产利益，也指实现其利益的各种手段和方式，著作权人可以自己使用，也可以授权他人以一定方式使用作品，从而获取相应的物质利益。

2. 具体权利的归属

权利的性质不同，其归属也会不同。具有人身依附性的权利，通常归属于直接参与科研的自然人；财产性权利，则由依托单位和自然人分配与共享。

（1）具有人身依附性的权利：归属于直接参与科研的自然人

前已述及，英美法系国家的版权概念来源于"复制权"，其立法深受经济垄断概念和财产权神圣观念的影响，因而在立法上未能顾及作者的人身权。近年来，随着国际经济新秩序的建立和国际版权合作的加强，著作人身权逐渐在上述国家得到了确认。①

《伯尔尼公约》将著作人身权定义为：不受作者经济权利的影响，甚至在经济权利转让的情况下，作者仍保有要求其作者身份的权利，并有权反对对其作品的任何有损其声誉的歪曲、割裂或其他损害行为。《伯尔尼公约》第六条中规定其成员国必须保护的精神权利为"署名权"和"维护作品完整权"。我国现行的著作权法是以《伯尔尼公约》为基础的，也秉承了公约对著作权中人身权的认可，主要规定了发表权、署名权、修改权和保护作品完整权四项人身权利。一般来说，上述四种权利归属于自然人作者，但特殊职务作品存在例外。我国著作人身权有以下几个特点：第一，强烈的人身依附性，一般不可以放弃、转让和继承，也不可以被剥夺；第二，不具有直接的财产性内容，但与作者的财产利益有密切的联系；第三，在特殊职务作品中单位可以成为著作权人，因而单位也可以享有著作人身权。

可见，职务作品的署名权均由作者行使，无论是一般的职务作品还是特殊的职务作品，这是没有任何异议的，也不存在什么例外；职务作品的发表权、修改权和保持作品完整权一般情况下也必须由作者本人行使，因为作品的发表、修改和保持作品完整往往牵涉到作者的人格利益

---

① 例如英国在 1956 年颁布的《著作权法》，美国在 1990 年颁布的《可观赏艺术家法》中均肯定了作者的身份权和保护作品不受歪曲权。参见吴汉东主编《知识产权法》，北京大学出版 2010 年版，第 48 页。

与经济收益，关系十分重大。但是如果作者滥用这些权利，势必会对单位的权益造成很大影响，为了平衡双方当事人的利益，一些国家通过立法对著作权人的发表权、修改权和保持作品完整权进行某些程度的限制。这些限制主要依据"国家利益"、"公共利益"、"权利的放弃和滥用"等理论为基础。

前文已述，在完成国家资助项目研究时所创作的作品属于特殊职务作品，则根据《著作权法》第十六条第二款的规定，参与研究的自然人作者仅仅享有"署名权"，而另外三项人身权利则由依托单位享有。由此就会引出问题，其他三项人身权依托单位如何行使？这种规定是否合理？依本书的见解，应当将我国《著作权法》第十六条规定中的"署名权"作扩张解释，认为其包含了其他的人身权在内。当然是否合理，尚需讨论。这样解释的目的在于，尽量让作者享有完整的人身权利，而且也只有作者享有这些权利才是有意义的，这些权利也才可以行使。

（2）财产性权利：用合同的方式约定由依托单位和自然人分配与共享

对作品的传播和利用方式的控制，可以分别给作者和传播人带来经济上的利益。著作财产权主要包括复制权、发行权、展览权、广播权等权利。著作财产权的性质明显不同于著作人身权，它可以转让、继承和放弃。这一类权利也明显区别于一般的财产权，它受地域、时间等因素的限制。著作财产权在著作权制度中占有举足轻重的地位，无论是英美法系国家还是大陆法系国家均在著作权法中做了详细的规定。一般而言，著作财产权归属于著作权人。

在进行国家资助项目研究中完成的作品，属于特殊的职务作品，其著作财产权应当归属于依托单位。"法人或者其他组织可以给予作者奖励"[1]，但如何奖励，则缺乏明确的规定。为了进一步明确依托单位与作者之间的权利义务关系，调动两方面的积极性，本书建议采用民法中意思自治的原理，通过合同来具体约定。这种约定既可以针对著作财产权归属本身，也可以针对具体收益的分配比例或分配方法。知识产权作

---

[1] 我国《著作权法》第十六条的规定。

为一项基本的民事权利，也应当以民法的基本原则为基础，受民法的调整。我国现在是一个市场经济国家，著作权制度的发展也要遵守市场经济发展规律，应当给予当事人更多的可以选择的余地。国家应鼓励创作者和单位双方通过合同约定方式去解决职务作品财产权的归属问题，这样更有利于避免纠纷，促进双方的积极合作。

因此，建议我国借鉴国外发达国家的经验，用合同来确定国家资助项目成果著作财产权的归属。其约定方式可有如下几种：（1）著作财产权归创作人享有，依托单位可以享有优先使用权和收益分享权，需约定具体比例；（2）著作财产权归依托单位享有，作者可以有获得奖励权和收益分享权等，需要具体明确奖励或收益分享的比例，使得权利得以落实；（3）著作财产权由职务作品创作人和法人或其他组织共同享有，与著作财产权行使有关的问题双方可以在合同中自行约定。①

三 项目作品著作权的限制

国家资助项目以国家投入资金的方式支持科学研究和创作，因此其成果受到较多的限制，国家鼓励社会公众进行科学研究，同时尽力促进研究成果的转化。如果著作权人不愿意行使其著作权，即不愿意将这一成果进行转化，根据基本原理，国家可以对此进行干预，需要研究的问题是，如何进行干预？本书认为，为了公共利益的需要，我国可以借鉴《伯尔尼公约》和《世界版权公约》的相关规定，对国家资助项目成果著作权进行限制：当依托单位不使用，不合理使用或非法垄断著作权时，政府有权限制或取消其著作权，或出于国家利益、重大公共利益考虑，对依托单位著作权强制许可或强制征收，甚至进行强制修改、强制复制发行。

需要指出的是，这种对著作权的限制措施，必须以服务于公共利益为必要界限，因此依据强制许可证获得的对作品的使用权是非独占性的，获得强制许可证的组织或个人不得转让该作品的使用权，同时该强制许可证仅在国内有效。所以，必须强调国家进行干预的两个前提：一

---

① 参见张晓玲、张莎莎《职务作品著作权归属探究》，《知识产权研究》2005年第3期。

是出于对国家利益和公共利益的维护；二是依托单位或作者怠于行使权利或者履行义务。

这种限制总体上与对专利权的限制非常类似，兹不赘述。

四　合作资助项目著作权的特殊问题

国家资助项目有两种情况，一是国家全额资助，二是国家和企业共同资助。从前文中不难看出，企业介入后，在成果知识产权方面会享有一些权利。比如项目成果在产出后，成果的专利申请权利以及专利权可能会发生移转，需要研究的是著作权是否也会受到影响？合作资助成果著作权的归属方式大致包括以下几种：（1）联合资助方与基金委、项目承担方三方共享；（2）联合资助方与项目承担方双方共享；（3）由项目承担方享有，联合资助方有无偿使用权；（4）由项目承担方享有，联合资助方有优先和优惠使用的权利；（5）未具体约定，仅约定由基金委协助联合资助方与项目承担方签订知识产权协议；（6）完全归项目承担方，联合资助方不提及知识产权要求。① 关于这几种著作权的归属方式，本书以为第一种和最后一种是不可取的，原因在于权利分配不均匀，各个主体之间的利益不平衡，容易引起各主体之间的矛盾；第五种方式虽然具有可行性，但在现实生活中操作起来，难免有所偏颇，也有可能会产生不公平的结果。所以，具有可行性的著作权归属方式只有第二、第三、第四种了。

由国家资助的科研项目涉及三方当事人，即基金委、依托单位和项目负责人。由国家和企业共同资助科研项目，在这三方当事人之外增加了企业资助方。在这四者之间，企业资助方、依托单位和项目负责人三者之间的权利义务关系最为重要，因为国家资助机构的关系较为清晰——其与企业资助者之间是合同关系，与其他主体之间的关系本书已经作了详细论证。因此本书主要以这三方主体之间的法律关系，来讨论合作资助科研项目的著作权的归属问题（为了不使问题复杂化，在此对

---

①　参见詹映、朱雪忠《浅析国家自然科学基金联合资助研究成果的知识产权归属》，《中国科学基金》2005 年第 4 期。

基金委和企业资助方的出资比例暂不讨论）。企业资助方、依托单位和项目负责人三方主体之间的法律关系，本书认为属于"两个合同，三方当事人"，即企业资助方与依托单位之间是委托合同（实质是加工承揽合同，前文已讨论），这是一个民事合同，所产生的作品是委托作品（也称之为定作作品）。依托单位和项目负责人之间一般是劳动合同关系，这是一个经济合同，所产生的作品是职务作品。这样就可以综合运用我国《著作权法》中关于委托作品和职务作品的规定来确定合作资助科研项目的著作权的归属了。我国《著作权法》第十六条规定了职务作品的基本著作权归属；第十七条规定，"受委托创作的作品，著作权的归属由委托人和受托人通过合同约定。合同未作明确约定或者没有订立合同的，著作权属于受托人"。综合上述规定，本书认为上文关于合作资助科研成果著作权的归属方式中，第三种和第四种是可取的，即合作资助科研项目的著作权由项目承担方享有，联合资助方有优先使用的权利，使用费由双方通过合同约定，可以是有偿的也可以是无偿的。

　　与合作资助科研项目容易混淆的一种情况是，第三方仅仅参与合作研发，而并没有实际资金的资助。参与合作研发的第三方，是指通过与项目承担者签订合作协议的方式，参与国家资助科技项目研究的单位或者个人，其中比较重要的是企业参与高校、科研机构承担的政府科技项目，以及高校科研机构参与企业承担的国家资助科技项目。对于自然科学基金资助项目而言，只能存在企业参与合作研发。参与合作研发的第三方的法律地位及其权利义务如何确定呢？本书认为，应当适用我国著作权法中关于合作作品的相关规定。合作作品是指两个人以上共同创作的作品。要想成为合作作者，必须符合合作作品要求的主观条件和客观条件。主观条件是创作合意，即合作作者必须有共同创作的愿望，他们对创作行为及后果有共同认识，目标明确一致；客观条件是合创事实，即合作作者必须都参加了共同的创作劳动。两者缺一不可。我国《著作权法》第十三条第一款规定："两人以上合作创作的作品，著作权由合作作者共同享有。没有参加创作的人，不能成为合作作者。"第二款规定："合作作品可以分割使用的，作者对各自创作的部分可以单独享有著作权，但行使著作权时不得侵犯合作作品整体的著作权。"《著作权法实施条例》第九条："合作作品不可以分割使用的，其著作权由各合作作者共同享有，通过协商一致行使；不能协商一致，又无正当理由的，任何一方不得阻止他方行使除转让以外的其他权利，但是所得收益应当合理分配给所有合作作者。"把参与合作研发的第三方视为合作作者，赋予参与合作研发的第三方以著作权人的地位是比较合理的，有利于提高作者的创作积极性。此外，上文提到合作作者和合作作品，其中合作的一方是参与合作研发的第三方，这个是没有异议的，但是，合作的另一方是谁呢？这个问题需要进一步进行讨论。首先，可以排除基金委，这一点不言自明；其次，是依托单位和项目负责人的哪一方呢？还是他们两个是共同另一方呢？本书认为界定为依托单位是比较合理的，因为依托单位和项目负责人之间是劳动关系，所产生的作品是职务作品，如果参与合作研发的第三方与项目负责人是合作关系，那么所产生的作品是职务作品，这样对参与合作研发的第三方的著作权保护是不利的。所以参与合作研发的第三方表面上是与项目负责人合作，实际却是和依托单位合作，只有这样界定才能兼顾各方利益。

五　软科学与著作权

软科学是近些年提出的一门学科，是一门以高度综合性的理论、方法、技术直接或间接为决策科学化提供服务的新兴科学。软科学是综合运用自然科学、社会科学的各种理论和系统工程等方法，采用现代化的技术手段，研究由科学、经济、社会发展所带来的各种复杂的问题和现象，探讨其规律及事物间的联系、协调与发展问题，并为社会决策系统提供咨询服务的学科。软科学研究具有三个特点：第一，服务对象是关系国家经济、科技及社会问题的重大决策；第二，集成科学家和社会各界的意见，为决策提供科学依据；第三，软科学是一门跨学科、跨领域的决策科学。

软科学自古代就以其特有的形式存在，古时每个君主的身边常有一群谋略家，针对国家的治理建言献策，两国对战时，分析双方的军事实力，研究战略战术，律学家们提出的法律，也属于软科学范畴，简而言之，谋略家提出的治国之道以及为统治者提出的解决社会问题的理论就是软科学。在第二次世界大战之后，各国加快经济恢复，首要就是重视科技发展，加强科学研究，加速科技进步，这些科技是可以直接改变人类生活的实际应用技术，包括天文物理理论的研究、计算机的发明、食物品种的改良、通信技术的提高等。这些发明与技术受到各国的重视，每个国家都希望可以在科技方面占得先机，增强本国实力，于是就有了相关知识产权方面的法律保护。然而在高新科技不断发展的今天，人们不再将目光仅仅集中在这类基础理论成果以及应用技术成果上，转而更多地开始关注多种理论系统的交叉与协调。这种对人类生活起到间接但重要影响的科学就是软科学，软科学是相对于硬科学而言的，即这种科学研究的成果是纯理论，是看不见摸不着的，但其却可以引导国家经济、科技以及社会发展的重大决策。称之为科学的原因是这些理论都要经过反复研究论证，集中科学家与社会的意见，是一种科学依据。

软科学一般是指一种思想或者方法，因此其并不属于知识产权保护的范围，只有当软科学以一定方式表现出来，才有可能为知识产权所保护，软科学最常见的载体即为著作。国家资助项目成果的类型之一是软科学成果，内容涉及的是解决社会重大问题的方法或者某种管理手段，由此可见软科学在项目成果中的重要性。

（一）软科学的特征

1. 无形性。软科学是一种综合各门学科、信息、社会舆论意见等形成的科学性的咨询服务学科。知识产权本身是一种无形财产，因为此种财产是通过权利产生的，如果不认定有此种权利，就无法因此获得财产。知识产权的无形性并不是指知识产权的客体是虚无缥缈的，例如知识产权并不保护想法，想法必须通过某种形式表现出来，知识产权才会根据具体的表现形式予以分类保护，因想法而产生的发明就属于专利权法保护，因想法而产生的作品就属于著作权法保护。软科学本身就具有无形性，就是一种想法，这种想法可以通过口头表达，也可以通过书面来呈现，在很多情况下，只是表现为一种建议，严格地说软科学本身并不属于知识产权保护的客体。即使将其以著作形式呈现，著作权法也只是保护这种表达形式，并不保护其思想。

2. 跨学科性。软科学的研究不是只包含某一学科，而是跨学科、跨专业、跨部门的研究。软科学可以运用自然科学、经济学、社会学等各学科的知识提出解决现有的管理和社会问题的方法。在研究某个社会问题时，利用该方面的知识及管理学、社会学、人类学等等学科知识提出一个科学的决策建议或模式，再根据这个建议或模式制定法律政策。软科学的研究类别很广，只要是可以服务于人类社会管理的，能够推进社会管理进步的就可以进行研究。参与研究的人员也没有限制，可以是国家政府领导，可以是高校教师，可以是专门从事咨询服务的工作人员，也可以是非专业研究人员。

3. 预测性。软科学为决策提供科学依据，必须具备科学性。科学性是指通过研究外在呈现出的现象，发现其内部规律，这种研究和发现是有依据的，以事实或论证出的正确结论作为支撑，最终得出确切可靠的结论。软科学的科学性表现为按照其研究的结果推论出事物发展的方向和状态，这种方向和状态是带有一定预测性的。

4. 确定性。软科学研究应当针对一个具体的方面，得出专门性的结论，在研究过程中，也应紧扣主题，不能偏离重点研究。软科学的结论必须是确定实在的，因为软科学的研究目的就是提出切实有效的建议和方法，如果结论模糊不确定，就不能成为决策的科学依据。

（二）软科学与国家资助项目成果的关系

软科学严格地说并不是知识产权，但软科学成果却可以成为项目成果，受知识产权法的保护。软科学的研究，在国家自然基金资助下的表现形式一般为软科学研究项目或研究课题，一般属于管理类。如果说科技发明、植物新品种和集成电路布图设计是为了改善人类的生活，加快经济发展，那么软科学就是维持社会秩序所必不可少的，科技的研究发展需要稳定的社会和国家秩序，而软科学的研究正是提供这一条件的保证。基于这一点，国家自然科学基金委员会可以考虑专门对软科学的研究进行资助。受资助的软科学的成果内容涵盖广泛，涉及企业管理模式以及为国民经济建言献策的设计方案等。软科学研究成果一般以文字作品的形式表现，由著作权法加以调整和保护。

（三）软科学研究与作品的关系

软科学的研究成果是思想和理念，作品仅是其载体，软科学还以其他形式出现，比如用模型表现，或者仅仅是对咨询人以口头阐述（不属于著作权法中的口头形式）。但软科学一旦以作品形式出现，就属于著作权的范畴，著作权保护其形式不被他人侵害，软科学研究人员享有发表权、署名权、修改权等权利，可以通过作品获得利益。作为项目成果的软科学成果的权利归属和保护，与著作权的归属和保护的规则大致相同。本书认为国家不需专门对软科学制定相关知识产权保护的法律，软科学作为作品出现，其思想即被他人获得，如果对软科学用专门的知识产权法予以保护，是法律扩大保护的表现。各国现行法律中也没有关于软科学的专门知识产权保护。

第五章

项目成果的其他知识产权问题

项目成果所涉及的知识产权不限于专利和著作，还应该包括特殊标志、植物新品种、集成电路布图设计和商标权。本章的核心目的是对项目成果中除著作权和专利权之外的其他知识产权进行研究。

一　特殊标志的权利

特殊标志是指经国务院批准举办的全国性或者是国际性的文化、教育、科学研究及其他社会公益活动所使用的由文字、图形组成的名称及缩写、徽记、吉祥物等标志。特殊服务标志类似于商标，两者的区别在于：前者适用于社会公益活动，而后者适用于商事活动。

（一）　特殊标志的特征

1. 公共性。根据我国《特殊标志管理条例》的规定，经国务院批准举办的全国性或国际性的社会公益活动中使用的标志才可以申请注册为特殊标志，这类活动具有全民参与性与公共性，所以特殊标志也具有公共性。例如，奥林匹克运动会的五环标志，就具有充分的公开性。

2. 公益性。特殊标志只能是全国性或者国际性的文化、教育、科学研究及其他社会公益活动中的标志，也就是该活动是不以营利为目的，且具有锻炼、娱乐、丰富人民生活的作用，其标志不具有商业性，仅仅是作为该公益项目的标志。

3. 公认性。公认性是指某一标志因广泛传播而受到多数群体的认知，具有高度辨识性和知名度。全国性和国际性的社会活动，在全国甚至是全世界范围内民众参与度高，影响力大，其标志在传播过程中也得到广泛的认知，活动的参与者与群众对其有一定的感知，具有相当的公认性。①

（二）特殊标志所有权的特征

1. 专有性。特殊标志作为一种知识产权，一旦经过登记，所有人就具有专有权，可以单独享有特殊标志，这是一种绝对权利，排斥他人对所有人行使权利的干扰。在合理范围内，特殊标志所有人可以许可他人使用该标志，但这种许可也有严格的要求。

2. 无形性。知识产权的权利具有无形性，这是知识产权的一个重要特征，尤其是对特殊标志的权利，特殊标志是一种智力成果，无法用占有、使用、受益、处分等针对实在物的方式进行实际的控制，它需要被人们感知认知。其设计的思路和表达的含义是一种无形的思维，设计者将其以文字、图案等载体予以呈现，成为知识产权中需要保护的一部分。

3. 法定性。特殊标志的权利取得主要依据法律和有关机关批准或审核。根据《特殊标志管理条例》规定，经国务院工商行政管理部门核准登记的特殊标志，才受到法律的保护，这是特殊标志权利取得的法定条件。未经法定程序的标志，即使使用在重大社会公益活动中也不能认定为特殊标志，只能是普通的标志。特殊标志的合理保护完全依赖于我国的法律与国家机关。

4. 时间性。特殊标志的权利保护具有时间性。我国特殊标志有效期限是自登记之日起四年，在到期之前，权利人可以申请延期。如果超过有效期限，则法律不再给予保护。

（三）特殊标志所有人的权利和义务

1. 禁止权。根据《特殊标志管理条例》第十六条规定，他人不得擅自使用与已登记特殊标志相同或类似的文字、图案或组合；同时也不得未经已登记特殊标志的所有人许可而擅自制造、销售其标志或将其标

---

① 参见柴晓亮《特殊标志知识产权研究》，华中科技大学硕士学位论文，2011 年。

志使用在商事活动中。因为特殊标志具有高度的公认性，为防止他人利用该标志为自己谋利，法律有此规定，不但保护标志所有人和设计人的权利，也保护了公众的权益。

2. 商品化权。一般意义的商品化权，是指权利主体通过其创造性活动或其特殊的身份，而使社会成员能对其人格概括因素（主要包括该人的姓名、肖像、声音、作品等）产生喜爱或崇拜的心理，其对这些经济因素的价值所享有的专有性的权利。① 具体到特殊标志上，意味着将特殊标志所具有的特有形象、美感等具体化为商品，或者在特定的商品上以一定的形式呈现，通过销售该商品为权利主体带来经济利益。特殊标志的形象或者吉祥物可以通过艺术加工，形成虚拟的角色，将其呈现于影视作品或者书画中，这种权利既可以由标志所有人行使，也可以许可他人行使。

3. 特殊标志许可使用权。根据《特殊标志管理条例》第十三条以及第十四条规定，特殊标志的所有人可以在与其公益相关的广告、纪念品及其他物品上使用该标志，并许可他人在国务院工商行政管理部门核准使用该标志的商品或服务项目上使用。这一权利以及商品化权并不与其公益性相冲突，该标志在设计之初，并不是以盈利为目的，在其传播过程中，受到社会成员的喜爱而产生了经济价值。权利人对此加以利用形成纪念品、广告和角色形象，也是该活动的一项服务项目，其筹集的资金也必须用于该标志服务的社会公益活动。

4. 续展权。特殊标志的有效期是自核准之日起四年，特殊标志所有人可以在有效期届满前三个月申请续展。特殊标志的续展权和商标的续展权类似，可以使所有人拥有一种相对永久的权利。传统知识产权受到时间限制，特殊标志也有一个法定期限，但特殊标志的所有人可以在有效期限届满前申请续展，而且可以不受次数限制，从而使特殊标志的所有权实际上成为一种相对永久的权利。特殊标志申请续展后，延长的期限由国务院工商行政管理部门根据实际情况和需要决定，所以这是一种相对永久的权利，当然并不是绝对永久的。

5. 保持特殊标志不变的义务。禁止特殊标志所有人擅自改变特殊

---

① 郭卫华：《新闻侵权热点研究问题》，人民法院出版社 2000 年版，第 129 页。

标志的文字、图案。特殊标志服务于社会公益活动，具有特定性。特殊标志与登记核准的社会公益活动是密不可分的，擅自更改标志，会导致该特殊标志不具有唯一性，且无法认定该标志是否服务于核准的公益活动。

6. 使用时的义务。特殊标志所有人许可他人使用该标志，应签订使用合同，或者使用人应该在规定时间内向国务院工商行政管理部门备案或者报所在地县级以上人民政府工商行政管理机关存查。特殊标志所有人使用标志时不能超出核准登记的商品或服务范围。这是为了保证特殊标志使用的公益性，以服务该核准公益活动为目的。

（四）特殊标志的权利取得和消灭

1. 特殊标志的权利取得

（1）实质条件：第一，该标志服务于国务院批准举办的全国性或者国际性的活动；第二，标志服务的活动是文化、体育、科学研究及其他社会公益活动；第三，标志的表现形式是文字、图案组成的名称、缩写、会徽和吉祥物；第四，标志要具有显著性，便于识别；第五，不能有损于国家或者国际组织的尊严或者形象，不能有害于社会善良习俗和公共秩序，不能带有民族歧视性，不利于民族团结，不能是法律、行政法规禁止的其他内容。

（2）形式条件：向国务院工商行政管理部门提出登记申请，并按照规定提交相关材料。

2. 特殊标志的权利消灭

（1）因保护期限届满而消灭

特殊标志有效期为四年，自核准登记之日起计算。特殊标志所有人可以在有效期满前三个月内提出延期申请，延长的期限由国务院工商行政管理部门根据实际情况和需要决定。如果所有人没有提出延期申请，或者国务院工商行政管理部门决定不予延长，则四年后，针对特殊标志的权利保护消灭。

（2）权利无效

有下列情形的，任何个人和单位可以在特殊标志公告刊登之日起至有效期届满的期间，向有关部门请求宣告特殊标志登记无效：第一，同已在先申请的特殊标志相同或者近似的；第二，同已在先申请注册的商标或者已获得注册的商标相同或者近似的；第三，同已在先申请外观设计专利或者已依法取得专利权的外观设计专利相同或者近似的；第四，侵犯他人著作权的。

（3）权利撤销

特殊标志所有人或者使用人有下列行为之一，并且情节严重的，可撤销特殊标志的登记：第一，擅自改变特殊标志文字、图形的；第二，许可他人使用特殊标志，未签订使用合同，或者使用人在规定期限内未报国务院工商行政管理部门备案或者未报所在地县级以上人民政府工商行政管理机关存查的；第三，超出核准登记的商品或者服务范围使用的。

（五）特殊标志成为国家资助项目成果的可能性

前已述及，特殊标志体现了设计者的创作灵感、思考以及理念，属于智力成果，且通过标志这一形式表现出来，其中包含了设计人的心血和努力，与商标相似但性质不同。商标侧重商业经营，特殊标志侧重公益事业。特殊标志具有公开性、公认性、公益性，服务于全国性或国际化的社会公益活动，且很多特殊标志都承载着人类的文化内涵，同时也是文明的传承，例如北京奥运会的会徽，用中国印的形式体现出"舞动的北京"，表现出中国古老的文化底蕴和蓬勃向上的奥林匹克进取精神；吉祥物"福娃"更是用拟人化的五个娃娃，表达了五个美好的愿望，表现了以人为本，人与动物、自然界和谐相处的天人合一的理念。北京奥运的会徽和吉祥物一经推出就获得了全世界人民的赞叹和喜欢，也充分体现了中国文化的博大精深。特殊标志的重要性由此可见一斑。

特殊标志可否成为国家资助项目成果，从而使特殊标志的权利可成为国家资助项目成果的知识产权，这一问题需要研究。本书认为，在下面两种情形下，国家资助项目成果可能是特殊标志。

1. 以特殊标志的研究为国家资助项目的核心

根据我国基金条例和科学技术进步法的规定，目前我国自然科学基金委员会资助的研究主要是基础研究，但基础研究并不限于基础理论研究，并不排除可以有专门针对性的应用研究。基金条例第七条规定，"基金管理机构应当根据国民经济和社会发展规划、科学技术发展规划以及科学技术发展状况，制定基金发展规划和年度基金项目指南。"这一规定使得自然科学基金资助的项目类型趋于多元，加之自然科学基金项目还有专项研究、委托研究等各种类型，因此，如果面临一项重大的国际或国内活动，急需对此设计一项特殊标志，则完全可以以这个问题的研究作为课题的核心，如果将来研究的成果获得国家有关部门的注册，就可以成为特殊标志。这种情况比较典型，反映了特殊标志可以成为国家资助项目成果的可能性。

2. 特殊标志成为国家资助项目研究的"副产品"

国家资助研究的重点并不在于专门针对某一活动设计特殊标志，而是在从事研究的过程中，产生了一项成果，这一成果恰好能够满足对某一活动进行标志的需要，经过注册成为特殊标志。应当说，对于需要实现的主要研究目标而言，特殊标志的取得完全属于一个"副产品"，但既然是在国家资助项目研究当中产生的，当然就应当属于项目成果。

一旦认定某一特殊标志属于项目成果，则应当将其纳入项目成果的管理当中，特殊标志的权利就成为项目成果的知识产权。

（六）特殊标志作为国家资助项目成果时的知识产权归属

基于前文对项目成果的性质认定，特殊标志一旦成为国家资助项目成果，就应当属于职务成果，其所有权应当由依托单位取得，依托单位可以对此特殊标志进行登记。因为特殊标志具有特定性和公益性，因此其权利主体就受到限制，只能是举行该特殊标志服务的社会公益活动的组织。由此，如果依托单位本身满足这一要求，则由其取得特殊标志的权利，如果依托单位不满足这一要求，则其只能将其所拥有的特殊标志转让给符合要求的特定组织，由受让人进行登记并取得特殊标志的知识产权。

特殊标志的设计者享有获得报酬的权利和署名权。特殊标志是设计者的智力成果，设计者获得报酬是对其能力的肯定，在作品中通过署名扩大其知名度，可以激励更多的设计者。

二　植物新品种权

　　植物新品种是指经过人工培育的或者对发现的野生植物加以开发，具备新颖性、特异性、一致性和稳定性并有适当命名的植物品种。① 植物新品种是一个法律概念，不属于自然科学意义上的概念，自然科学中只会将植物品种分为不同的种类，不会有植物新品种这一说法。这里的植物新品种是与已存在的植物品种对比而产生的一类植物的统称，用于法律调整。研究植物新品种，就一定要明确品种的含义，根据国家植物新品种保护联盟（以下简称 UPOV）公约（1991 年版本）的规定，"品种"的定义为，已知植物最低分类单元中单一的植物群，该植物群可以是：以某一特定基因型或基因型组合表达的特征来确定；至少表现出上述的一种特性，以区别于任何其他植物群；并且作为一个分类单元其适用性经过繁殖不发生变化。

（一）植物新品种的特征

　　1. 新颖性。新颖性是指申请品种权的植物新品种在申请日前该品种繁殖材料未被销售，或者经育种者许可，在中国境内销售该品种繁殖材料未超过一年；在中国培育外销藤本植物、林木、果树和观赏树木品种繁殖材料未超过六年，销售其他植物品种繁殖材料未超过四年。

　　此处的新颖性是"植物新品种"中"新"的突出体现，因为植物育种的时间性，所以就规定了具体的年限确定新颖性。这类似专利的特征，专利中的发明和实用新型要求申请的专利要有新颖性，不能是现有技术。

　　2. 特异性。特异性是指申请植物新品种的植物品种在申请提交时有显著不同于其他品种的特质，显然不同于其他已知的植物品种。特异性类似新颖性，一般具有新颖性就具有不同于其他植物品种之处，但无论是我国的《植物新品种保护条例》还有 UPOV 公约都提出了这一点，是因为新颖性所具有的特异并不能保证能够显然区别于其他已知的植物

---

　　① 参见我国《植物新品种保护条例》第二条。

品种，这点类似商标，商标是用来区别不同商品与服务的，所以要求新注册商标必须与既有的商标有显著区别。

3. 一致性。一个品种从其繁殖的特点预期可能出现变异的情况下，如果其有关特性表现足够的整齐一致，则该品种应被认为具有一致性。这一特点，保证植物新品种可以为一个确定的品种。生物由基因控制，植物新品种的培育也多是靠控制改变基因获得的，基因可以通过变异、重组等方式产生与上一代不同的下一代。植物在繁殖过程中的变异是无法避免的，但如果控制植物新品种有关特性的基因不够一致，可能会导致这类品种繁育的下一代变异数量较大，无法保证本品种的特性，则不能认为具有一致性。

4. 稳定性。如果一个品种经过反复繁殖，其有关特性保持不变，或者在特定繁殖周期的每个周期末尾其有关特性保持不变，则该品种就应认为是稳定的。一种植物品种的稳定是极其重要的，不具有稳定性的植物品种会对种植者造成经济上的损害，例如抗倒伏的麦子，如果其抗倒伏的特性不够稳定，农民在种植后，可能会因为麦子倒伏而蒙受巨大损失。作为品种，就是要保证其可以作为一个品种而不断地繁殖下一代。一个品种如果经过反复繁殖，或在特定繁殖周期的每个周期末其有关特性保持不变，则其控制该特性的基因在遗传时是稳定的，其子代与母代应能表现出亲本，不会变异差别过大或特性消失，才可认定这是一种新品种的产生，否则只能认定是一种偶然出现的产物。

（二）植物新品种权的特征

1. 无形性。知识产权是一种无形财产，植物新品种权作为知识产权的一种，也具有无形性。植物新品种权的目的是为了赋予培育新品种的人一种权利。培育的新品种和发现的新品种都是一种智力活动的成果，这种智力成果的外观呈现出的是一种新的植物品种，然而其主要是通过控制内部的基因实现的。这种权利的目标是保护这种培育方法不被侵害，表现出来就是权利人对这种新品种的独占权，具有无形性特征。

2. 植物新品种权的载体是具有生命活力的物质。植物新品种权并不是一种单纯的培育方法，而需要以一定的载体形式出现，这种载体就是具有生命力的植物。具有生命力是这种权利载体的特征。专利，商标以及特殊标志等都是智力成果，它们大多需要用一定的表现形式来承载智力成果，植物新品种也需要，不同的是，前者的物质不要求生命力，而后者恰恰必须。

3. 法定性。根据我国《植物新品种保护条例》的规定，国务院农业、林业行政部门按照职责分工共同负责植物新品种权申请的受理和审查，并对符合规定的植物新品种授予植物新品种权。UPOV 公约规定：申请育种者权利的育种者可按自己的意愿选择提交首次申请的缔约方——申请获得保护的国家。两者都明确获得植物新品种的认定，必须经过法律程序的认定。依法获得植物新品种权，同时也获得了法律对植物新品种的保护，如果没有经过法定程序，就不可能获得该权利，也不会受到法律的保护，这是植物新品种权法定性最显著的表现。

4. 时间性。UPOV 公约（1978 年版本）确认有效期限为授予保护权之日起，保护期限不少于十五年。藤本植物、林木、果树和观赏树木，包括其根茎，保护期为十八年。UPOV 公约（1991 年版本）确认的保护时间为授予育种者权利之日起不少于二十年，对于树木和藤本植物，该期限应自所述之日起不少于二十五年。1999 年 4 月 23 日，我国正式加入 UPOV，加入的是 UPOV 公约（1978 年版本），所以我国应该遵守 1978 年的 UPOV 公约。在我国《植物新品种保护条例》不与该公约冲突的情况下，按照我国的条例执行。我国关于植物新品种权的保护期限为自授权之日起，藤本植物、林木、果树和观赏树木为二十年，其他植物为十五年。在此期间内，法律对植物新品种权予以保护，植物新品种权人可以获得相应收益。该规定可以刺激社会主体积极进行研究。超过保护时间，则该植物品种就成为公共产品，任何人都可以免费使用。这样规定是为了避免植物新品种权人对该品种的无限期垄断，使其无法被充分利用，阻碍科技发展。

5. 地域性。知识产权具有地域性，即根据法律规定获得的知识产权只在一定范围内有效，在该范围内受到法律保护。例如在我国注册过的商标，在国外就需要按照当地法律注册才能成为当地的商标。签有国际公约或双边、多边协定的，可以在此范围内有效。按照 UPOV 公约，我国在 UPOV 缔约方领域内享受国民待遇与互惠。地域性可以促使希望参与缔约的国家或组织履行相关的国际性程序，遵守国际上相关国家及组织的植物新品种权的规定。

（三）植物新品种权人的权利和义务

1. 专有权

依我国法律规定，申请登记植物新品种，获得植物新品种权的权利人对该品种具有独占性和排他性，任何单位和个人未经权利人允许，不得将该品种用于商业用途。这是一种类似专利权的排他性权利。专有权是植物新品种权中的首要权利，有了这个权利，才是真正地获得了植物新品种权，才能够行使植物新品种权的其他权利而不受干涉。

2. 生产、销售、使用权

生产、销售、使用权，三者是密不可分的。《植物新品种保护条例》第六条规定了权利人对植物新品种的专有权，他人不得擅自将该品种用于商业生产，但并没有禁止权利人的生产权利。培育获得植物新品种就是为了促进农林业发展，权利人可以在保护期限内，通过生产获利。这是对植物新品种保护的目的之一，使植物新品种权人在有效期限内获得利润。销售可以参考《植物新品种保护条例实施细则》（农业部分）第十五条：第一，以买卖方式将申请品种的繁殖材料转移他人；第二，以易货方式将申请品种的繁殖材料转移他人；第三，以入股方式将申请品种的繁殖材料转移他人；第四，以申请品种的繁殖材料签订生产协议；第五，以其他方式销售的情形。

生产、销售权利都是源于使用权，使用权是其最基本的权利之一。

3. 许可权

植物新品种权人可以许可他人或单位使用、生产、销售该品种。其中许可销售可以参考《植物新品种保护条例实施细则》（农业部分）第十六条：第一，育种者自己销售；第二，育种者内部机构销售；第三，育种者的全资或者参股企业销售；第四，农业部规定的其他情形。

许可权不仅限于此，只是以此为参考，只要不违反法律强制性规定的许可，理论上都是可以的。

4. 转让权

育种人或培育单位可以转让植物新品种的申请权和品种权，转让时应当签订书面合同，由农业部登记并予以公告。中国的育种人或培育单位把在中国境内培育的新品种的申请权或品种权转让给外国人的，应当向农业部申请审批。行使转让权的同时，权利人也要履行其相应的义务，这是为了保护我国的植物新品种不受到损害，在农业部登记或审批就是为了经过政府的监督，确保我国的重要品种不会流失。

5. 实施的义务

根据我国农业部的《植物新品种保护条例实施细则》规则，植物新品种权人在获得该品种权后，应该充分加以利用，实施品种权。如果品种权人无正当理由自己不实施，也不许可他人合理实施，或者实施了但不充分，不能满足国内市场需求，又不许可他人实施的，政府会对实施品种权进行强制许可。国家从社会经济进步发展的角度出发，要求获得植物新品种权的权利人必须实施其权利，或自己使用或许可他人使用该品种。

6. 容忍的义务

根据我国的法律规定，利用授权品种进行育种及其他科研活动、农民自繁自用授权品种的繁殖材料可以不经过权利人许可，可以不向其支付费用，但不得侵犯品种权人依法所享有的其他权利。为了国家利益或者公共利益的需要，国家可以作出强制许可决定。前面两种情况都没有将其品种用于商业，并且有利于推动公共利益，进行科研活动是为了社会公共利益，农民自繁自用是一种人之常情，农民购买该品种繁殖，是一种常态也在情理之中；后一种情况是出于对国家利益和公共利益的考虑，符合我国的现有国情。

（四）植物新品种权的取得和消灭

1. UPOV 公约中规定的权利取得

（1）实质条件：植物品种符合可以申请品种权的要求，具有新颖性、特异性、一致性、稳定性以及有适当的名称。

（2）形式条件：第一，首次申请，育种人或单位取得品种权必须提出申请。首次申请，申请人可以按照自己的意愿选择缔约方提出申请。第二，续后申请，申请人在首次申请后未得到批准取得品种权前，有权向其他缔约方再次提出申请。第三，优先权，UPOV 公约十二条规定了优先权，凡已正式向缔约方之一提交保护某一品种的申请的育种者，出于为获得同一品种育种者权利而向其他缔约方主管机关提交申请时，均享有为期十二个月的优先权，这个期限从提交首次申请之日算起，申请的当日不计在内。

2. UPOV 公约中规定的权利消灭

（1）保护时效消灭。品种权取得时间超过有效保护期限，该权利消灭，但涉及其身份方面的权利并不随之消灭。

（2）权利无效。授予权利时，如该植物品种不具有新颖性、特异性，那么该植物品种无法被认定为新品种。

（3）权利撤销。第一，该植物品种在取得权利后，不再具有特异性，其权利被撤销；第二，申请人不向主管机关提供证明保持该品种所必要的材料、文件，或不允许检查其保存品种的方法；第三，申请人未交纳保证品种权有效的必要费用。

3. 我国法律法规规定的植物新品种权的取得

（1）实质条件：申请品种权的植物新品种应当属于国家植物品种保护名录中列举的植物的属或者种。植物品种保护名录由审批机关确定和公布。其他条件与 UPOV 公约相同。

（2）形式条件：第一，申请人可以直接或委托他人到审批机关提出申请，递交材料，外国人或者外国企业组织在我国提出申请，按照与我国签订的协议或者我国参加的国际公约进行办理；第二，按时交纳费用；第三，享有优先权（同 UPOV 公约的规定）；第四，中国的单位或者个人将国内培育的植物新品种向国外申请品种权的，应当向审批机关登记。

4. 我国法律法规规定的植物新品种权的消灭

（1）保护时效届满

（2）权利无效

第一，授予权利时，如该植物品种不具有新颖性、特异性、一致性和稳定性，那么该植物品种无法被认定为新品种；第二，授予权利时，该植物品种的名称不符合法律要求的，可宣告无效或者要求更名。

（3）权利终止

第一，权利人以书面形式声明放弃该权利的；第二，未按时缴纳费用的；第三，品种权人未按照审批机关的要求提供检测所需的该授权品种的繁殖材料的；第四，该品种不再具有授予权利时所具有的特征的。

（五）作为国家资助项目成果的植物新品种的知识产权归属

从学科分类而言，我国的科技成果分为自然科学类、农业科学类、医药科学类、工程与技术科学类及人文与社会科学类。植物新品种应当属于农业科技类。国家自然科学基金资助研究而获得的植物新品种，其权利归属应如何认定，这里将进行分析。

1. 参照 UPOV 公约（1991 年版本）第一条第四项规定："'育种者'系指培育或发现并开发了一个品种的人；上述人员的雇主或按照有关缔约方的法律规定代理雇主工作的人；或视情况而定，上述第一个人或第二个人的继承人。"可知培育研发人员的单位可以成为品种权人。

2. 我国《植物新品种保护条例》第七条规定，执行本单位的任务或者主要是利用本单位的物质条件所完成的职务育种，植物新品种的申请权属于该单位。

3. 《植物新品种保护条例实施细则》进一步对职务行为做了详细解释，即该植物新品种是在本职工作中完成的育种，履行单位交付的本职工作之外的任务所完成的育种；退职、退休或者调动工作后，三年内完成的与其在原单位承担的工作或者原单位分配的任务有关的育种。《植物新品种保护条例》第七条所称的本单位的物质条件是指本单位的资金、仪器设备、试验场地以及单位所有的尚未允许公开的育种材料和技术资料等。

基金委资助的对象是依托单位，科研人员在单位内实施的科研项目的成果应属于职务行为，因此植物新品种的申请权应属于依托单位，申请获批准后，该品种权也应当归属于依托单位。培育新品种的科研人员享有获得相应报酬奖励的权利，同时也有作为培育人员而被他人知晓的权利，单位以及他人不得剥夺培育人员将其姓名附加于其成果的权利。

依托单位应当尽到对植物新品种培育的披露义务，提交年度使用情况报告的义务，以及保证优先为国家谋利的义务等。基金委应当对依托单位保护、培育、使用该植物新品种的情况进行监督，保证其可以被充分利用，为国家和社会谋利。

另外对于作为项目成果植物新品种权的强制许可使用权，本书认为可以适度扩大范围。在必要的时候，依托单位已经充分保护和利用了该品种，但仍有可以利用的空间，而依托单位由于技术不足等方面的原因无法再加以利用时，政府可以动用强制手段，许可其他具备相应技术和设施的单位使用该品种，但使用单位应当给予依托单位适当报酬。

三　集成电路布图设计专有权

集成电路是二十世纪五十年代后期至六十年代发展起来的一种新型半导体器件。它是经过氧化、光刻、扩散、外延、蒸铝等半导体制造工艺，把构成具有一定功能的电路所需的半导体、电阻、电容等元件及它们之间的连接导线全部集成在一小块硅片上，然后焊接封装在一个管壳内的电子器件。法律上的定义：半导体集成电路，即以半导体材料为基片，将至少有一个是有源元件的两个以上元件和部分或者全部互联线路集成在基片之中或者基片之上，以执行某种电子功能的中间产品或者最终产品。现在是个信息时代，信息的载体就是电子设备，集成电路是微电子技术的核心，广泛应用于计算机，移动设备以及家用电器等电子设备，电子设备如今越做越精巧，都归功于集成电路。

集成电路布图设计是集成电路中至少有一个是有源元件的两个以上元件和部分或者全部互联线路的三维配置，或者为制造集成电路而准备的上述三维配置。集成电路布图设计并不是一般意义上的设计图，而是一种三维性的图形设计。它是一种有许多不同层面的三维设计，每一层面上又有许多复杂的电路布图装置图，而且最重要的是，真正可以用于实践的布图设计是经过了特殊的工艺按实物尺寸复制在玻璃板上，可以直接加工在芯片上的模本，即掩膜版。现在世界上虽已有一些更先进的模本技术，但是最终布图设计还是必须做成与集成电路产品实物一般大小的模本，才可算是完成了布图设计的制作。[①] 集成电路布图设计和设计图是两个不同的概念。

①　刘志华：《试论我国集成电路布图设计的知识产权保护》，《科学·经济·社会》2006年第2期。

集成电路在世界各地的叫法不同。集成电路就其材质可分为半导体集成电路、混合集成电路和超导集成电路。由于半导体集成电路无论在用途、功能、产量、市场份额等方面都占有绝对优势，美国就把集成电路称为半导体芯片，欧盟则称之为半导体产品，日本称为半导体集成电路，我国台湾地区称其为积体电路，《集成电路知识识产权条约》（又称《华盛顿条约》，简称 IPIC 条约）称之为集成电路。① 集成电路布图设计的称呼也有不同，美国称之为掩膜作品（mask work），日本称为线路布局（circuit layout），欧共体国家（如：英国、法国、德国、丹麦、西班牙、意大利等国）因欧共体指令而称之为拓扑图（topography），中国、瑞典、韩国、俄罗斯等国则称之为布图设计（layout-design），我国台湾地区则称其为电路布局，《华盛顿条约》、《与贸易有关的知识产权协议》（简称 TRIPS），及我国香港等则将布图设计与拓扑图视为同义词，统称为布图设计（拓扑图），英文为 layout-design（topography）。② 集成电路及其布图设计虽有众多不同的叫法，但本质内容相同，法律保护的范畴也一样。但总体来说，随着技术的不断发展，集成电路不可能仅集中于半导体芯片的研究和探索，布图设计也不可能只有掩膜作品一种表现形式。所以我国将其统称集成电路，并将其布图设计成为集成电路布图设计是比较恰当的。

集成电路布图设计是人类的智力成果，促进社会科技发展，属于知识产权范畴，但既不属于专利范畴也不属于著作的范畴，集成电路布图设计的专有权利应是知识产权中的一种独立权利。

（一）集成电路布图设计的特征

1. 无形性。集成电路布图设计的无形性属于该布图设计所有权的特征。知识产权是一种无形财产，无形性是知识产权的一个特征，其无形性是因为其客体的无形性，但我们不能说特殊标志和植物新品种本身是无形的，只是知识产权所保护的目标客体是无形的，然而集成电路布图设计本身就具有无形性，这只是一种设计，是人类的一种思考的映

---

① 金结斌：《从中外法律比较看我国集成电路知识产权的法律保护》，苏州大学硕士论文，2006 年。

② 郑胜利：《集成电路布图设计保护法比较研究》，《中外法学》2002 年第 2 期。

射，它的载体灵活多变，并没有固定的一种载体。所以作为设计，本身就具有无形性。

2. 可复制性。集成电路布图设计作为一种设计，可以无限复制，布图设计有多种载体形式，能够以多种方式被复制。当布图设计以掩膜板为载体时，对全部掩膜板进行翻拍即可复制；作为磁盘形式载体时，通过拷贝即可得到复制；集成电路布图设计作为集成电路芯片时，也可以被复制，只是方式相对复杂。①

3. 表现形式的限制性。集成电路布图设计要与集成电路的实际相对应，所以集成电路布图设计不能随意进行，要受到电路参数、实物产品尺寸、工艺技术水平、半导体材料结构和杂质分布等技术因素和物理规律的限制。这种限制使其表现形式不能多样化，很多布图设计都需要采用相同的设计原则和技术原则，甚至连很细小的部分都有可能会相同，例如晶体管的基区图形必须为圆形等。

（二）集成电路布图设计专有权的特征

1. 客体的独创性。若要取得集成电路布图设计的专有权，其布图设计必须具有独创性。独创性指设计人通过自己的思考、研究、实验等过程独自作出的设计，类似著作权，独创性不要求新颖性，只要没有抄袭行为，就是具有独创性。

2. 客体具有非公认的常规性。获得专有权的集成电路布图设计要求具有非公认的常规性，设计人独自设计的布图设计，如果是世上公认已有的设计或技术，申请该权利没有意义，且无法认定是否属于抄袭。

3. 法定性。根据 1989 年 WIPO 的《集成电路知识产权条约》规定，布图设计的权利获得都必须经过登记，但缔约方可以选择登记后才保护或布图设计进入商业用途并在法定时间内登记进行保护两种方式。我国《集成电路布图设计保护条例》规定，申请人依法向有关部门登记获得该权利，且在该布图设计进入商业用途两年内必须提交登记申请，两年后不再予以登记。集成电路布图设计专有权的取得方式、取得

---

① 参见刘志华《试论我国集成电路布图设计的知识产权保护》，《科学·经济·社会》2006 年第 2 期。

条件、法律保护以及权利消灭等都是依法进行的。

4. 时间性。我国针对集成电路布图设计的保护是十年，自布图设计登记之日或在世界任何地方投入商业用途之日起算。另外，规定无论是否登记或投入商业使用，自设计完成之日起，十五年后不再对其进行保护。我国对其保护的有效时间有两种标准，一种是一般时间，即十年，同时考虑到完成设计者并没有登记也没有投入商业使用这种情况，我国提出了十五年这个绝对消灭时间。两种时间规定既可以保护设计者的权利，又限制其无限期拖延设计登记或投入实际的使用，保证先进技术可以及时得到利用，促进社会科技发展。

5. 地域性。我国《集成电路布图设计保护条例》规定，中国人创作的布图设计，依条例享有专有权；外国人创作的布图设计在中国首次进入商业利用的，依条例享有专有权；外国人创作的布图设计，其国家与中国签订有关布图设计的保护协议或与中国共同参加有关布图设计保护的国际条约的，依条例享有专有权。

（三）集成电路布图设计专有权的内容

1. 对集成电路布图设计的专有。获得集成电路布图设计权的人对该集成电路布图设计享有专有权，权利人对该布图设计享有独占权和排他权，专有权是权利人享有其他权利的基础。

2. 复制权。集成电路布图设计权赋予权利人对布图设计的复制权，权利人可以对受保护的布图设计的全部或者其中具有独创性的部分进行复制。布图设计的一个特征就是可复制性，权利人因其对设计的专有性，可以任意复制其设计。这是布图设计权的一个最基本的权利，设计被复制后，才可以投入其他使用。

3. 商用的权利。布图设计权人可以将受保护的布图设计、含有该布图设计的集成电路或者含有该集成电路的物品投入商业利用。权利人可以将该设计投入商业实施，获得相应利益，同时投入市场，改善电子产品的性能，刺激科技进步。

4. 许可权。布图设计权利人可以许可他人使用其布图设计，知识产权属于私法的范畴，在法律没有明文禁止的情况下，可以实行私法自治。布图设计权人拥有专有权，既可以支配其布图设计，也可以许可他人使用其布图设计，但须订立书面合同。

5. 转让权。布图设计权利人可以转让其专有权利，当事人应当订立书面合同，并向国务院知识产权行政部门登记，由国务院知识产权行政部门予以公告。布图设计专有权的转让自登记之日起生效。布图设计权利人转让其专有权后，其不再享有布图设计权利，该权利由受让人取得。

6. 获得报酬权利。布图设计权利人许可他人使用其布图设计，可以要求使用人给予相应报酬；非自愿许可他人使用该设计的，也可以要求取得使用布图设计许可的自然人、法人或者其他组织支付合理的报酬。

7. 获得保护和救济的权利。布图设计权利人的权利被侵害时，可以依法要求侵权方给予赔偿，这也是法律给予该权利保护的体现，侵权行为和获得救济的方式都依法律规定。

8. 容忍义务。布图设计权利人在享有权利的同时，也负有一定的义务，容忍义务是最主要的表现。我国法律规定，当他人为个人目的或者单纯为评价、分析、研究、教学等目的复制受保护的布图设计的；他人在评价和分析布图设计的基础上，设计出具有独创性的布图设计的；他人对自己独立设计出与已登记相同的布图设计进行复制或将其投入商业利用的，在这三种情形下，使用人可以不经过布图设计权利人的许可，不向其支付报酬。这三者都没有实际侵犯权利人的利益，使用人没有进行商业行为，没有使其可得利益受损，他人独立创造的布图设计即使相同，也不是因为其设计而出，并不存在对方因此获利，而权利人因此受损的情况。

当国家出现紧急状态或者非常情况时，或者为了公共利益的目的，或者经人民法院、不正当竞争行为监督检查部门依法认定布图设计权利人有不正当竞争行为而需要给予补救时，国务院知识产权行政部门可以给予使用其布图设计的非自愿许可。出于国家和公共利益的考虑，这是权利人必须负的容忍义务。

（四） 集成电路布图设计专有权的取得和消灭

WIPO 的《集成电路知识产权约定》虽然一直未能生效，但其对中国制定《集成电路布图设计保护条例》具有重大的影响，且在通过该约定的会议中，中国投了赞成票。分析该约定中关于布图设计专有权的取得和消灭，对研究我国布图设计的法律保护具有重要意义。

1. WIPO《集成电路知识产权约定》中关于布图设计专有权的取得

（1）实质条件：原创性要求

第一，该布图设计是创作者自己的智力劳动成果，并且在其创作时，该布图设计不是布图设计创作者和集成电路制造者中的常规设计；第二，由常规的多个元件和互连组合而成的布图设计，只有在其组合作为一个整体，符合原创性要求时，才应受到保护。

（2）形式条件

第一，集成电路布图设计进入普通商业应用后，并在缔约方法律规定的时间内提出登记申请。第二，直接提出登记申请。第三，有登记时需要的材料，主要是该布图设计的副本或图样。当该集成电路已进入商业用途时，可以要求其提交该集成电路的样品并附具确定该集成电路旨在执行的电子功能的定义材料。例外情况，申请人在其提交的材料足以确认该布图设计时，可免交副本或图样中与该集成电路的制造方式有关的部分。第四，支付相应费用。

2. WIPO《集成电路知识产权约定》中关于布图设计专有权的消灭

保护期限结束，《集成电路知识产权约定》规定的保护期限至少为八年。

3. 我国关于集成电路布图设计专有权的取得和消灭

我国相关权利取得和消灭的条件和国际约定基本相同，不再赘述。只是在我国存在权利撤销的情形，即在布图设计获准登记后，国务院知识产权行政部门发现其不符合登记条件的，可以依法予以撤销。

（五）作为项目成果的集成电路布图设计专有权的归属及内容

前已述及，项目负责人及其他研究人员参与国家资助项目的研究，属于职务行为。即在职务时间，非职务时间但依单位要求以及利用单位的资金、材料、场地进行智力成果研究的行为。据此，可以认定国家资助项目研究创作出的集成电路布图设计属于职务行为的成果，基金委只提供资金，具体研究事项等由依托单位组织，布图设计也是按照依托单位的意志进行创作的，布图设计的责任也由依托单位承担，所以作为项目成果的集成电路布图设计的创作者应该是依托单位。这一点也与我国的法律规定相吻合，我国集成电路布图设计保护条例规定，布图设计专有权属于布图设计创作者，同时规定由法人或者其他组织主持，依据法人或者其他组织的意志而创作，并由法人或者其他组织承担责任的布图设计，该法人或者其他组织是创作者。

根据法律规定，创作者可以申请登记，登记审批获准后，即可获得专有权。因此在集成电路布图设计完成后，依托单位可以依法取得专有权。

依托单位应当定期向国家资助机构提交使用项目成果的报告，由国家资助机构进行监督。国家或政府在依托单位无法充分实施其权利时，可以介入许可行使其权利，与植物新品种权相似，在必要时候，国家或政府可以行使强制许可权。

布图设计的主创人员有获得相应报酬的权利，以鼓励其从事科学研究。但是对于其是否可以将姓名附属于该布图设计上，法律并没有规定，本书认为可以允许主创人员获得此项权利。

四　商标权

商标是商品的生产者、经营者在其生产、制造、加工、拣选或者经销的商品上或者服务的提供者在其提供的服务上采用的，用于区别商品或服务来源的，由文字、图形、字母、数字、三维标志、声音、颜色组合，或上述要素的组合，具有显著特征的标志，是现代经济的产物。我国《商标法》规定，任何能够将自然人、法人或者其他组织的商品与他人的商品区别开来的可视性标志，包括文字、图形、字母、数字、三维标志和颜色组合，以及上述要素的组合，均可以作为商标申请注册。[①]

商标自古就存在，铁匠铺在打造铁器或者兵器的时候常会留下标志出自自己之手或者该匠铺的标记，这种标记就类似现在的标志，在

---

①　参见我国《商标法》第八条。

通讯不发达的古代，手艺人工匠们用这类标记使得人们记得自己，提高知名度，创造类似品牌效应。现代商品经济是指直接以交换为目的的经济形式，包括商品生产和商品交换。商品经济必定会涉及企业运营，也会促使商品的生产者和经营者提出代表自己商品企业的标志，这就是商标。

（一）商标的特征

1. 商标是一种标志。商标是一种由文字、图形、字母、数字、三维标志、声音、颜色组合而成的一种表明事物特征的记号，这种记号就代表这种事物。

2. 商标是商品或服务的标志。商标是依附于商品或服务存在的。商标是商品经济发展后才出现的，先有商品才会有商标，给予不具有商品属性的产品的特殊记号，不能称之为商标。商标具有商业性，商家设计商标是为了扩大知名度，提高经济利益，增强竞争力。这些都是商家盈利的手段。商标作为一种广告工具，消费者可以通过商标认识、了解商品或服务，进而选择该商品或服务。

3. 商标是区别商品来源的标记。只有依附于商品或服务，表明商品或服务种类，并能够区别于同类商品或服务的标志才是商标。这是商标最显著的特征，同时使商标具有识别功能，这是商标最初也是最基本的功能。商标如果无法区分同类的商品，会使消费者无法分辨自己消费的是何种商品，自己信赖的是何种商品，这样就无法保护消费者的利益，也无法保护在经济交往中一直保持诚实信用的商家的利益，更会扰乱市场，不但无法起到宣传作用，反而带来了负面影响，使商标失去存在的意义。

4. 商标是与特定的商品或服务相联系的。商标是将其具有特性的标记用于特定商品或服务，如果没有与特定商品或服务相联系的标记，即使具有鲜明特性也只能是一种普通的标志，并不是商标。商标不能是某一类商品的笼统标志，比如为所有电脑商品设计一个标志，就不能称为商标，但同一生产者和销售者可以为其品牌设计一个标志成为商标。比如可口可乐公司旗下的产品都有自己的标志，但是仍会注上可口可乐公司的商标。这就是一种用商标作为品牌效应的手段，也是对商品品质的保证，保证同一商标所代表的商品或服务具有同样的品质。这是督促商标权人保证商品质量的最佳方法，一旦商品质量下降，必将损害商品荣誉，消费者面对该商标所标示的商品时就会信赖下降。

（二）商标权的特征

1. 商标权的专有性。商标权的专有性来自于商标权人对商标的专有使用权，即权利人对商标享有的权利具有独占性，排除他人的妨害。商标持有人通过注册商标，获得商标专有权，对商标就可以专属使用，他人不能任意使用该商标，无论是使用在自己的商品或服务上，或者是将商标权人的商品附上自己的商标，都是侵权行为。

2. 商标权的时间性。商标权和其他知识产权一样也具有一定的时间性，我国规定注册商标的有效期为自核准注册之日起十年。但商标权的时间性又不同于著作权和专利权的时间性，著作权的有效期届满后，著作权人不再享有著作财产权，专利权有效期届满后，该专利即为社会共同财富。然而商标权在有效时间届满前，权利人可以申请续展，从而继续享有商标权，或者在有效时间届满一段时间后，他人对该商标进行注册成为新的权利人。这种有效时间可以延续的特性不同于著作权和专利权。

3. 商标权的地域性。商标权的效力范围具有地域性，注册商标只在注册地的领域内有效，效力并不及于领域外。知识产权都具有地域性，相对来说，商标权的地域性要求较严，在中国注册的商标只在中国领域内受到法律保护，并不在外国受到当地法律保护，也只有在外国注册后，才能受到当地法律保护。在外国注册而未在中国注册也不受中国法律保护。这种较强地域性的规定是因为商标的特殊性，商标涉及的经济利益范围更广，尤其在对外贸易中，更会涉及两国的利益，因此必须受到较为严格的限制。

4. 商标权的禁止权效力大于使用权效力。知识产权都有相关的禁止权，权利人可以禁止他人未经同意使用其权利客体，商标权也是如此，而且禁止范围也较为广泛。商标权人有权禁止他们在其注册核准的商品上使用自己的商标，同时有权禁止他人在已注册核准的商品或类似商品上使用与注册商标相同或相似的商标。① 商标权的禁止权效力大于使用权效力是基于商标不同于专利、著作等的性质决定的。专利和著作的主要目的是为了承载创作者的思想，表达他们的理念，为了促进科学文化事业的发展，由法律对其权利，主要是对其经济利益进行保护，从而鼓励更多的创作和创造。在不损害权利人利益的情况下使用专利和著作，是可以允许的，例如作为教学使用著作。商标的主要目的是使商品为更多的消费者熟知且信赖，从而创造更高的利益，商标和商标所有人与商品紧密相关，他人擅自使用已注册商标或类似商标的，必定会损害商标所有人的利益，同时也会损害消费者的利益，故而商标权的禁止权效力扩大是有必要的。

（三）商标权人的权利和义务

1. 专有使用权。专有使用权是指商标权人在核定使用的商品或服务上专有使用核准的注册商标的权利。这是商标权最主要也是最基础的权利，其他的权利都是基于这个权利产生的。我国《商标法》第五十一条规定：注册商标的专用权，以核准注册的商标和核定使用的商品为限。② 这里规定的专用权，一是规定商标权人只能在此范围内使用商标，不能超过该范围，商标权人不能在其他类似的商品上使用已注册商标；二是规定该商标权归商标权人专有，其他人不得使用。

2. 禁止权。商标权人享有禁止权，禁止权是随着专有权产生的，对于妨碍其商标使用的行为，商标权人都有权禁止。《商标法》第五十二条规定，商标权人有权禁止下列五种行为：

（1）未经商标注册人的许可，在同一种商品或者类似商品上使用与其注册商标相同或相近的商标的；（2）销售侵犯注册商标专用权的商品的；（3）伪造、擅自制造他人注册商标标识或者销售伪造、擅自制造的注册商标标识的；（4）未经商标注册人同意，更换其注册商标并将该更换商标的商品又投入市场的；（5）给他人的注册商标专用权造成其他损害的。

---

① 参见刘春田主编《知识产权法》，高等教育出版社 2007 年版，第 273 页。
② 参见《商标法》第五十一条。

可以看出《商标法》对商标权人的利益保护是比较全面的，最后一项属兜底条款，用于规范法律没有概括到的侵权行为。

3. 转让商标的权利。转让商标其实就是转让商标权，商标权作为知识产权的一种，是一种无形财产，商标权人可以转让。转让商标权主要是转让专有权，即将该商标的所有权转移给其他人，受让人享有商标专有使用权，从而排除他人对使用商标的损害。转让注册商标，转让人和受让人应当签订转让协议，并共同向商标局提出申请。受让人应当保证使用该注册商标的商品质量。①

4. 许可他人使用商标的权利。商标权人可以许可他人使用自己的商标，商标权人可以通过签订商标使用许可合同，许可他人使用其注册商标，许可他人使用商标是法律规定的基于商标权而产生的一种收益权利，是商标权人充分利用商标的商业价值的手段。商标的使用涉及消费者的利益以及市场经济秩序，所以法律赋予商标权人许可权的同时，也赋予其监督被许可人使用其注册商标的商品质量的义务。为了保护消费者的知情权，法律同时规定，经许可使用他人注册商标的，必须在使用该注册商标的商品上标明被许可人的名称和商品产地，这也是对被许可人的一种制约。

5. 不得擅自更改注册商标的义务。商标一经核准，不得擅自更改。注册商标是为了保护商标的唯一性，不但禁止他人改变已注册商标，也禁止商标权人擅自改变已注册的商标，这里的改变是指改变后的商标与原商标类似，如果改动较大，就不是更改注册商标，而是制造另一个商标，但不得将其用在已注册商标核准的商品上。

6. 不得自行改变注册商标的注册人名义、地址或者其他注册事项。这是商标法基于保护商标权人利益目的出发而规定的，商标权人改变注册人名义、地址或者其他注册事项，不及时到商标管理机关办理变更手续，可能会导致有关商标的文件无法送达商标权人。在商标权人名义改变后，若发现有侵权行为时，可能会因为主体身份与登记主体不一致而无法主张权利等等。

7. 不得自行转让注册商标。商标权作为一种财产权，按照民法私

---

① 参见《商标法》第三十九条。

法自治的原则，是可以自主决定是否转让的，商标权人有自主决定的权利。但商标权并不是完全意义上的只具有私人影响力的权利，还有对广大消费者和经济秩序等的社会影响力，所以并不能实行完全的意思自治，转让商标权时不但要签订书面合同，而且要共同向商标局提出申请，商标局审核批准后，转让才发生效力。

8. 使用注册商标必须承担义务。商标的使用，包括将商标用于商品、商品包装或者容器以及商品交易文书上，或者将商标用于广告宣传、展览以及其他商业活动中。[①]《商标法》第四十四条第四款规定：连续三年停止使用的，商标局责令限期改正或者撤销其注册商标。《商标法实施条例》第三十九条第二款规定，针对上述行为，任何人可以向商标局申请撤销该注册商标。注册商标受法律保护的同时也应该创造出相应的社会价值，商标注册后不使用，仍受法律保护，造成社会资源的浪费，同时还可能破坏正常的市场竞争。商标注册人申请注册商标，就应该利用商标，而不是空占着资源，自己不加以利用，也不允许他人使用。

（四）商标权的取得和消灭

1. 商标权取得的实质条件

（1）申请注册商标要具有可以标明自己、区别他人商品特征的标志；（2）商标申请人是从事工商业经营活动的或具有真诚的商业意图，需要获得注册商标权的人；（3）申请注册的商标不能是与已注册的同类商品的商标相类似或相同的商标。

2. 权利消灭

（1）保护期限届满。我国商标的保护时效为十年，自核准注册之日起算，商标权人在有效期结束之前未提出续展，或者提出后商标局未批准的，在有效期之后，法律对该商标的保护丧失。

（2）权利无效。第一，注册不当商标。已注册商标，违反法律规定不得注册成商标的，或者是以欺骗手段或者其他不正当手段取得注册的，由商标局撤销该注册商标；其他单位或者个人可以请求商标评审委

---

① 刘春田主编：《知识产权法》，高等教育出版社 2007 年版，第 278 页。

员会裁定撤销该注册商标。已注册商标，违反法律规定，侵害他人权利或者误导公众的，自注册之日起五年内，商标所有人或者利害关系人可以请求商标评审委员会裁定撤销该注册商标，对于恶意注册的，不受五年限制。第二，注册商标争议。对已注册的商标有争议的，可以自该商标核准之日起五年内，向商标评审委员会申请裁定，裁定撤销注册商标的，该商标权自始不存在。

（五）商标权成为项目成果知识产权的可能性

商标权是否可以成为国家资助项目成果的知识产权，关键就在于在国家资助项目研究的过程中，是否会产生商标这一成果，进而通过登记取得商标权。基金委专门资助依托单位设计商标的可能性非常小。商标的定义中强调了商标的申请注册人是从事商业经营的人，且商标的目的是用于商业经营，不能用于公益事业。国家自然科学基金要求研究目的是为了公共利益，依托单位只能是高等学校，科学研究机构和其他具有法人资格、开展基础研究的公益性机构。所以单独立项设计商标较为困难，但也不排除在特定情况下的专门立项，可以委托依托单位设计商品或服务标记，为他人或自己取得商标权奠定基础。因为从规则看，国家自然科学基金除主要资助基础研究外，还资助部分应用研究。

另一种可能的情形是，国家资助项目并非专门研究设计商标，但是在项目研究当中，产生了一个文字、图形或其组合，可以被用于商品或服务之上作为标识，被登记后取得商标专用权。依托单位可否成为商标权的主体呢？本书的意见是肯定的，因为依托单位一般不得进行商品生产或经营，但不排除为社会提供特定的服务，可以将该商标适用于该服务之上。因此完全可以成为商标权的主体。

因此，商标可以成为国家资助项目成果，依托单位也可以成为商标权人，当然，这种可能性非常小。当项目研究产生商标时，由依托单位进行登记申请，并由自己取得商标权，其具体的权利和义务，以及权利取得及消灭的条件和程序等，与一般商标权无异，兹不赘述。

第六章

项目成果的共享与传播

（一）建立共享与传播制度的必要性

科技成果的分享问题是指因科技成果产生的著作权、专利权、非专利技术的使用权、转让权、发明权、其他科技成果权，以及由科技信息、情报、数据产生的权利归谁所有、如何使用、转让，以及由此产生的利益怎样分配的问题。[①] 但目前我国由于各种科研成果的社会化程度比较低，研究的方式也比较单一，成果的归属一般较为明确，然而在成果的共享与传播方面却比较笼统和概括。因此，在原有的模式下，很多具有应用价值的研究成果并没有能够有效地通过分享和传播并最终转化为经济利益和社会价值。这个问题在我国非常突出。根据美国国家自然科学基金会的统计，美国至少有70%的专利申请都是引用或者以国家资助的研究成果为基础的。随着科技对于社会发展的影响越来越大，政府对研究成果和新发明、新发现的经济价值也愈加重视，提倡和主张加大对这些科研项目的投资和资助。学校和科研机构在这种政策和公共需要的基础上也逐渐转变自身的研究模式，寻求更多更有效的与企业和社会的合作与分享机会。[②]

从目前看，国家和社会资助的科研项目的发展尤其是对于成果的分享和转化会极大地受到以下发展趋势的影响：第一，工业领域的企业和公司的目光始终聚焦在可以带来短期、高回报的项目和产业上；第二，许多新产品和服务的发展需要跨学科的研究成果的综合；第

---

① 赵震江：《科技法学》，北京大学出版社1994年版，第443页。
② European Commission DG Research Third European Report on Science & Technology Indicators，2003，ISBN92 - 894 - 1795 - 1.

三，企业为谋发展需要对产品和服务不断进行创新以占有市场份额，但大多数企业都没有能力将其所有设想都加以投资并实现，从而需要寻找相应的研究机构分享其研究成果以实现其经济目的；第四，以创新的研究成果为基础的派生成果会大大缩短研究的周期，因此学校及研究机构所掌握的已有成果的分享和传播就逐渐成为政府、社会和企业的新焦点。[①] 上述这些影响趋势在企业经营中也得到印证，企业希望分享学校和研究机构的成果，尤其是受益于其专门技术、基本原理的研究成果以及已有的研究成果。

目前在中国，在国家资助项目的结题验收过程中，结题报告的内容一般包括研究计划的完成情况、开展国际合作情况、取得的成果及人才培养情况等，并附其所作的专著、论文及其他相关的研究成果奖励证明等，[②] 而未形成成果分享的具有可操作性的具体制度。事实上，在整个研究过程中，还有很多对于国家、社会其他相关领域的研究具有重要价值的成果，如基础数据、样品、研究过程中所收集的物质资料以及其他相关的各种资料和材料难以分享。通过借鉴欧美的相关指导、规定，以及我国现有的国家资助项目的管理方面的经验，可以根据项目成果不同的特点和内容在不同的范围内，授予分享人不同的权限从而进行分享和传播，使各个领域的研究成果都能在社会的生产生活中发挥其应有的价值。

同时需要指出的是，由于尖端科学研究成果的出现，尤其是在自然科学领域，比如生物遗传学、克隆这些方面的研究可能会与人类的道德标准相违背。因此，在强调成果分享的同时，必须认识到成果分享可能带来的危害，对于某些成果在分享上的限制以及限制的界限就成为成果分享争论的焦点。对这些对人类的影响非常巨大的科研成果，应该由专门的法律进行规制。

---

① Expert group report: Management of intellectual property in publicly-funded research organizations: Towards European Guidelines. Prepared by the Rapporteur Laura MacDonald and the chairman Gilles Capart together with Bert Bohlander, Michel Cordonnier, Lars Jonsson, Lorenz Kaiser, Jeremy Lack, John Mack, Cino Matacotta, Thomas Schwing, Thierry Sueur, Paul Van Grevenstein, Louise van den Bos, Nicholas S. Vonortas. 2004 – P5.

② 《重大国际（地区）合作研究项目资助管理办法》。

（二）基础数据及材料的共享

1. 基础数据及其共享

基础数据，一般指在研究过程中所获得的基本数据资料，以及按照不同需求进行系统加工和整理的数据产品和相关信息。基础数据是进行科学研究的前提，其本身是相关领域研究内容的基本原理的体现，具有基础性和跨学科性。现代社会的研究都不是单一的，而是与其他学科和社会的需求紧密联系的，各学科基础数据的分享就成为跨学科研究的前提。在国家资助项目的研究过程中所产生的基础数据也应当为各个学科、各个领域所共享。我国现行的各省、市的各种项目管理办法对于基础数据均作出了共享的开放性规定，即项目研究中取得的基础性数据，应采取适当方式向社会公开，实行共享。[①]

现实中，对于这些数据的共享，主要是通过学校、研究所等研究机构即项目的依托单位和项目负责人通过发表相关的论文、专著予以公开。在基础数据的共享问题上，本书认为可以借鉴中国科学院计算机网络信息中心数据库中心的共享模式。该中心及其共享服务网是中华人民共和国科技部于 2003 年启动的国家科学数据共享工程重点项目之一，由中国科学院计算机网络信息中心承担。该项目的目标是集成分布在科学院各个研究所以及科学家个人手中的各类数据资源，在此基础上进行数据融合、挖掘并通过本项目所建立的技术平台向全社会发布、共享，构建面向全社会的网络化、智能化的管理与共享服务体系。该科学数据库中心是中国科学院计算机网络信息中心下属的专业从事科学数据库管理、技术支撑和服务的机构，主要承担中科院科学数据库系统、基础科学数据中心及其共享服务网等的运行、管理和技术支撑，同时以中国科技网为依托，为企业、政府机构、科研单位等国内用户提供网上数据信息服务和基于科学数据库的科普信息服务。这里拥有丰厚的数据资源，在数据标准规范、共享政策的研究、数据管理、集成技术和运行服务等方面积累了丰富的经验。[②] 但是应当注意的是，该数据中心目前也仅仅

---

① 我国《国家自然科学基金项目管理规定（试行）》第二十六条。
② 基础科学数据中心及共享服务网 http://www.nsdc.cn，访问时间 2009 - 7 - 12。

集中了生物、材料及理化学科等部分研究方向中的一些基础数据，这些数据在广泛的研究课题中是远远不够的。因此，本书认为，可以借鉴该中心的经验对国家资助项目研究中的基础数据统一予以集中，并使之在社会范围内得到共享。

以基金委为例，首先可以以基金委为依托，构建相应的数据库，通过相关的科研机构或者具有相关专业技术的学校的技术支持，对数据进行集中的管理和数据平台的维护。其次，通过基金委同全国各省、市地方科技主管部门的联系与合作，最大限度地将全国范围内的资助项目研究的基础数据集中，统一共享。最后，将各个学科的基础数据分类管理，方便其他研究者查询及分享。在分享的过程中，为了使数据的使用、分享情况能够得到及时的反馈，建议在有条件的情况下，对于使用数据的用户进行实名免费注册，既可以通过对使用主体的身份认证和监督来防止数据的滥用，也能够帮助基金委与基础数据的使用者进行沟通，不断完善该数据库的内容以及数据的及时更新。但是在集中各个学科、各个领域数据的过程中可能会因数据量较大而出现管理不科学等方面的问题，因此，也可以考虑以基金委为依托，将各个领域的基础数据用统一的方式和平台委托相关领域的专业机构进行管理。

由于对于基础数据的分享是社会化的、普遍的、无偿的，在没有法定义务的情况下，研究者或者成果实际利益的享有者对于基础数据的公布可能会处于一种较为消极的状态，以防止他人利用相关基础数据通过相似的研究而取得相似或相同的成果，这种消极状态本身构成了对于基础数据共享的障碍。为了保证基础数据能够通过广泛的公布和分享使其发挥应有的作用，本书建议，可以在国家资助项目立项时，通过资助人和项目依托单位的合同约定由项目依托单位或研究人承担基础数据依照指定或约定的程序和时间进行上传并公布的义务。为了保障该义务的履行，可以规定在其不履行该义务时承担某些不利后果，比如，对未将基础数据依照约定进行共享的义务人不予鉴定和结项等。同时可以赋予基金委等资助机构，在义务人怠于履行义务时强制共享与资助项目研究相关的基础数据的权利。实践中，有很多项目为合作资助项目，即其他社会组织或者企业法人与国家、政府共同出资资助研究的项目，在基础数据的共享过程中，也可以赋予非官方资助组织、法人等共享基础数据的权利和义务。比如，可以在资助合同中明确约定，如企业法人或其他资助组织未按照合同约定履行其共享数据的义务，除官方的管理机构可强制共享外，附加限制其某些具体的权利，如成果的专利申请权、优先使用权等。

2. 样品等其他辅助材料的共享

本书认为，在研究过程中所取得的实物样品、通过测量、检验、勘验等方式取得的数据和第一手的物质资料等，即其他各个依托单位在具备同等研究条件下通过相似或相同的设备，在具有一般同类研究所需的研究技术人员的参与下也可获得的数据、材料、实物样品和其他辅助材料，也可以适用基础数据的无偿共享和公开制度。同时，为了保障各种基础研究资料的合理利用，国家资助项目在立项时也可以要求各个研究所、学校等项目依托单位担起妥善保管基础研究资料的义务。①

目前，我国资助项目研究的资助机构对于实物样本尚未有具体的管理规则。实践中，在研究过程中所采集、收集到的实物样品和样本大多都在研究和实验中被消耗。如有剩余，该实物样本往往被作为承担该项目的研究者所掌控的实验室的资产保留。而对于剩余实物样品的分享，在研究者个人之间能够在小范围内实现，而是否愿意与其他研究者共享，完全取决于实物样品持有人的意思。

对于实物样品和样本的规制，一种方法是将实物样品的相关信息，如持有单位、持有人以及样本名称等相关信息予以公布，并对信息统一管理。公布和管理的主体可以是资助人，如基金委或者各地政府的科技主管部门。其他研究者如需对此实物资源进行共享，可以进行申请，在这一过程中行政权力可以介入，以对申请共享人的身份进行认证和监督。比如，在申请共享时可以向实物样品持有人所在地的科技主管部门提出申请，经过相关部门的行政审批后，申请人可持该批文前往实物样本所在地进行共享。其中，审批的内容应当包括申请人的身份、申请人的研究能力、申请共享的样品的名称和数量、申请人的共享目的等。基金委也可以以实物的稀有程度为标准，划分样本的等级并适用不同的共享制度。可以采取以下不同的分享方式：

---

① The Guidelines Provided from the Division of Earth Sciences, April, 2002.

（1）较为稀有的样品，共享人仅可在持有人所在的研究机构进行共享，并可以约定共享人在研究过程中向持有人支付使用费；

（2）实物样品不可分割且非稀有的，共享人在有条件妥善保管实物样品时，可由共享人将该样品带回其所属的研究机构进行研究，但对于其他具有相同条件的共享申请人的共享，该共享人不得拒绝；

（3）实物样品可分割的，申请共享人仅以研究需要为限，分享部分该样品。

但是，在这种规制之下，有两个问题仍然无法避免，一是行政权力的介入会降低共享的效率，二是一旦持有人宣称该实物样品在研究过程中被完全消耗，任何人都无从考证该样本是否仍然存在。尤其是对于第二个问题，基本没有有效的方法予以规制。可以考虑的一个途径是，进行激励：乐意共享者，可以得到一定的报酬或奖励。

目前对于实物样本等材料的规制相当难，经调查，研究科目涉及生物遗传学、植物学、考古学等各个领域的，目前都是实物材料直接归项目负责人直接支配。对于普通的资源，研究人员如与项目负责人比较熟悉，可以要来自己做研究。但是比较稀有的，比如化石等，作完研究之后，项目负责人有时还会将该化石出卖，价款作为研究所以及个人使用。而且还有很多实物资源在研究完成之后，随着时间推移，很多东西到最后就会丢失。此外，除了在生物学、医学等方面有时候项目负责人会从其他研究机构索要一些抗体之类的东西以外，其他的许多科研项目中，为了保障项目研究的完整性，很多项目负责人更愿意自行采集、收集相关的研究样本。因此，关于样本在我国研究中的分享是否有必要且如何进行具体和系统的规制，还需要进一步深入研究。

3. 基础数据及材料共享的限制

由于国家资助项目的课题涉及自然科学、社会科学的各个领域，因此，对于上述基础数据和材料的共享也并非绝对的开放。下列基础数据和材料的共享应当受到限制：

（1）与军事、武器、核工业等国防利益相关的科学技术研究的数据和实物材料。这些材料与国家的军事、国防密切相关，可能涉及国家秘密和军事秘密，一般不公开，但在国家相关机关的批准下可以在一定范围内允许其他相关的研究机构进行共享。

（2）为辅助国家政策制定、国家政治法律制度的设立与废止等相关的社会科学类研究，在该政策实施、政治法律制度确立之前，可能不共享。但是在政策实施、制度确立之前相关的政府机构进行社会调查、社会讨论的内容所涉及的研究数据应当予以共享。

（3）对于我国国家自然资源和地质勘探过程中所获得的数据、实物样本及其他资料，在我国内部的事业性非营利研究机构之间可以共享。国外其他研究机构对这部分数据的共享可以加以限制，但是为了人类的共同利益所作的研究的相关资料可以共享，比如中国科学院冻土研究所在地质研究中所取得的某些数据和样品及其他辅助材料等。

当共享人为企业或其他营利性组织时，可以在共享时通过协议约定双方的权利、义务和责任。在欧美的实践中，科研机构与企业共享的过程中，公权力的介入已成为一个趋势。在现阶段，一定程度的行政权力介入，对于基础数据及相关材料的保护和规制是有利的，能够有效地避免企业出于经济利益的追求对基础数据和成果的滥用。

（三）因研究而购置的研究设备的分享

1. 国家资助项目资金所购置的设备的权利归属

对于因研究而购置的研究设备，首先应当确认其归属。目前我国的相关管理规定和指导中未明确其归属，一般都直接默认为项目依托单位所有。对于这些设备的需要在有些时候也成为学校和研究机构申请国家资助项目的动因之一。在此问题上，可以将购买研究设备的依托单位根据其性质进行分类，并根据其类型制定出相应的共享和使用的规则。美国国家自然科学基金会以是否营利为标准将研究机构作出分类，并作出不同的归属规定。对于非营利性研究机构，除在拨款时有特别约定外，基金会投资购置和制造的研究设备归研究机构所有，且这些设备属于该研究机构所有的免税财产。而对于营利性的研究机构，除有特别约定，无论是基金会资助还是其他企业所资助的研究设备的所有权均归政府。① 我国可以借鉴美国的规定，直接将国家资助资金所购置的设备确认为由依托单位享有所有权。

---

① Grant General Conditions（GC - 1）January 5，2009（NSF）- P5.

一般来说，无论所有权归属如何，占有研究设备的研究机构，出于自身利益很难将这些设备与其他研究机构、学校、社会组织和企业共享。这样可能会造成在对相类似或者在已有研究成果基础上的进一步创新研究的过程中，不同的依托单位对研究设备的重复投入，造成资金的极大浪费。因此本书认为政府的相关管理部门应当对这些设备的共享和使用作出一定的规制。一方面要限制设备的不合理购置，另一方面，可以允许其他研究机构、个人、国家机关和企业合理使用上述设备。

2. 依托单位利用资助资金购置新设备的条件

依托单位在满足下列条件时才能够使用资助资金购置新的研究设备：[①]（1）确实为研究或项目所必需；（2）该设备在该研究机构中是可用的且是可制造或者可购买到的；（3）如该项目为其他赞助人所直接资助，应当取得赞助人的同意；（4）按照研究机构的实践能够获得。

3. 设备共享过程中的权利义务

我国资助项目的依托单位一般是学校、研究所等事业单位，均为非营利性组织，因此，对于其所有的国家资助经费购置的特有研究设备的共享可以作出如下的规定。

（1）对于上述设备的共享，如果共享人为其他非营利性的学校、研究所、国家政府机关等组织，占有设备的单位不得收取设备的使用费，学校、研究所、国家机关等非营利性组织可无偿使用该设备。但该共享人应当支付因使用设备而产生的必要费用，比如使用设备过程中产生的水电费等。共享人为其他营利性机构和组织的，设备的所有人可收取一定的使用费或租金，作为资助项目的收入继续用于该项目。同时在设备的共享过程中，国家和政府对设备的使用享有优先权。

（2）当依托单位完成其所接受的资助项目后，资助设备供其他单位、组织和个人使用的，可以遵循下列顺序：第一，项目最初的官方资助人；第二，其他资助项目并为项目研究提供便利的政府机构；第三，其他共享人。

（3）在研究过程中，依托单位应当合理维护设备的正常运转和使用，同时，在不影响其完成资助项目的前提下，可以将该设备用于本单

---

① Grant General Conditions（GC-1）January 5，2009（NSF）-P6.

位的其他研究，但是在有其他国家资助项目或者其他国家机构资助的项目的，应当优先用于这些资助项目。但是，如果该设备在项目之初便约定为国家所有，依托单位将该设备用于其他研究的，应当经指定的代表国家管理该设备的机关同意，相关收益也应当用于资助项目的研究。①

对于上述研究设备的共享，除了其他单位、组织和个人无偿使用以及租用的方式共享设备以外，不同项目的依托单位之间也可以通过学术交流等方式对设备进行共享。但是在交流过程中所获得或知晓的该依托单位的其他研究成果的相关内容和信息，共享人不得擅自公开使用、许可他人使用或滥用，并对此负有保密义务。

（四）研究成果的共享

国家资助项目的研究成果产生之后，成果的分享是除了成果转化以外最为有效地使成果进入公共领域并为其他研究者、社会公众、国家和政府所了解的途径，也是研究成果能够在社会政治、经济、文化生活中发挥其应有作用的重要方式。

研究成果共享的范围和方式一般会因共享人的身份以及共享的地域范围的不同而存在一些差别。同时，国家资助项目由于其具有国家主导的特性而在某些方面会对共享加以限制，以保护国家、政府、社会基于国家利益和公共利益而对研究成果享有的某些特有权利。

1. 国家资助项目成果在我国国内的共享

（1）国家、政府及社会公众免费共享的内容

对于国家资助项目的研究成果，国家和相关的政府职能部门应当鼓励研究成果基于社会公共利益的免费使用和共享。但是，目前我国资助项目的管理规定中对此并未作出具体规定。一般来说，至少当研究成果可能能够帮助国家、政府和社会公众达到以下目的时，该成果的相关内容可以免费共享：第一，该成果可以在政府履行社会公共管理职能和行政行为的过程中提供信息和建议及相关的帮助；第二，能够使公民、法人和其他组织了解其作为社会成员应当对政府和国家所承担的义务和责

---

① Title 2 – Grants and Agreements; Part 215 – Uniform Administrative Requirements for Grants and Agreements with Institutions of Higher Education, Hospitals and other Non-Profit Organizations (OMB Circular A – 110) §215.34.

任的信息和帮助；第三，能够使公民、法人和其他组织了解并认识其能够从政府所得到的帮助的权利信息；第四，为使公民、法人和其他组织得到政府所提供的服务而提供便利的信息和成果；第五，能够为公民、法人和其他组织遵守法律、履行义务提供帮助的其他成果。①

但是从法理的角度来说，任何权利都不是孤立存在的，权利和自由也不是无限的。因此，对于上述权利的免费共享也可能会排除下列内容：第一，对于已为商业目的所共享的成果；第二，涉及国家安全和国防利益的成果；第三，共享后可能会对国家现有的政治法律制度造成破坏，且一旦破坏将会直接损害社会公共利益的成果，比如生物遗传学中的某些基因研究成果，克隆等内容。

其中，对于成果中所包含的能够为社会公众所利用或重复利用的资料、材料，当相关的特定人群进行共享时，其共享应当是非排他性的，即对于国家、政府和社会公众的同类使用均是开放的。

（2）我国现有的成果共享方式

根据我国现有的项目成果管理规定，目前我国成果的共享主要有以下途径：第一，国家资助机构与依托单位约定，依托单位对其所研究的成果有推广、共享和应用的责任，如将研究的论文进行发表、出版专著等；第二，项目资助机构在一定时间内（目前一般为两到三年）主动跟踪调查通过鉴定的项目成果的分享和使用状况，并编写出具有官方性质的项目研究成果汇编，以便进一步的共享，如《云南省自然科学基金资助项目研究成果汇编》；② 第三，由资助机构指定的媒体进行公布以便共享，并将项目成果纳入相关的数据库以便查询，资助机构同时利用其与其他研究机构、学校的合作关系，通过各地教育行政部门和学校、研究所等单位的网站、报刊、广播电视等媒体进行推广和共享；③ 第四，依托单位在资助机构的指定下，将其研究成果发表到指定级别或特定的某类刊物上，以供其他研究机构和研究者进行共享。

虽然我国基金委以及其他各省、市的资助项目管理机构均对项目成果的分享和管理作出类似的规定，但总的来说，共享的方式仍旧比较单

---

① Intellectual Property Principles for Australian Government agencies.

② 《云南省自然科学基金项目管理办法》。

③ 《教育部人文社会科学研究项目成果鉴定和结项办法》。

一，仍以发表论文、出版著作为主。相对于欧美国家对于资助项目研究成果的共享方式来说，这种以发表为主的共享模式与社会资源有所脱节，尤其是在成果共享与转化之间形成了一个真空地带。即由于没有比较具体的成果共享的方式和途径，研究成果往往在发表之后不能够有效地转化，除可供其他研究者进行借鉴外，很多研究在取得成果之后便表现为固化了的文章、书籍，而使研究成果进入了静态模式。

因此，本书认为可以借鉴资助机构与依托单位之间的协议约定，通过对研究成果及发明建立共有的机制以实现对成果的共享。一方面，资助机构由于其自身对研究成果享有了某些权利，而使其在研究过程中能够更好地给予依托单位以帮助，同时对依托单位的研究过程进行监督，防止项目或与项目相关的成果脱离国家和资助机构的管理，在一定程度上减少以专著作结项的项目中期的其他论文、成果不受管理的情况。另一方面，通过对研究成果和发明的共有制度，可以在成果的共享和转化的过程中，从国家资助机构和相关的政府职能部门的视角，对成果应用进行监督，以限制成果的不合理使用。在欧洲，通行的做法是研究成果和发明的共有人均可以许可他人使用该成果，但应以其他共有人的同意为前提。同时研究机构可以继续以研究成果为依托进行进一步的研究，包括与其他研究机构开展合作研究。日本的模式是大学等学术研究机构受委托进行研究所取得的发明专利和实用新型等知识产权（无形资产），应该受委托单位和日本学术振兴会共同所有，为此所取得的各种收益双方各获得一半。① 但美国则恰好相反，即成果被划分成了均等的份额，任何共有人都有权利授权他人非独占许可享有，仅在需要授权实施独占许可时方须得到其他共有人的一致同意。② 由此可见，在这种模式下基金委或其他国家资助部门作为共有人，可以无偿共享资助项目的研究成果，而且由于资助机构与依托单位的紧密关系，与研究成果相关

---

① 张平：《国家自然科学基金资助项目知识产权管理政策研究报告》，北京大学法学院，2003 年 7 月。

② Expert group report：Management of intellectual property in publicly-funded research organizations：Towards European Guidelines. Prepared by the Rapporteur Laura MacDonald and the chairman Gilles Capart together with Bert Bohlander, Michel Cordonnier, Lars Jonsson, Lorenz Kaiser, Jeremy Lack, John Mack, Cino Matacotta, Thomas Schwing, Thierry Sueur, Paul Van Grevenstein, Louise van den Bos, Nicholas S. Vonortas. 2004 – P16.

的其他资料也可能能够得到更为合理的利用。此外，如果采用美国模式，国家作为共有人可以通过授权他人非独占许可的方式使研究成果直接与产业相联系，有利于成果的共享和转化。但是在这种模式下也存在以下问题：一是这种模式下，依托单位的自由度变小，可能会在一定程度上打击研究者和研究机构的积极性；二是赋予国家、政府等相关的职能部门非独占许可的权利，也可能会在一定程度上造成国家公权力的滥用。本书认为，可以逐渐完善奖励和激励机制，以调动依托单位和研究者个人研究的积极性和热情；而对于国家及政府，一般来说，可以在非独占许可及成果共享过程中通过招标、拍卖、听证会等公开方式将成果的共享和转化置于公众的监督之下，同时我国现行的相关法律也可以对政府及其他官方机构的行为予以规制。

（3）研究成果的强制共享

我国在目前资助项目成果管理的相关规定中，仅在标注部分对于未按照约定或资助人要求进行行为的，作出相关的限制性规定，即如未按要求进行标注，则限制项目承担人在一定时间内不得再次获得资助项目等。在成果的共享方面，未要求项目承担者及其依托单位承担成果分享的义务，对于未分享成果的也没有相关的规定。

从成果本身价值实现的角度来说，研究者和依托单位的成果分享义务应当不仅限于发表文章和出版著作，还包括多元化的分享方式和途径。资助研究的目的并非仅是为了固化在纸面上含有一定专业领域知识的文字，而是通过国家的投入，将取得的新成果广泛应用从而不断促进国家、社会和公民的全面发展。这些内容在现阶段，可以通过合同约定的方式予以初步实现。但是要将这些经验和制度转化成为在我国国家资助研究领域中的制度规范，仍需要一个过程，通过实践摸索适合我国特点的制度模式。

在科学研究领域，每一个研究成果都不能涵盖其所研究的所有内容，包括尚未形成完整研究成果的信息、研究过程中派生出来的其他具有研究价值的课题等。同时也存在研究成果产生之后由于各种客观因素的制约而无法共享的成果，如作为资助人的机构、国家和政府在现阶段尚无法使用该成果，同时研究者也无力申请专利，通过专利制度共享成果，保护权利等情况。这些研究成果被统称为闲置的成果和发明，无法发挥其应有的社会价值。因此，本书认为对于闲置成果有必要建立强制共享的机制，将这部分成果和某些资源置于公众领域，集思广益，通过利用广泛的社会资源使科学技术转变为现实的价值。

首先，对不能够成为专利的非完整的相关研究成果及派生的成果和课题，在依托单位没有能力或不愿意继续研究的情况下，可以强制就该部分资源与其他研究机构、学校进行共享，进行进一步的研究。

其次，对于完整的闲置成果，国家和政府及资助机构有权优先共享，但不得将该成果的专利申请权及相关权利进行转让。

再次，征求依托单位和研究者个人的意见，除其不愿意或无能力申请专利的情况下，国家相关的职能机构可以代表国家强制将该闲置成果的所有信息、资料、发明在公共领域内进行公布，由全社会共享。①

最后，在公布后的各个社会领域内，如有任何个人、法人或其他组织有意图、有能力将该已共享的内容进行转化的，应当向成果管理机构提出申请及可行性报告，经过论证和鉴定后，成果管理机构可以协助申请人在应用领域内进行推广。申请人对于应用后的成果享有权利且对闲置成果可无偿使用，但闲置成果的产生是以依托单位原有的非国家资助项目的研究成果为基础的，申请人在实现闲置成果后可以支付给研究机构一定的原有成果的使用费。同时，申请人对于闲置成果仅有使用权，无许可他人使用或转让的权利。

(4) 营利性组织对研究成果的共享

营利性组织如公司、合伙企业等法人及非法人组织在其自身发展运作的过程中需要借助于各种研究成果的支持，高新技术产业在这方面的需求更加迫切。而在我国现阶段，依托单位以学校和研究所为主，大多没有能力自行设立企业并将研究成果转化为实际的产品。因此，企业希望寻求科研机构的帮助以提高其市场竞争力，科研机构也可以由此获得更多的经费以支持其研究。在国家资助项目研究成果的分享过程中，主要有以下两个方面的问题。

第一，营利性组织对国家资助项目成果的共享

营利性组织的成果共享主要有以下几种方式：通过专利权的转让，

---

① Guidelines from National Science Foundation: Title 45 – Public Welfare.

由企业取得研究成果的专利权；许可使用；聘请相关的研究人员利用其技术为企业的产品创新作出指导。

营利性组织对于国家资助项目研究成果的共享应当均为有偿的，在前述第三种情形下，企业或公司不仅应当支付给具体研究人员相应的报酬，同时也应当对研究人员所属的单位支付一定的费用。此外，营利性组织的成果共享应当以不损害国家、政府、资助机构的在先权利为前提。

第二，营利性组织对合作资助项目研究成果的共享

营利性组织对与非由自己合作资助的项目成果的共享，除了遵循上述原则外，还不能侵犯作为资助人的营利性组织的在先权利。依托单位在将成果与其他营利性组织共享前，应当征求共同资助人的同意。

当营利性组织作为资助人进行成果共享时，国家资助人、营利性组织以及依托单位在订立资助研究合同中可约定各方的权利和义务，比如企业资助人可以对研究成果在工业、流通领域内享有排他性的使用权，依托单位未经其同意不得许可其他营利性组织使用该成果等。当然，对成果的共享也应当加以适当的限制，首先，国家基于国家利益和公共利益的需要对成果享有的权利优先；其次，依托单位可以以已有的研究成果继续进行相关领域内的研究；再次，对于研究中的应当与社会共享的基础性数据和材料，营利性组织应当予以公布和共享。

2. 国家资助项目研究成果的国际共享

（1）国际合作资助项目成果的共享

随着经济全球化的发展，各国的联系越来越紧密，国与国之间都通过交流和合作以谋求共同的发展。在科学研究领域，国际合作资助项目的研究为科学研究提供了很好的合作机遇和平台。从美国、德国、日本、芬兰、瑞典等西方工业化国家及匈牙利、波兰等东欧国家开展科技政策与科技管理研究的经验看，国际合作是研究工作的最大趋势。进入21世纪，我国也在积极推进科学研究的国际合作进程。对于合作研究项目成果的分享，主要涉及两个方面的问题：一是共享的主体问题，二是合作各方在共享时对共享成果的保护问题。

第一，成果共享的主体。一般来说，在国际合作资助研究项目当

中，在项目研究之初，对于项目的内容、经费的使用、出资比例以及成果的归属和分享方式都有约定。同时，在立项之初，该合作协议的内容经过基金委的审批后，整个项目的研究均从协议约定，当然也包括成果分享的部分。通常，合作资助项目至少涉及三方当事人：基金委等国内资助人、国外的资助人以及项目的依托单位。三方当事人在协议中都有权与他人分享研究成果。

在美国，各方主体在成果产出后都有权非独占地许可他人分享该研究成果，但应以资助人的同意为前提。同时，在这种情况下，一般来说，专利申请权和专利权的归属仍然是依托单位，但可约定其他两方资助人有优先的使用权。三方当事人均有权共享该研究成果并推广应用。

但在国际合作研究中，由于各国在知识产权保护方面的差异，由国际合作资助研究引发的知识产权问题向来比较复杂和棘手。因此，为了避免知识产权国际争端，目前国际资助合作研究通常旨在推进合作各方的基础科学研究，而避免在高竞争性的商业产品领域、军事领域等方面的合作。如：信息科学、生物科学、新材料科学、海洋与环境学、中医中药研究、管理科学等方面。[1] 基础性科学的研究成为国际合作资助项目的重点后，各方可以约定成果的分享及归属，也很大程度上避免了知识产权的争端。

第二，在成果分享过程中对成果的保护。在研究成果的国际共享中，对成果的保护主要有两种方式，其一是公权力保护，其二是通过约定各方的权利义务以实现成果的保护。

对于研究成果的公权力保护根源于现今国际社会高科技跨国犯罪的出现。出于对研究者的权利保护以及对公民和社会安全利益的保护，在国际合作研究中，对于研究成果的保护是不可或缺的。在这种社会现状的要求下，公权力的介入就成了一种必然的趋势。在这方面，本书认为也可以借鉴美国和欧盟对于信息分享和保护方面的一些规定。首先，合作各方通过官方的联合声明，促进各方的相互理解和信任，以构建高水准成果保护的基础。其次，各国以联合声明中所达成的共识为基础，并以此为标准完善国内立法，并最终通过国内法来实现研究成果在分享过

---

① 《国家自然科学基金委员会与香港研究资助局联合科研基金实施暂行办法》。

程中的保护。①

　　除了通过国家间的合作以及将对成果的保护在国内立法中予以实现以外，最重要的就是各方通过协议来约定各自的义务以保护成果分享的有序进行。其中，主要涉及的是成果共享人对于成果的许可使用问题，以及共享人在共享过程中对于成果及其相关的问题、数据的保密义务等问题。上述问题均可以通过合同约定而予以解决。

　　（2）国家资助项目研究成果在我国领域外的共享

　　研究成果的国际共享是现代科学研究不断向前发展的重要途径，研究成果共享的根本原则就是公平原则，即在基础科学的研究领域内，在同等条件下对于我国国内的共享人以及国外的共享人应当不加歧视地公平对待，共同分享。以此为原则，我国的国家资助项目成果在领域外的共享主要有以下方式：第一，以依托单位为专利申请人，向不同的国家通过其法定程序申请专利权，对研究成果进行分享和保护；第二，向国际知识产权局申请知识产权的国际保护，同时在国际范围内使研究成果得到共享；第三，通过同外国研究机构的交流与合作进行分享，在这种分享方式下，主要涉及研究的基础性数据、材料，以及以研究成果为基础的派生成果的研究、改进等方面的合作和共享；第四，通过与国外的企业和其他组织签订技术许可合同，在经过我国相关部门审批和备案之后，与国外的企业和其他组织进行合作和共享。在这种共享方式下，共享的主要内容是成果中可被转化为商业价值和社会价值的技术、实用新型等内容。

（五）国家资助项目成果的传播

　　传播，是将国家资助项目的研究成果为公众以及特定群体的人所知晓。传播是成果共享和转化的前提，只有成果为人所知晓，才能通过研究者、研究机构之间的沟通和交流实现共享并最终进入应用领域，进行转化。

　　1. 项目研究成果传播的义务主体

　　国家资助项目从投入研究直至结项，各处环节涉及以下主体：资助

---

① Statement on Information Sharing and Privacy and Personal Data Protection between the European Union and the United States of America, 2008.

人、依托单位、研究者个人以及成果发表所依托的出版商。本书认为，上述主体均可作为成果传播的义务主体。

（1）国家作为资助人应当成为成果传播的主体。资助人在国家资助项目的立项、审核和验收的各个环节中处于主导地位，对研究成果的认识和了解非常全面。同时从欧盟资助项目的经验来看，资助人往往是该研究成果最主要的使用者，其中对于社会科学以及人类学的研究成果的使用尤为突出。① 资助人作为成果传播的义务主体有以下好处：第一，资助人资助研究项目的目的就是在我国比较落后的领域，通过国家的资助提高该领域的研究水平，并转化为社会利益为公众所共享。况且，资助人对于研究成果的传播相对其他主体更具有公信力，对于社会公众来说其所传播的与研究成果相关的信息更为可靠；第二，资助人基于国家利益，可以利用其官方身份，对传播的成果及其相关信息予以筛选，防止成果传播的无限度；第三，资助人对成果享有某些权利，通过资助人自行传播成果信息，可以有效地避免知识产权争端；第四，资助人进行传播，能够更好地有针对性地将该信息高效率地传播给急需该成果进行其他研究的相关单位和研究人员，进而提高成果使用的效率。

（2）依托单位和研究者个人也可以成为传播的义务主体。我国科研的主体是学校和研究所，他们为了提高其竞争力及其在科研领域的影响力，对于科研成果的传播往往抱有比较积极的态度。此外，研究者发表其研究成果本身也是传播成果的途径之一，因此，在项目资助协议中约定依托单位和研究者承担传播研究成果的义务，并不会损害其利益。

（3）出版商出于其经济利益考虑，必然积极地推广包含有研究成果内容的刊物、书籍，因此，并不需要特别为其附加传播和推广的义务。但是对于出版商，仍然需要在其传播过程中根据现有《著作权法》以及《专利法》的相关规定在合同中为其设定义务，以避免其在传播的过程中侵害依托单位、研究者和资助人的权利。

2. 项目成果传播的策略和方式

事实上，根据欧美国家的经验，成果的传播并不是在成果产出后才

① Funded under the Socio-economic Sciences and Humanities theme: Dissemination in EU-funded research projects. PLATON-progress through socio-economic research.

出现的环节，而是一个从项目初始阶段就开始并伴随整个研究的完整的体系。一般包含以下环节：

（1）根据项目的内容和性质确定该项目研究成果中可传播的范围和内容；

（2）根据项目的内容和性质确定传播的主要对象和受众；

（3）由于许多项目成果中涉及高新技术，因此在传播中需要对关键词及该领域内的新兴词汇予以较为详尽的解释；

（4）以项目的内容为依托，选择合适的传播合作者；

（5）根据成果的不同特点，制定适合项目传播的计划和传播途径；

（6）在有条件的情况下还可以组织一些学术活动以传播成果，比如，举行学术研讨会，鼓励来自各个领域的政府机关、企业事业组织、研究机构和研究者参与论坛等。

此外，传播最重要的目的是研究成果在公共领域的知晓和推广，因此，激发公众对研究成果的关注也会提高传播的效率并产生更好的效果。其中，以国家、省、市、县各级政府为主导，以公开的政府指导为主要方式的传播可以使成果在短时、大范围内为公众所知晓，更有利于成果的推广、共享和转化。

3. 成果传播的主要受益对象

一般来说，成果传播对以下主体最具有实际的意义：

（1）其他学者、研究所等科研机构。他们应当是成果传播的最重要的对象。学校和科研机构及时获得成果的相关信息，一方面可以促进该成果的不断向前发展并在各科研单位的共同努力下不断研究出新成果；另一方面，通过获取成果信息，其他科研机构可以减少相同或类似的研究课题的重复投入，从宏观角度讲可以减少对科研资源和社会资源的浪费。

（2）以政府为主导的国家政策、法律的制定机关。从法与科学技术的关系来看，新的技术成果的出现需要立法的不断完善并为法律提供新的立法技术；反之，法律和政策也需要对新的研究成果予以规制以防止新技术的滥用。因此，国家应当也有必要通过成果的传播获得相关的信息，以不断完善法律，维护公民的合法权益。

（3）公民。研究成果只有为公众所知晓才称得上是已被传播。无论是其他研究者的研究成果还是基于研究成果的新的立法，最终受众都是公民。所以，公民接受成果的传播一方面可以吸纳广大公民的集体智慧，通过公民的合理建议不断推进成果的研究，另一方面，公民也是科技立法的最广泛的监督者，有利于保障法的实施。①

4. 成果传播的主要途径

（1）通过杂志、书籍等公开出版发行的刊物进行传播；

（2）通过网络进行传播，此种传播最为快捷，尤其是能够将成果在国际范围内高效传播；

（3）通过举办研讨会、开办论坛等各种活动进行传播并扩大成果的影响力；

（4）通过报纸、广播、电视等媒体的报道等方式进行传播，这种方式是现代社会传播最为广泛的途径；

（5）在相关领域内构建成果传播的信息网，这种途径可以将成果快速地在研究者和资助人之间进行传播。

在成果的传播中，最重要的就是使新的成果受到大众的广泛传播，使成果在社会公众领域以及国家在科技立法过程中发挥其应有的价值和作用。

---

① A strategy to implement communication and dissemination of project results towards the policy-makers and the general public, Louisa Anastopoulou, European Commission, DG RTD. Brusseles, 5 June, 2009.

第七章

项目成果的知识产权保护

项目成果的知识产权可能会受到他人侵害，此时法律应当给予其一定的保护，并让侵权人承担相应的责任。目前我国对于项目成果的知识产权保护并没有特殊的规定，在实践中通常适用一般知识产权的保护方式，常见类型主要包括行政保护和司法保护，自力救济的适用范围较小。项目成果知识产权的保护，因为有国家公权力的介入而与一般知识产权的保护有些微的区别，需根据所获得的知识产权的相应规范来保护。用一般原理再加之与项目成果知识产权特征相适应的规则，可以使我国的国家资助项目制度更加完备，有利于实现国家资助项目设立的目的，促进科技进步与技术革新。

本章主要研究各类可能作为项目成果的知识产权的保护方式及其适用程序，以及侵犯知识产权所应承担的法律责任。

一 知识产权保护的基本规则

知识产权作为一项常见的民事权利，在其受到侵害时应当受到必要的保护。狭义上的知识产权保护是指通过司法程序和行政执法来保护知识产权的行为。但知识产权保护的目的并不限于保护知识产权本身和权利人的权益，其更重大的意义在于促进科技发展和社会进步。TRIPS 协议第七条中明确规定了知识产权保护的意义所在："知识产权的保护和实施应有利于促进技术革新、技术转让和技术传播，有利于生产者和技术知识使用者的相互利益，保护和实施的方式应有利于社会和经济福利，并有利于权利和义务的平衡。"为了实现知识产权保护的宗旨，能够更加有效地保护知识产权，在理解知识产权保护的概念时，应从更加广义的层面理解，尽量涵盖知识产权保护的全部内容，即知识产权保护是指依照现行法律，对侵犯知识产权的行为进行制止和打击的所有活动的总和。

从广义的知识产权保护的定义来看，知识产权的保护分为两次：第一次保护是指国家通过立法赋予民事主体对其知识财产和相关的精神利益享有知识产权，并赋予法律效力的一种保护，如法律上对知识产权的产生、规则和制度所做的规定；第二次保护是指当知识产权的权益受到他人侵害，应当如何救济、如何维护，即对知识产权通过行政或司法途径进行保护。

知识产权的两次保护各有其重大意义：第一次的保护旨在确定知识产权的归属，通过规定一定的主体资格或设定自动取得权利的情形，向权利人提供其在一定范围内享有知识产权的法律依据，确认知识产权的归属和明确知识产权的范围，有利于平衡生产者与使用者的利益，提高生产者的积极性，促进科技的进步与革新，使得知识产权法不仅为知识产权人提供有效、可靠的法律保护，还能够维护公众利益，为发明创造及相关知识的推广应用创造更好的条件；第二次的保护旨在救济被侵害的权利，当知识产权人的权益受到他人的侵害时，权利人有权向行政部门或司法部门提出通过一定的国家权力来保护其权益的请求，国家有关机构应当予以救济。知识产权保护有利于促进权利人积极进行知识创新和技术改造，充分发挥知识产权本身的制度价值，从而推动整个社会的技术进步。

（一）知识产权保护的基本方式

根据民法基本理论，对于一项权利的救济通常分为公力救济和私力救济两种方式。公力救济是指权利遭受侵害时，权利人可以请求国家机关以公权力排除侵害，以保障权利实现的手段。公力救济包括行政救济和司法救济等具体形式，行政救济是由行政机关行使的，而司法救济是通过司法机关实现的。无论是行政机关还是司法机关，都有在其职责范围内对被侵害的民事权利进行救济的义务。[①] 司法机关提供的救济称之

---

① 江平主编：《民法学》，中国政法大学出版社 2000 年版，第 87 页。

为知识产权的司法保护，行政机关提供的救济称之为知识产权的行政保护。学术上还有一种救济方式被称为社会救济，是指依靠社会权力来对被侵害权利进行救济，主要包括仲裁和调解（包括民间组织调解、律师调解、行政调解、法院调解等）。仲裁以当事人的合意为基础，将双方可能或已发生的纠纷的处理权授予法院、行政机关以外的第三方来进行裁决，从而妥善处理纠纷。调解指通过中立调解人的沟通协调，使当事人在平等协商的情况下达成解决纠纷的合意，实现纠纷的妥当解决。需要指出的是，行政调解和法院调解因为发生在公力救济的过程中，会受到公权力的影响，不属于纯粹的社会救济方式，有时也归入公力救济的范畴。①

1. 知识产权的行政保护

知识产权的行政保护是指国家行政机关对当事人某些比较严重违反知识产权法律的行为予以行政处罚，以及对某些知识产权向权利人予以授权等的行政行为。知识产权的行政保护不仅规范了行政机关处理知识产权纠纷的行为，也能够制裁侵犯知识产权的违法行为。知识产权行政保护的特点使其成为我国知识产权保护制度的重要构成部分，知识产权行政保护在目前和日后相当长的时间内，都将是我国知识产权保护工作的重点。知识产权的行政保护具有如下特点：②

首先是在时间上的及时性。知识产权行政执法的程序相对简单，能够减少处理案件的时间，及时有效地保护权利人的合法权益。在行政执法时知识产权管理部门的程序简单便捷，有利于提高案件处理的速度，从而使知识产权案件的权利人能在第一时间有效地维护自己的合法权益，获得及时的行政保护。行政管理部门如有证据认为存在不法侵害，应履行其法定责任调查，在违法侵权行为被行政执法机关发现并有可靠证据的情况下，相应的行政管理部门应当依法履行其法定职责，对该违法行为及时进行处理，这种处理都是当时生效的。

其次是在成本上的节约性。与请求司法救济相比，权利人运用行政手段来处理日常生活中的知识产权纠纷更能降低成本，因为侵犯知识产

---

① 参见季节《论专利权的法律保护》，中国政法大学硕士论文，2010年。
② 参见薛彦馨《知识产权的行政保护与司法保护之比较》，长春理工大学硕士论文，2012年。

权往往对社会公众利益构成一定的威胁，因此国家财政应当承担知识产权行政管理机关主动调查处理知识产权侵权案件的费用，在这种情况下，对于知识产权的侵权案件，行政机关可以不收取任何费用，从而降低了保护知识产权的经济负担，节约成本。如果权利人选择司法程序保护其自身利益，除需支付一定的诉讼费用外，还应支付资产评估费、广告费、勘验费、误工费用和差旅费等费用，成本明显高于行政救济。

最后是知识产权行政保护的专业性。随着科技的进步和知识产权法的不断完善，知识产权的问题已不再仅局限于法律方面，还常常会涉及其他专业领域的问题，作为专利行政机关的执法人员不仅需要有一定的法律知识，还应当具备其他相关专业知识。知识产权行政机关的工作职能主要是对知识产权是否合法进行审查、确认知识产权的归属以及执行知识产权保护的具体行政行为。这些机关拥有一整套完整的、与此相关的知识产权方面的资料，有关工作人员都是具有专业知识的管理人士，他们在相关领域内办理有关知识产权的案件，就呈现出较高的专业性。相关行政部门应熟悉本部门的专业技术知识和技能，各个部门都应配备相应领域的先进仪器和设备，执法人员都应该具备丰富的专业知识，加之平时的实践，能够更好地发挥其自身优势，通过各部门的联合将工作效率提高到最大化。除此之外，知识产权保护机关的公务员是通过国家统一的公务员考试而被录用的，具有相当的规范性并符合专业知识要求。例如2008年国家知识产权局面向社会公开招聘公务员时，专业的要求已不限于法律专业，对外招聘的专业有汽车制造、热力与热能工程、电路与系统等。

2. 知识产权的司法保护

知识产权的司法保护是指通过司法途径对知识产权进行保护，享有知识产权的权利人或国家公诉人可以向法院提起刑事、民事的诉讼，以追究侵权人的责任。当某项知识产权受到侵害时，特定国家机关可以根据《刑法》中关于知识产权保护的规定，依法向人民法院提起刑事诉讼，通过刑事审判的方式保护知识产权。其功能的发挥主要是通过给予情节恶劣、后果严重的犯罪嫌疑人以刑事责任的方式来实现。知识产权权利主体可以根据相关具体知识产权法的规定，如《著作权法》、《专利法》及《商标法》等向人民法院提起民事诉讼，请求法院处理双方当事人之间的纠纷，判令侵权人停止侵害、赔偿损失、赔礼道歉、消除影响等。法院还可以通过确认正确的行政处罚、纠正错误的行政处罚的方式，对知识产权行政执法进行司法审查。

知识产权的司法保护是维护知识产权制度正常运转的重要环节，它有效地保障了知识产权。我国知识产权司法保护的优势主要体现在：

第一，我国现行法关于知识产权保护方面的立法比较全面，实施效果较为明显。我国对知识产权的侵权行为不但有民事方面的救济程序，对那些严重的侵权行为还可通过刑法途径来救济。例如，在1979年颁布实施的《刑法》之中即对假冒商标罪作出规定，在此之后，知识产权的具体部门法如《专利法》、《著作权法》、《商标法》等陆续出台，以单行法的形式增强了对知识产权的保护。在1997年修改刑法时，将"侵犯知识产权罪"作为独立的一章来规范，规定了侵犯专利权、著作权、商标权及商业秘密权等方面的犯罪，当情节严重并且满足我国刑法对于知识产权相关犯罪的构成要件时，即可依此来追究刑事责任。对民事侵权行为，人民法院可以依法责令侵权人承担停止侵害、消除影响、赔礼道歉、赔偿损失等民事责任，还可以对侵权人给予没收非法所得、罚款、拘留等制裁。综合言之，我国的知识产权保护法律体系较为健全，实施效果较为良好。

第二，专业化的知识产权审判系统。在许多发展快速的地区，由于经济活动种类广泛、内容复杂，知识产权的案件相应较多。根据这样的社会需求，依照知识产权司法管辖的规范，这些城市的中级人民法院设立了知识产权的审判庭，专门审理知识产权案件和专业技术合同案件等与知识产权侵权相关的案件。在无法设立专门审判庭的法院，将关于知识产权的案件归某一个审判庭统一审理。这种将知识产权的案件统一审理的做法，使审理更加专业化、细致化。

第三，稳定性、公平性、规范性和效力的终结性是我国知识产权司法保护一直强调的特性。适时、正确地审理知识产权案件，能够更有效地保护当事人的合法权益。

3. 知识产权保护的私力救济方式

私力救济是指权利遭受侵害时，权利人直接依靠自己的力量排除侵害，从而实现其权利的自我保护方法。虽然私力救济缺乏有效的程序规范，极有可能在救济权利人自身权利的过程中伤害他人权利或妨害社会秩序。但由于其具备主动、及时的优点，在来不及采取公力救济的情况下，也可以有限制地进行私力救济。私力救济的手段一般包括强制（主要指自卫行为和自助行为）和交涉。私力救济的典型形式即私下和解，当事人双方在没有第三方介入的情况下通过相互交涉、沟通，彼此互相作出让步，进而最终达成合意，解决纠纷。在行政救济过程中的和解及诉讼和解也属于私力救济的范畴，但因其受到公权力的影响，属于不纯粹的私力救济方式。

要在知识产权保护方面实现大面积的私力救济并不符合我国的国情，但在实践中仍有部分私力救济的形式。如依靠知识产权集体管理组织进行保护，弱势的知识产权人为维护自身利益与增强自我保护能力而联合形成某种组织，由该组织代为处理知识产权保护相关事宜。① 以及知识产权人通过设立专门从事知识产权法律或管理事务的部门，制定知识产权战略，确定如何保护知识产权和避免对他人侵权的一系列具体措施与手段。还有舆论导向保护，即通过正确合理的知识产权保护舆论引导，营造良好的知识产权保护氛围。② 这些都是由实践得出的私力救济方式，虽然还未能成为正式的保护制度，但只要加以适当的引导，将更加有利于知识产权的保护。

（二）知识产权侵权责任的归责原则

在认定侵权责任时有一个不可或缺的基础——归责原则。归责原则是指行为人因其行为（物件）致他人损害的事实发生以后，应依据何种规则使其负责。然而，在我国的知识产权有关法律中并没有明确规定知识产权侵权责任的归责原则，但《侵权责任法》从民事侵权的角度完整地规定了一系列的归责原则，由于知识产权具有私权性质，这些归责原则也可以适用于知识产权领域。

从侵权法的角度来看，一般而言行为人的过错是侵权责任的构成要件之一，如果行为人能够证明自身没有过错即就可以免除己方的责任；

---

① 耿丽辉：《浅谈自主创新与知识产权保护》，《商场现代化》2008 年第 32 期。
② 同上。

但是当行为人不存在过错而仍要承担侵权责任时，适用的则是无过错责任归责原则。在适用无过错原则时，行为人只能通过证明自己存在免责或减责事由而免除或减轻自己的责任。根据《侵权责任法》的规定，无过错责任原则在侵权法中只适用于高度危险、环境污染等本身具有"危险性"的活动中，而且必须存在法律法规特别规定的情形方可。然而专利活动并不具有"危险性"，如果要主观上无过错的侵权人承担侵权责任是违背侵权法基础的。

需要说明的是，现实中并非所有知识产权侵权行为都会产生损害赔偿责任，例如《专利法》中明确规定了专利侵权的责任承担方式包括损害赔偿和停止侵害，停止侵害责任并不要求侵权人主观上一定有过错，只要确有侵权行为存在，就应当停止侵害行为。因此，当侵权人被判承担停止侵害的侵权责任时应适用无过错责任。与之相反，损害赔偿责任则更为严格，集中凸显侵权责任的基本功能，应当充分考虑侵权人的主观意图，因此应当适用过错原则来认定是否要侵权人承担损害赔偿责任。也就是说，在知识产权侵权保护中适用的是二元归责原则，即以过错责任原则为基础，无过错原则为补充。

鉴于知识产权侵权的特殊性与复杂性，不能将知识产权侵权与一般民事侵权完全等同，最有效适宜的做法是在知识产权的专门立法当中，单独规定认定知识产权侵权的归责原则，根据侵权人可能承担的损害赔偿责任或停止侵害责任分别规定侵权认定的归责原则，从而有利于司法实践活动的顺利进行，指导法官依据专利侵权的归责原则作出合乎法理的判决。

二　项目成果专利权的保护

依据国家资助项目成果取得的专利权，与一般专利权相同，并没有特殊之处，对其的保护原则上都是按照专利法中对一般专利权的保护来进行的，因此，本书主要论述一般专利权的保护，对于项目成果专利权与一般专利权保护的细微差别，将简要论述。

（一）专利权保护的范围

专利权所保护的客体是无形财产，其范围无法像有形财产一样明确清晰，但专利权作为一项在整个国家范围内都有效的权利，对该范围内的所有单位和个人都具有约束力，如果专利权的保护范围不能事先确定，只有当纠纷产生时经过法院认定才能确定的话，会因事先的无法预测而使公众不知所措，影响正常的社会秩序。① 专利权的保护涉及专利权人利益和公众利益的平衡，保护不足将有损于专利权人的利益，保护过度则有损于公众的利益，要达到二者之间的平衡，关键在于正确判断何为侵犯专利权，这就必须解决专利权的保护范围，因此，在明确专利权归属问题的同时，也应当明确专利权保护的范围，即专利权法律效力所涉及的发明创造的范围。我国《专利法》第五十九条规定，发明或者实用新型专利权的保护范围应以其权利要求的内容为准。外观设计专利权以表示图片或者照片中的该外观设计专利产品为准。说明书及其附图内容可以用于解释其权利要求，不能把权利要求书中没有记载而在说明书或者附图中记载的特征列入保护范围。

需要说明的是，最高法院法释〔2009〕21 号中关于权利要求保护范围，有很多新的规定，有利于明确权利保护的范围。

1. 提出将构成侵犯从属权利要求的时机限制在一审法庭辩论终结之前

确定是否构成技术专利侵权，其依据是判断被控侵权产品是否落入了由权利要求所限定的专利保护范围。一般而言，权利人在技术专利侵权诉讼中，经常仅通过用涵盖最大保护范围的独立权利要求与被控侵权产品进行比较，来确定被控侵权产品是否落入专利权的保护范围。但是，实践中经常会出现这样的情况，即被告常常在被诉专利侵权后发起向专利局提起专利无效请求的反击，因此会出现一审判决认定构成专利侵权，而在二审中相关独立权利要求却被认定为无效的情况。在这种情况下，如果权利人在二审程序中继续主张被控侵权产品也落入了相关从属权利要求的保护范围，则会出现令法院两难的境况。一方面，如果二审法院直接依据相关从属权利要求做出专利侵权的判断，则会产生审级损失而对被告不利。另一方面，如果二审法院不对被控侵权产品是否落入相关从属权利要求的范围进行评判，而权利人又已在一审中主张过被控产品侵犯了其专利权，诉讼

---

① 尹新天：《专利权的保护》，知识产权出版社 2005 年版，第 25 页。

请求并未有过变更，则有可能对专利权人不利。

为了避免这种因权利要求的变更而导致的诉讼秩序的混乱，在该司法解释中规定，权利人变更其主张的权利要求的时限为一审法庭辩论终结之前。即如果权利人在一审法庭辩论终结之前未主张被控侵权产品还侵犯了相关的从属权利要求，则法院之后将不允许权利人再提出这种主张。虽然它不会影响权利人根据相关从属权利要求另行提起诉讼，但是另行起诉定会使权利人的诉累大大增加，甚至可能会丧失制止侵权的最佳时机。

2. 对权利要求内容的解释趋于严格，与以往相比更加倾向于保护公众利益

《专利法》第五十九条第一款规定：发明或实用新型专利权的保护范围以其权利要求书的内容为准，说明书及附图可以用于解释权利要求。但是，该条规定较为笼统抽象，不利于实务操作。实践中经常会出现专利权人为使其专利与现有技术区分开来，利用说明书和附图的内容对权利要求做出某种限定性的解释或说明。而在之后的专利侵权诉讼中，专利权人又隐去曾经做出过的限定性解释说明，而主张以权利要求文字描述的内容来确定其专利的保护范围。这样就会使专利权人两头得利，损害公众的合理利益。针对这个问题，该司法解释从宏观定义到微观操作的层面上，对专利法的该条规定做出了全面的阐释。

第一，明确了解释权利要求以确定专利保护范围时应采用"折中原则"。该司法解释第二条规定："人民法院应当根据权利要求的记载，结合本领域普通技术人员阅读说明书及附图后对权利要求的理解，确定专利法第五十九条第一款规定的权利要求的内容。"这条规定从宏观上明确了在确定专利保护范围时应采取将"周边限定"原则与"中心限定"原则相结合的"折中解释"原则，其背后的含义显然是要在权利人与公众的合理利益之间实现一种平衡。

第二，说明书、审查档案的地位和作用在具体解释权利要求时得到大大提高。过去不少法院在理解《专利法》第五十九条第一款的规定时，常常采用这样的做法：仅当权利要求不清楚时，才需参看说明书和附图，而当法院认为权利要求中记载的方案是清楚的时候，则不再参看说明书和附图或其他证据。这样有可能会导致法院仅凭权利要求的内容

来判断其保护范围，而忽视其实质性的内涵，明显有悖于"折中解释"这一基本原则。而按照新的司法解释，这种做法可能将不再适用。根据该司法解释第三条的规定，法院在解释权利要求时，可以依据权利要求本身的内容、说明书和附图的内容，以及专利审查档案进行综合判断。该条规定实质上大大提高了说明书和审查档案的地位和作用。这里应该注意到的是，在该条规定中使用的是"可以"，也就是说似乎法院也可以不顾说明书、附图以及审查档案的内容而直接依据权利要求来确定保护范围。但是从权利人的角度来看，这些有可能对专利保护范围构成影响的因素则是必须预先考虑的。

另外，在操作层面，司法解释第三条还更具体地指出了操作的层次，即，说明书对权利要求用语有特别界定的，从其特别界定。如仍不能明确权利要求含义的，可以结合工具书、教科书等公知文献以及本领域普通技术人员的通常理解进行解释。

第三，对功能性限定的技术特征的解释受限于具体实施方式及其等同的实施方式。过去在专利侵权判断中，法院通常认为，以功能性限定描述的技术特征涵盖了能够实现所述功能的一切方式，只要被控侵权技术采用了能够实现相同功能的技术特征，就会被认定为落入了专利的保护范围。至于这种功能性限定是否能够得到说明书的支持，则是在专利无效程序中需要考虑的事情。这种做法一直存在很大的争议，尤其是在当专利说明书中仅记载了一两个具体实施方式的情况下。因为这种情况被很多人认为是专利权人没有做出很多的贡献，却获得了宽范围的保护，对公众利益是不利的。

而在新的司法解释中，这个问题得到了明确的说明。根据该司法解释第四条的规定，对于权利要求中以功能或者效果表述的技术特征，人民法院应当结合说明书和附图描述的该功能或者效果的具体实施方式及其等同的实施方式，确定该技术特征的内容。也就是说，虽然法院不会对以功能性限定表述的技术特征是否可以得到说明书的支持直接做出判定，但法院不再会将其范围解释为大到可以实现该功能的一切方式。可见，该司法解释的目的在于平衡权利人与公众利益之间的关系，从某种意义上可以说，该解释使利益天平更加偏向于保护公众的合理利益。

还应当注意的是，最高人民法院于 2014 年 7 月 16 日发布《关于审理专利纠纷案件适用法律问题的若干规定》（公开征求意见稿），进一步就专利侵权的相关问题作出规定，其第十七条规定，《专利法》第五十九条第一款所称的"发明或者实用新型专利权的保护范围以其权利要求的内容为准，说明书及附图可以用于解释权利要求的内容"，是指专利权的保护范围应当以权利要求记载的全部技术特征所确定的范围为准，也包括与该技术特征相等同的特征所确定的范围。这里提出所谓等同特征，是指与所记载的技术特征以基本相同的手段，实现基本相同的功能，达到基本相同的效果，并且本领域普通技术人员在被诉侵权行为发生日无须经过创造性劳动就能够联想到的特征。可以说，这一解释如果出台，将对专利权的保护范围有所扩张。

国家资助项目成果获得的专利权，保护的范围应当与一般专利权的保护范围相同。项目成果是发明创造或者实用新型的，其保护的范围以权利要求的内容为准，如果项目成果是外观设计，则其专利权应当以表示图片或者照片中的外观设计专利产品为准。但是，由于项目研究的内容大多涉及国家利益和公众利益，应当更加注重权利人权益和国家公众利益的平衡，以及社会科技的长远发展，故对其保护范围进行一定程度上的限缩。例如，在涉及公益类项目或一些特定社会利益的项目时（如关系到公民的健康权甚至生命权），需要设置强制要求，以防止其转让价值偏高而影响公众享有项目成果；如果各方当事人约定条款对国家利益或重大社会公共利益构成损害（比如违反本国产业优先的原则），还需要配置跟踪处理和责任追究的制度。①

（二）侵犯项目成果专利权的行为

专利侵权行为是指未经专利权人许可，也没有法定事由的情况下，第三人擅自实施他人专利的行为。

1. 在最高人民法院《关于审理侵犯专利权纠纷案件应用法律若干问题的解释》中规定的三个专利侵权判定原则

（1）捐献原则（第五条）。对于在说明书中或附图中描述而在权利

---

① 邓碧：《论国家科技计划项目的知识产权权属及运用制度》，华东政法大学硕士论文，2012年。

要求中未记载的技术方案，权利人在侵犯专利纠纷案件中不能将其纳入专利权保护范围，即可推定权利人放弃专利保护，愿意该技术方案公之于众。

（2）禁止反悔原则（第六条）。是指在专利审批或者无效程序中，专利权人为确定其专利具备新颖性和创造性，通过书面声明或者修改专利文件的方式，对专利权利要求的保护范围作了限制承诺或者部分地放弃了保护，并因此获得了专利权。而在专利侵权诉讼中，法院确定专利权的保护范围时，应当禁止专利权人将已被限制、排除或者已经放弃的内容重新纳入专利权保护范围。

（3）全面覆盖原则（第七条）。又被称为全部技术特征覆盖原则或者字面侵权原则，即如果被控侵权物（产品或方法）的技术特征包含了专利权利要求中记载的全部必要技术特征，则落入专利权的保护范围。进行侵权判定首先要适用全面覆盖原则，即应当以专利权利要求中记载的技术方案的全部必要技术特征与被控侵权物（产品或方法）的全部技术特征逐一进行对应比较。前已述及，最高法院《关于审理专利纠纷案件适用法律问题的若干规定》（公开征求意见稿），解释了"等同原则"，具有重要价值。

除此之外，专利技术有效原则、权利要求的范围成立原则、技术特征完整对待原则、多余指定原则也是学术上判定专利侵权的原则。

2. 专利侵权行为的具体形态

（1）未经许可实施他人专利的行为。这类专利侵权行为必须满足两个条件：未经权利人许可和以生产经营为目的。包括以下三种具体形式：制造、使用、许诺销售、销售或进口他人发明专利产品或实用新型专利产品；使用他人专利方法以及使用、许诺销售、销售或进口依照该方法直接获得的产品；制造、销售或进口他人外观设计专利产品。

（2）假冒他人专利的行为。这类专利侵权行为是指侵害专利权人的标记权。包括以下四种具体形式：未经许可，在其制造或者销售的产品、产品的包装上标注他人的专利号；未经许可，在广告或者其他宣传材料中使用他人的专利号，使人将所涉及的技术误认为是他人的专利技术；未经许可，在合同中使用他人的专利号，使人将合同涉及的技术误认为是他人的专利技术；伪造或者变造他人的专利证书、专利文件或者专利申请文件。

（3）以非专利产品冒充专利产品、以非专利方法冒充专利方法。

（4）除法律明确规定之外，在理论上和实践中还存在两种侵权行为：过失假冒，指行为人本意是冒充专利，随意杜撰一个专利号，而碰巧与某人获得的某项专利的专利号相同，在这种情况下，即使该行为无假冒故意，但其行为结果仍然构成了假冒他人专利；反向假冒，指行为人将合法取得的他人专利产品，注上自己的专利号予以出售，这种行为显然不构成"假冒他人专利"，但事实上侵害了合法专利权人的标记权，仍是一种侵权行为，侵权人应当承担民事责任。

3. 不视为侵犯专利权的情形

为了保护公众利益，平衡权利人利益和公众利益，我国《专利法》第六十九条还规定了不视为侵犯专利权的情形：第一，专利产品或者依照专利方法直接获得的产品，由专利权人或者经其许可的单位、个人售出后，使用、许诺销售、销售、进口该产品的；第二，在专利申请日前已经制造相同产品、使用相同方法或者已经作好制造、使用的必要准备，并且仅在原有范围内继续制造、使用的；第三，临时通过中国领陆、领水、领空的外国运输工具，依照其所属国同中国签订的协议或者共同参加的国际条约，或者依照互惠原则，为运输工具自身需要而在其装置和设备中使用有关专利的；第四，专为科学研究和实验而使用有关专利的；第五，为提供行政审批所需要的信息，制造、使用、进口专利药品或者专利医疗器械的，以及专门为其制造、进口专利药品或者专利医疗器械的；第六，为生产经营目的使用、许诺销售或者销售不知道是未经专利权人许可而制造并售出的专利侵权产品，能证明该产品合法来源的，不承担赔偿责任。

4. 侵害项目成果专利权的侵权行为可以按照专利法列举的具体形态来判断，但由于社会生活的多样性，仅凭借法律当中列举出的侵权行为无法判断某一行为是否侵犯了项目成果的专利权时，也可以根据一般专利侵权行为的原则来判断，即通过审查专利权是否有效存在，检测被控侵权物（产品或方法）的技术特征是否包含了专利权要求中记载的全部必要技术特征等，判断此行为是否侵犯了项目成果的专利权。

（三）专利权保护的方式及救济程序

专利权的保护是指国家机关和权利人（包括专利权人及利害关系人）为了预防、制止侵害专利权的行为，恢复被侵害的权利，保障专利权的实现，依法采取的预防措施或实施的补救行为。专利权作为依法成立的民事权利，受到法律的保护，其保护的方法有两种，即公力救济和私力救济，对此前已述及，兹不赘。

针对专利侵权纠纷，当事人可以协商解决，协商不成的，当事人可以直接向法院提起民事诉讼，也可以申请行政机关（地方专利局或知识产权局）处理，也可以申请行政管理机关调解。是选择诉讼还是行政调处，完全根据权利人的自愿。行政机关处理时，认为侵权行为成立的，可责令侵权人停止侵权，没收违法所得，没收、销毁侵权工具，处以罚款等。对行政管理机关的处理决定不服，可在收到通知之日起法定期限内向法院提起行政诉讼，逾期不起诉又不履行的，行政机关可申请法院强制执行。行政机关主持调解不成的，当事人直接向法院提起民事诉讼。其诉讼时效的计算与民法基本原理相同，都是从知道或者应当知道权利受到侵害时起算，但是专利法上有一个特殊规定，即发明专利申请公布后至专利授予前使用该发明，未支付适当使用费的诉讼时效起算点：第一，专利权人于专利授予之日前即已得知或者应当得知的，自专利授予之日起计算；第二，专利权人于专利授予后得知或者应当得知的，自专利权人得知或者应当得知他人使用其发明之日起计算。

当然，专利权人也可以采取诉前财产保全措施和诉前证据保全措施，以免己方在诉讼结束后赢了官司却输了赔偿。专利法明确规定，当专利权人或利害关系人有证据证明他人正在实施或者即将实施侵犯专利权的行为，如不及时制止将会使其合法权益受到难以弥补的损害时，可以在起诉前向人民法院申请采取责令停止有关行为的措施。申请人提出申请时，应当提供担保，不提供担保的，驳回申请。人民法院应当自接受申请之时起四十八小时内作出裁定，有特殊情况需要延长的，可以延长四十八小时。裁定责令停止有关行为的，应当立即执行。当事人对裁定不服的，可以申请复议一次，复议期间不停止裁定的执行。申请人自人民法院采取责令停止有关行为的措施之日起十五日内不起诉的，人民法院应当解除该措施。申请有错误的，申请人应当赔偿被申请人因停止有关行为所遭受的损失。为了制止专利侵权行为，在证据可能灭失或者以后难以取得的情况下，专利权人或者利害关系人可以在起诉前向人民法院申请保全证据。人民法院采取保全措施，可以责令申请人提供担保；申请人不提供担保的，驳回申请。人民法院应当自接受申请之时起四十八小时内作出裁定；裁定采取保全措施的，应当立即执行。申请人自人民法院采取保全措施之日起十五日内不起诉的，人民法院应当解除该措施。

项目成果专利权的保护方式与一般知识产权的保护方式类似，可以通过快捷高效的行政方法来保护，也可以通过中立、威严的司法途径来解决。但由于项目成果主体的特殊性，即主体多为大学和各种公共研究机构，对于项目成果专利权的侵害还可以由国家资助机构来保护。由此相应的，其救济途径也应当比其他的专利权保护方式多一条——通过国家资助机构进行处理。

（四）侵犯项目成果专利权的法律责任

侵犯项目成果专利权的法律责任与侵犯一般专利权的法律责任并无二致。《与贸易有关的知识产权协议》（TRIPS 协议）第三部分"知识产权执法"中，规定了成员国可以设置保护知识产权的民事程序、行政程序和刑事程序。本书以我国的法律规定为基础，对侵犯专利权的法律责任进行简要论述。

1. 民事责任

侵犯专利权的民事责任有停止侵权、赔偿损失和消除影响等。我国《民法通则》第一百一十八条规定：公民、法人的著作权（版权）、专利权、商标专用权、发现权、发明权和其他科技成果权受到剽窃、篡改、假冒等侵害的，有权要求停止侵害，消除影响，赔偿损失。停止侵权就是要求侵权人不得再实施专利技术。《专利法》第六十条规定专利行政机关在处理专利侵权纠纷时，认定专利侵权行为成立的，可以责令侵权人立即停止侵权行为。

赔偿损失就是侵权人对于其侵权给专利权人造成的损失承担赔偿责任的救济措施。《专利法》第六十五条规定：侵犯专利权的赔偿数额按照权利人因被侵权所受到的实际损失确定；实际损失难以确定的，可以按照侵权人因侵权所获得的利益确定。权利人的损失或者侵权人获得的利益难以确定的，参照该专利许可使用费的倍数合理确定。赔偿数额还应当包括权利人为制止侵权行为所支付的合理开支。权利人的损失、侵权人获得的利益和专利许可使用费均难以确定的，人民法院可以根据专利权的类型、侵权行为的性质和情节等因素，确定给予一万元以上一百万元以下的赔偿。

消除影响是指侵权人对由其侵权行为造成的受害人的名誉或者商誉的损害，所采取的恢复受害人名誉或者商誉的救济措施。

　2. 行政措施

从我国专利法及行政法的规定来看，目前保护专利权的行政措施主要有行政确权、行政裁决、行政调解，在侵犯专利权之后所需承担的行政责任包括责令改正、没收违法所得、罚款等。

知识产权的行政确权是指相关知识产权机构通过审查后授予某一主体一定范围内的知识产权的具体行政行为。知识产权的行政裁决，是知识产权行政机关依照相关的法律法规，对具体的专利权纠纷进行审查并作出裁决的具体行政行为。行政机关保护知识产权主要体现在行政裁决这一方面。行政裁决具有法律效力，它直接规定了人们之间的权属，以及因侵权行为产生的权利义务关系，是目前在保护知识产权方面非常重要的措施。

行政调解严格来说不具有法律效力，而是根据当事人的意愿，为了确保调解协议的权威性，当事人双方选择在行政机关的主持下达成一定的协议，但是这份协议并不具有强制执行力。行政机关通过对当事人双方的说服和劝导，使双方当事人在自愿的基础上进行调解，调解过程中双方当事人可以随时退出调解，寻求司法救济作为最终的救济途径，这符合立法精神与行政保护的根本目的，司法权威是法治社会的体现，这样就可以防止行政权力的扩大化，同时也是行政执法灵活性的体现。

《专利法》第六十三条具体规定了假冒专利时应当承担的行政责任，除了责令改正并予公告外，还包括没收违法所得，处以罚款。《专利法》第六十四条规定了管理专利工作的部门在查处违法行为时依法可以采取的具体措施，包括询问有关当事人，调查与涉嫌违法行为有关的情况；对当事人涉嫌违法行为的场所实施现场检查；查阅、复制与涉嫌违法行为有关的合同、发票、账簿以及其他有关资料；检查与涉嫌违法行为有关的产品，对有证据证明是假冒专利的产品，可以查封或者扣押。《专利法》第七十二条规定，侵夺发明人或者设计人的非职务发明创造专利申请权和其他权益的，由所在单位或者上级主管机关给予行政处分。《专利法》第七十三条规定了管理专利工作的部门的行为规则，不得参与向社会推荐专利产品等经营活动，违反这一规定的，由其上级机关或者监察机关责令改正，消除影响，有违法收入的予以没收；情节严重的，对直接负责的主管人员和其他直接责任人员依法给予行政处分。《专利法》第七十四条规定了从事专利管理工作的国家机关工作人员以及其他有关国家机关工作人员的行政责任和刑事责任。

3. 刑事责任

我国刑事法律对侵权专利权的行为规定了刑事责任。知识产权犯罪集中规定在现行《刑法》分则第三章"破坏社会主义市场经济秩序罪"第七节之中，与专利相关的犯罪有假冒专利罪。我国《刑法》第二百一十六条规定，假冒他人专利，情节严重的，处三年以下有期徒刑或者拘役，并处或者单处罚金。我国集中规定知识产权犯罪的立法模式有利于充分揭示知识产权犯罪的共性特征，便于综合比较分析各种知识产权犯罪之间的区别与联系，从而实现知识产权犯罪罪刑设置的系统化，增强刑法的威慑力。

另外，我国《专利法》中也有关于犯罪的规定，其第六十三条规定，假冒专利构成犯罪的，依法追究刑事责任。第七十一条规定，违反本法第二十条规定向外国申请专利，泄露国家秘密的，由所在单位或者上级主管机关给予行政处分；构成犯罪的，依法追究刑事责任。

（五）美国专利权保护的中国借鉴

在世界上专利权保护相对较完备的地区，大多数国家的专利制度大同小异，但在知识产权制度最为发达的美国，其专利保护制度却独树一帜。

美国《宪法》第一条第八款第八项规定国会有权"通过使作者和发明人对其作品和发现获得有期限的专有权利，来促进科学和有用技艺的进步"，此项条款被称为"知识产权条款"或"著作权和专利条款"，规定按制宪者的原意，科学（Science）应当被宽泛地理解为一切的知识和学识，而有用技艺（useful arts）是指技术或产业，前者是国会为著作权立法的依据，后者是国会为专利权立法的依据。① 美国专利权建立在激励理论基础上，即授予专利权的目的不是因为专利权是发明人的天赋人权，② 而是为了激励发明人作出更多更好的发明。

美国《专利法》第一百零一条规定了可获得专利保护的主题类型，主要包括：任何人发明或发现任何新的、有用的，并符合其授权的条件和要求的方法、机器、产品、或物质的组分、或对它们的任何有用的改进。包括 SIPO 在内的绝大多数专利局都不保护软件、商业方法和互联网方法，唯独美国专利保护类型中包括这些方法，美国的专利法还包括保护动植物新品种。然而，与各国一致的是，美国专利法也将用于武器的核材料和原子能排除在专利法保护的范围之外。

专利权人可以对任何发生在美国的专利侵权行为提起诉讼，这些侵权行为还包括发生在海外但对美国境内销售产生影响的行为，可以请求法院判处对方停止侵权或者给予经济赔偿。

美国《专利法》认为，专利权人应当依据民事诉讼取得侵害其专利权的赔偿。第二百二十八条规定，专利证书中每一权项（不论其形式上是独立的或非独立的）都应推定为有效，不受其他权项效力的影响；非独立的权项，即使附属于无效的权项仍应推定为有效。主张专利证书无效或者其中有的权项无效，应由主张的一方当事人负举证责任。在有关专利权的效力或侵害专利权的诉讼中，应该以下列各项为抗辩理由：

（1）不属侵害行为，不负侵害责任，或专利无权执行；

（2）以本编第二章所定理由作为取得专利权的条件而提起的诉讼中，专利权或其中任何权项的无效；

（3）由于未按照本编第一百一十二条或第二百五十一条的要求而提起的诉讼中，主张专利权或权项的无效；

（4）依照本编可以成为抗辩的任何其他事实或行为。在关于专利

---

① 和育东：《美国专利制度侵权救济研究》，中国政法大学硕士论文，2008 年。
② 参见汤宗舜《专利法教程》，法律出版社 2003 年版，第 9 页。

权是否有效或侵害专利权的诉讼中，提出专利权无效或非侵害行为的当事人，应该在审理以前至少三十天，在诉状中或以其他书面形式将下列事项通知对方，如提出已有在先的专利，则应提出专利国家、号码、日期和专利权人姓名，提出所依据的出版物名称，出版日期和页码；或者，除在美国索赔法院进行的诉讼外，为了表明属于已有技术，还需提出可以作为依据的前发明人的，或者预先知道或以前曾经使用或推销过诉讼中争议的专利发明的任何人的姓名和地址。如未作上述通知，除按照法院要求的条件而提出的以外，不得在审判中提出上述事项的证明。

另外，《专利法》第二百八十三条规定，禁令是为了对未来侵权行为的救济。对过去侵权的救济只能适用第二百八十四条规定的损害赔偿，当法院在作出有利于请求人的裁决后，应该判给请求人足以补偿所受侵害的赔偿金，无论如何，不得少于侵害人使用该项发明的合理使用费，以及法院所制定的利息和诉讼费用，法院可以将损害赔偿金额增加到原决定或估定的数额的三倍，法院可以接受专家的证词以协助决定损害赔偿金或根据情况决定合理的使用费。

我国专利权的保护在法定赔偿和保护范围方面可以借鉴美国的相关制度，尤其是对于项目成果取得的专利权而言，因涉及国家利益，更加有必要明确赔偿额度，为了激励发明人，应将专利权保护的范围进行适当的扩张。

三 项目成果著作权的保护

国家资助项目成果著作权的保护与一般著作权的保护并无实质的区别，判断某一行为是否侵犯了项目成果的著作权，以及著作权被侵犯后的救济和所要承担的法律后果都适用著作权法对一般著作权的规定。因此，项目成果著作权的保护并无特殊之处。

（一）侵犯著作权的行为

侵犯著作权的行为是指未经作者或者其他著作权人同意又无法律上的依据，擅自将著作权作品进行利用，或以其他非法手段，行使著作权人专有权利的行为。侵害著作权是一种独立的侵权行为，侵害人要依法承担相应的民事责任。

1. 侵犯著作权的要件

关于侵犯著作权的构成要件，有的学者提出两要件说，认为侵犯著作权的构成要件有二：一是他人擅自使用的必须是受著作权法保护的作品；二是使用者使用作品的行为必须是既未经作者同意也无法律上的根据的。[①] 另有学者主张将侵犯著作权的行为按照传统的一般侵权行为来对待，其构成要件有四：（1）行为的违法性；（2）损害；（3）因果关系；（4）行为人的主观过错。[②]

本书认为，侵犯著作权必须具备三个要件：第一，行为具有违法性，违法行为是一般侵权行为的构成要件之一，在考察一个致害行为是否构成侵权时，首先要考察它是否具备违法性要件，只有行为人实施了侵犯著作权的违法行为，方有可能构成侵权。第二，行为人的行为侵害了著作权人依著作权法享有的权利或者对著作权人的权利构成重大威胁。侵犯著作权的行为与一般侵权行为略有不同，在侵犯著作权的行为即将可能发生的情况下，权利人有权获得法律上的救济。我国《著作权法》第四十九条也有相应规定，只要行为人的行为侵犯了著作权人的合法权利，就必然构成侵权；如果行为人的行为对著作权人的合法权利构成重大威胁，在将来必然危及权利人，则也构成侵权。第三，行为人的行为与结果具有因果关系。传统民法理论认为，只有当违法行为与损害后果之间存在因果关系时，行为人才承担侵权责任。但是在著作权领域，是否存在损害不是侵犯著作权的构成要件，只有在发生现实的损害后果时，才有必要考察违法行为与损害后果之间的因果关系。考察违法行为与损害后果之间的因果关系只是为了解决赔偿的范围问题，而不涉及侵犯著作权之成立与否问题。因为行为人的行为造成了著作权人的权利受侵害或有受侵害之危险，才需要有违法行为与权利受侵害或有受侵害之危险之间的因果关系这一要件。

另外，依照《著作权法》五十三条的规定，复制品的出版者、制作者不能证明其出版、制作有合法授权的；复制品的发行者或电影作品、

[①] 张新宝：《中国侵权行为法》，中国社会科学出版社 1995 年版，第 151 页。

[②] 林国荣：《侵犯著作权的构成要件——侵犯著作权的法律问题研究之一》，《福建师范大学福清分校学报》2003 年增刊，总第 62 期。

计算机软件、录音录像制品的复制品的出租者不能证明其发行、出租的复制品有合法来源的，视为构成侵权行为，应当依法承担责任。

2. 不视为侵犯著作权的行为

在知识产权的具体部门法中大多都有为了维护公共利益，而将一些本应保护的情形不视为侵犯知识产权的行为，著作权法也不例外，我国《著作权法》第二十二条规定了合理使用制度，即在以下十二种情形下使用的作品，可以不经著作权人许可，不向其支付报酬，但应当指明作者姓名、作品名称，并且不得侵犯著作权人依照本法享有的其他权利：第一，为个人学习、研究或者欣赏，使用他人已经发表的作品；第二，为介绍、评论某一作品或者说明某一问题，在作品中适当引用他人已经发表的作品；第三，为报道时事新闻，在报纸、期刊、广播电台、电视台等媒体中不可避免地再现或者引用已经发表的作品；第四，报纸、期刊、广播电台、电视台等媒体刊登或者播放其他报纸、期刊、广播电台、电视台等媒体已经发表的关于政治、经济、宗教问题的时事性文章，但作者声明不许刊登、播放的除外；第五，报纸、期刊、广播电台、电视台等媒体刊登或者播放在公众集会上发表的讲话，但作者声明不许刊登、播放的除外；第六，为学校课堂教学或者科学研究，翻译或者少量复制已经发表的作品，供教学或者科研人员使用，但不得出版发行；第七，国家机关为执行公务在合理范围内使用已经发表的作品；第八，图书馆、档案馆、纪念馆、博物馆、美术馆等为陈列或者保存版本的需要，复制本馆收藏的作品；第九，免费表演已经发表的作品，该表演未向公众收取费用，也未向表演者支付报酬；第十，对设置或者陈列在室外公共场所的艺术作品进行临摹、绘画、摄影、录像；第十一，将中国公民、法人或者其他组织已经发表的以汉语言文字创作的作品翻译成少数民族语言文字作品在国内出版发行；第十二，将已经发表的作品改成盲文出版。除此之外，为实施九年制义务教育和国家教育规划而编写出版教科书，除作者事先声明不许使用的外，可以不经著作权人许可，在教科书中汇编已经发表的作品片段或者短小的文字作品、音乐作品或者单幅的美术作品、摄影作品，但应当按照规定支付报酬，指明作者姓名、作品名称，并且不得侵犯著作权人享有的其他权利。

（二）侵害著作权的责任方式

1. 民事责任

根据《著作权法》第四十七条的规定，侵害著作权的情况下，侵权人需承担停止侵害、消除影响、赔礼道歉、赔偿损失等民事责任。

（1）停止侵害。是指责令侵权人立即停止正在实施的侵犯他人著作权的行为，而不问主观上是否有过错，防止侵害扩大，保护权利人的合法权利。

（2）消除影响和赔礼道歉。这主要是针对侵权行为造成权利人人身权利侵害而适用的责任方式。这不同于道德中的道歉，而是人民法院可以责令其道歉并以其他方式消除造成的不良影响。造成多大范围的影响，就应在多大范围内消除影响。

（3）赔偿损失。它的适用前提是侵权人的侵权行为给权利人造成了实际的经济损失，行为人以自己的财产补偿因其行为给著作权人造成的经济损失。赔偿损失的额度应当是实际损失，若实际损失难以计算或者因违法使用著作权取得了其他收益，可以按照侵权人的违法所得给予赔偿，赔偿数额应当包括权利人为制止侵权行为所支付的合理开支。如果实际损失和违法所得难以确定，由人民法院根据侵权行为的情节，判决给予五十万元以下的赔偿。

2. 行政责任

侵犯著作权的行为对社会的危害程度存在差异，一些侵害著作权人权益的行为，还损害了公共利益和社会秩序的安定，则需要公权力出面，对侵权行为予以行政处罚。我国《著作权法》第四十七条规定的行政责任主要有，责令停止侵权行为，没收违法所得，没收、销毁侵权复制品，并可处以罚款；情节严重的，著作权行政管理部门还可以没收主要用于制作侵权复制品的材料、工具、设备等。

当事人如果对行政处罚不服，可以自收到行政处罚决定书之日起三个月内向人民法院起诉，三个月内不履行处罚决定，又不到人民法院起诉的，著作权行政管理机关可以申请人民法院强制执行。

3. 刑事责任

各国的司法实践证明，对于一些严重的侵犯著作权的行为，采用民事责任和行政责任都无法真正地予以制止，只能用刑罚的方式来遏制这种行为，更好地保护著作权。我国著作权法中目前还没有专门的关于刑事制裁的规定，只有第四十八条规定在所列的八项情形中构成犯罪的，追究刑事责任。在我国刑法当中，可以看到对侵犯著作权的犯罪所采取的刑事制裁措施。第二百一十七条规定，以营利为目的，侵犯他人著作权，违法所得数额较大或者有其他严重情节的，处三年以下有期徒刑或者拘役，并处或者单处罚金；违法所得数额巨大或者有其他特别严重情节的，处三年以上七年以下有期徒刑，并处罚金。该法第二百一十八条规定，以营利为目的，销售明知是本法第二百一十七条规定的侵权复制品，违法所得数额巨大的，处三年以下有期徒刑或者拘役，并处或者单处罚金。

（三）侵犯项目成果著作权的救济程序

综合我国《著作权法》第四十七至四十八条、第五十五至五十六条以及《著作权法实施条例》第三十六至三十七条之规定，著作权的救济程序与一般专利权无二。第一，著作权的纠纷可通过协商、调解、仲裁、诉讼的方式解决。第二，侵害著作权损害公共利益的，由地方版权局责令停止侵权行为，没收违法所得，没收销毁侵权复制品，罚款；情节严重的，没收主要用于制作侵权复制品的材料、工具、设备。第三，当事人对上述行政处罚不服，可在收到决定书之日起三个月内向法院提起行政诉讼；逾期不起诉且不履行的，版权局可申请法院执行。

著作权人或者与著作权有关的权利人有证据证明他人正在实施或者即将实施侵犯其权利的行为，如不及时制止将会使其合法权益受到难以弥补的损害的，可以在起诉前向人民法院申请采取责令停止有关行为和财产保全的措施。除了诉前禁令，法律还设立了诉前证据保全制度，为了制止侵权行为，在证据可能灭失或者以后难以取得的情况下，著作权人或者与著作权有关的权利人可以在起诉前向人民法院申请保全证据。人民法院审理案件时，对于侵犯著作权或者与著作权有关的权利的，可以没收违法所得、侵权复制品以及进行违法活动的财物。侵犯著作权的诉讼时效为两年，自著作权人知道或者应当知道侵权行为之日起计算。权利人超过两年起诉的，如果侵权行为在起诉时仍在继续，在该著作

的保护期限内，人民法院应当判决被告停止侵权行为；侵权损害赔偿数
额应当自权利人向人民法院起诉之日起向前推算两年计算。

（四）域外国家关于著作权的保护及其借鉴

世界各国的著作权保护，因各国的国情而各有其不同的侧重点。英
国的著作权法是以经济价值观为基础的，强调著作权的商业属性，认为
著作权仅仅是为了阻止复制有形物质而创设的权利。1709 年，英国通
过了世界上第一部著作权法《安娜法令》。这部法令是从利用作品取得
经济收入的角度出发，并不是以保护文艺作品的角度来保护著作权的，
它虽规定了保护作者的权利，但强调把出版商当作第一主体来保护。立
法的主要目的在于保护现代文化传播功效的充分实现，激励人们对生产
精神产品兴办的出版业进行投资。① 直到 1988 年，英国的著作权法才依
据《伯尔尼公约》第六条之二，规定缔约国应保护作者的精神权利，
增加了保护作者精神权利的条文，即申明作品来源的权利；坚持作品完
整性的权利；反对"冒名"的权利；保护某些照片和影片的非公开性。

大部分欧洲国家在欧盟指令的影响下，都对自己国家的著作权法进
行了一定的修改。例如，德国立法者在其第二阶段修改《著作权法实施
法》时加入了第 17a 条，规定了著作权纠纷的自愿调解机制。在产生关
于报酬义务的争议时，双方当事人可以依其意愿不进行仲裁而开始调解
程序。双方当事人共同推荐一名调解员或请求由联邦司法部指定调解
员。调解员独立进行调解工作，不代表任何党派的利益，他的报酬和产
生的费用由当事双方平摊。调解员在与双方当事人协商后确定调解程
序，他向双方当事人阐述、解释事实和争议，并努力促成双方达成统一
解决方案，在调解谈判的基础上向双方提出和解建议。任何一方当事人
可以随时宣布调解失败，而后进行仲裁。如果调解成功，当事人双方要
在调解人面前签署和解协议，协议只能以书面形式完成并由双方签字，
调解员签字确认。调解达成后，可以启动强制执行程序。著作权作为财
产权利和人格权利的结合，有其特殊的一面，在著作权纠纷中使用调解

① 参见葛卫民《英法两国著作权制度若干问题比较研究》，《南民族学院学报·哲学社会
科学版》2000 年 10 月。

手段，由当事双方协调解决问题，往往不仅能够化解纠纷，并能更好地保护著作权人的个人隐私。①

另外，日本的著作权法在著作权内容的部分，详细规定了作者对作品享有哪些专有权，然后在侵权部分笼统地规定，侵犯其中一项或者几项权利的，即构成侵权行为。因此日本著作权法并未具体列举应当承担民事责任和行政责任的侵权行为，日本著作权法专章规定著作权纠纷行政调解制度，日本书化厅专门下设行政调解机构"著作权纠纷调解委员会"。②

我国著作权法中对于著作权的保护还需加大以行政手段进行保护的力度，可以借鉴国外一些国家的方法，设立适合我国国情的相应调解手段，争取以更多的方式来保护我国的著作权。作为项目成果的著作权保护，更应平衡国家、依托单位、个人之间的利益，以"促进社会文化、科学和艺术的进步"的目标。

四　其他项目成果知识产权的保护

（一）特殊标志的权利保护

1. 侵犯特殊标志的行为

在国际上一般认为，侵犯特殊标志的行为主要有以下三类：第一，擅自使用与所有人的特殊标志相同或者近似的文字、图形或者其组合的；第二，未经特殊标志所有人许可，擅自制造、销售其特殊标志或者将其特殊标志用于商业活动的；第三，有给特殊标志所有人造成经济损失的其他行为的。③

2. 特殊标志保护的方式及救济程序

（1）外国法中的规定

在外国法中多数对于特殊标志的权利保护并没有直接以特殊标志这

① 参见史楠《德国著作权法修改及实施研究》，中国政法大学硕士论文，2011 年。

② 陶云峰：《中日著作权法律制度比较研究》，中南民族大学硕士论文，2010 年。

③ 参见福州政府机关网站 http://www.fuzhou.gov.cn/hdjlzsk/gsj/sbjg/tsbz/201308/t20130826_744161.htm，访问时间 2014 - 2 - 25。

一名词出现，外国的特殊标志主要是指奥林匹克运动会的标志、会徽以及吉祥物等。各国都是针对奥林匹克运动会的标志进行立法的。

《奥林匹克宪章》第一章第十一条规定：奥林匹克运动会是国际奥委会的专属财产，国际奥委会拥有与之相关的全部权利，特别是该运动会的组织、开发、转播、录制、重放、复制、获取和散发的全部权利，不论以何种方式或以现存的或将来发展的何种手段或机制。关于与奥林匹克运动会以及奥林匹克运动会范围内比赛和运动成绩有关的数据的获取条件和使用条件由国际奥委会决定，举办奥林匹克运动会取得的全部收益必须用于发展奥林匹克运动和体育运动。《奥林匹克宪章》第一章第十七条规定：奥林匹克标志、奥林匹克旗、奥林匹克格言和奥林匹克会歌的产权属于国际奥委会专有。

澳大利亚于1987年制定了《奥林匹克徽章保护法》，是第一个制定关于奥林匹克标志保护的国家。该法律赋予澳大利亚奥林匹克组委会对奥林匹克标志的专有权利。1996年，澳大利亚颁布了《悉尼2000奥林匹克标志保护法》，该法赋予了奥林匹克标志被侵犯后的广泛的救济权利。

美国的《业余体育法》、英国的《奥林匹克标志保护法案》、加拿大的《奥林匹克法》都对奥林匹克标志的权利取得、行使以及消灭进行了详细而确切的规定，其权利的范围广泛，内容明确，救济力度大。

德国现行商标法的全称是《商标和其他标志保护法》，该法第一条规定其调整的对象是：商标、商业标志、地理来源标志。第三条第一项规定：任何能够将其使用的商品或服务与使用其他标志的商品或服务相区别的标志，可以作为商标获得保护，尤其是文字（包括人名）、图案、字母、数字、声音标志、三维造型（包括商品或其包装以及容器的形状）、还包括颜色或颜色的组合。该法所调整的对象并不包括具有公益性的特殊标志。

（2）我国特殊标志的保护现状

特殊标志是文字和图案表现出的一种智力成果，是知识产权调整对象的一种，从一般法上，受商标法、著作权法、专利权法以及反不正当竞争法保护，《商标法》第十条规定，特定的标志不得作为商标使用：第一，同中华人民共和国的国家名称、国旗、国徽、军徽、勋章相同或者近似的，以及同中央国家机关所在地特定地点的名称或者标志性建筑物的名称、图案相同的；第二，同外国的国家名称、国旗、国徽、军旗相同或者近似的，但该国政府同意除外；第三，同政府间国际组织的名称、旗帜、徽记相同或者近似的，但经该组织同意或者不易误导公众的除外；第四，与表明实施控制、予以保证的官方标志、检验印记相同或者近似的，但经授权的除外；第五，同"红十字"、"红新月"的名称，标志相同或者近似的。这一条并没有直接提出对特殊标志的保护，只是可以从前五项规定中推出，类似特殊标志这类群众大多知晓，且具有全国性或国际性的标志，不得被注册为商标。著作权法也可以通过认定特殊标志为"作品"而进行保护，但特殊标志并不仅仅是刻板的作品，更可以具有其他更多的权利和价值，它更多的是具有一种象征性。本书认为这些法并没有真正地涉及对于特殊标志的直接保护。

　　1996年国务院颁布《特殊标志管理条例》，是我国第一次提到特殊标志这个名词，同时规定了特殊标志的法定来源、取得途径、使用时的权利义务以及救济途径。该条例自颁布至今再无修正。2002年颁布了《奥林匹克保护条例》，该条例对奥林匹克标志专有权的主体、客体、权利内容，以及侵权后的法律责任作出了规定，我国以此条例和《奥林匹克宪章》为依据保护我国的奥林匹克标志。2004年颁布了《世界博览会标志保护条例》，针对我国世界博览会的标志进行保护。

　　各地针对其举行的大型活动都会颁布相应的对活动标志保护的法规。例如2001年北京市颁布的《北京市奥林匹克知识产权保护规定》，直接保护北京奥林匹克标志的权利。政府颁布行政法规的同时，为了更好地保护公益活动的特殊标志，相关部门也会随后颁布相应的部门规章，配合行政规章对其知识产权予以充分保护。例如工商行政管理局1997年发布《国家工商管理局关于特殊标志核准登记有关问题的通知》，2002年商标局发布《关于贯彻落实＜奥林匹克标志保护条例＞有关事项的通知》，2010年发布《亚洲运动会标志保护办法》。

　　总体来说，我国对于特殊标志的保护力度仍不足，在法律上，没有对特殊标志的概念、内容、权利取得、行使、消灭、权利客体以及权利主体的权利和义务作出明确界定。行政法规虽然有一部《特殊标志管理条例》，但面对社会的发展，该条例仍适用1996颁布的第一版，有许多新的现象，新的问题，并没有得到好的调整。地方性法规和部门规章在确立和行使的过程中具有一定的局限性，无法充分地保护特殊标志。

项目成果的特殊标志，与一般特殊标志的保护无异，应加强对其的法律保护，明确特殊标志的各项权利内容，加强特殊标志作为商业用途营利后取得的收益的监督，需继续监督该项收益是否仍用于该公益性事业，只有这样才能实现特殊标志保护的宗旨。

（二）植物新品种的权利保护

我国《最高人民法院关于审理侵犯植物新品种权纠纷案件具体应用法律问题的若干规定》第二条规定，未经品种权人许可，为商业目的生产或销售授权品种的繁殖材料，或者为商业目的将授权品种的繁殖材料重复使用于生产另一品种的繁殖材料的，属于侵犯植物新品种权的行为。被控侵权物的特征、特性与授权品种的特征、特性相同，或者特征、特性的不同是因非遗传变异所致的，应当认定为被控侵权物属于商业目的生产或者销售授权品种的繁殖材料。被控侵权人重复以授权品种的繁殖材料为亲本与其他亲本另行繁殖的，一般应当认定属于商业目的将授权品种的繁殖材料重复使用于生产另一品种的繁殖材料。这一解释清晰界定了侵犯植物新品种权的含义。

其第八条规定，以农业或者林业种植为业的个人、农村承包经营户接受他人委托代为繁殖侵犯品种权的繁殖材料，不知道代繁物是侵犯品种权的繁殖材料并说明委托人的，不承担赔偿责任。这一规定确定了植物新品种权侵权行为认定和承担停止侵权责任采用无过错责任原则，但在承担赔偿责任则采用过错责任原则。同时也规定了"农民"披露"真实"侵权人（委托人）的义务。

对于植物新品种的保护，一般分为双轨制和单轨制，双轨制是通过专利法和专门的植物新品种法律对该品种权给予保护；单轨制是只有专门的植物新品种法律对品种权进行保护。

1. 外国法中的规定

（1）美国为双轨制的典型国家。1930 年美国出台《植物专利法》，保护无性繁殖的植物品种（块茎植物除外），1970 年国会颁布了《植物新品种保护法》，1983 加入 UPOV，1994 年修订《植物新品种法》，

1999 年加入 UPOV 公约 1991 年版本。美国对植物新品种的保护相对健全，尤其是将植物新品种纳入普通专利范畴更是开创了这个领域的先河。

（2）欧洲国家采取单轨制较多，尤其在欧盟签订《欧洲专利公约》后，许多国家都排除了专利法保护植物新品种的情况，仅以专门法进行保护。

2. 我国植物新品种权的保护现状

我国对植物新品种权的保护主要是通过专门法进行的。1998 年我国《专利法》第二十五条规定动物和植物品种不授予专利权，但该条又补充动物和植物品种的生产方法，可以依法授予专利权。这条是对植物新品种权利的间接保护，该品种上的权利，即该品种的专有权、使用权、生产权、销售权、许可权等，专利法不予保护，但其培育研究方法符合授予专利权的条件，即具备新颖性、创造性、实用性，专利法予以保护，他人不可违反专利法擅自使用该方法培育该品种。

1998 年全国人大常委会发布《关于加入〈国家植物新品种保护公约（1978 文本）〉的决定》，该国际公约即 UPOV 公约，该公约为我国在国际植物品种权的保护方面提供了便利，进一步和国际接轨。我国 1997 年实施《植物新品种保护条例》，2013 年发布该条例的修订。该条例是我国关于植物新品种权利确认和保护最直接、最主要的依据。该条例从整体上更接近 UPOV 公约（1990 年版本），相比 1978 年版本，我国对植物新品种的权利限制较严，但又加强了对其权利的保护，这说明我国在植物新品种保护方面采取灵活多变的方式，制定出更符合我国国情的条例。

各地根据本地区的特点依法制定关于品种权保护的法规，例如云南省人大常委会 1998 年制定的《云南省园艺植物新品种注册保护条例》。相关部门根据《植物新品种保护条例》制定符合本部门工作要求的规章，方便执行工作。1999 年农业部发布《农业植物新品保护名录》、《植物新品种保护条例实施细则》，1999 年林业部发布《植物新品种保护条例实施细则》等。我国法院关于植物新品种的案件有过两次批复，2001 年最高人民法院发布《关于审理植物新品种纠纷案件若干问题的解释》，2007 年发布《关于审理侵犯植物新品种纠纷案件具体应用法律问题的若干规定》。这是最高人民法院针对植物新品种案件对各级法院在审理过程遇到问题的解释和规定。

我国是个农业大国，对于植物改良培育十分重视，在法律上的规定也颇为全面，对因职务行为而培育出的新品种的归属也有具体规定。但仍有不足之处，对于植物新品种保护的名录范围过窄，仍需不断扩充。我国现行条例的品种权人的权利涵盖不足，主要是针对商业的生产、销售，这里可以借鉴 UPOV 公约（1991 年版本），公约里有涉及进出口贸易的权利。

对于作为项目成果知识产权的植物新品种权，保护力度应该更大，基金委资助下的植物新品种有公益性，其目的是造福社会，促进我国经济社会发展并提高我国人民生活水平。所以对于其登记和使用的过程应该要求更加严格，例如对于培育出植物新品种到期登记的时间可以适当缩短，以便尽早依法使用该品种；限制其不能向外国（参与 UPOV 公约的国家）申请登记等。

（三）集成电路布图设计权利的保护

侵犯集成电路布图设计权的行为是指行为人由于过错侵害他人的布图设计，依法应当承担法律责任的行为。具体来说，就是指未经布图设计权人许可，又无法律依据，出于商业目的擅自对受到法律保护的布图设计进行复制或者商业利用，并依法应当承担法律责任的行为。[1]

1. 外国法中的规定

（1）美国关于集成电路布图设计的保护

美国关于集成电路布图设计的法律保护起步较早，1984 年美国的《半导体芯片保护法》是世界上第一部保护集成电路布图设计的专门法。美国的半导体芯片研究在上世纪引领了世界的先进技术，半导体芯片的地位更是站上了高新科技的顶端，美国政府针对半导体芯片的自身特点，经过研究讨论决定将其作为一个专门独立的权利予以保护，这一做法影响了许多国家对于布图设计的立法保护。美国该法的保护在订立之初经过反复研究和讨论，从 1978 年开始先后否定了四个法案，第五

---

① 李丹：《集成电路布图设计侵权认定研究》，河南大学硕士论文，2012 年。

个法案才得以通过，并在 1984 年由总统签署而生效。该法确认保护的主体范围广泛，包括外国人创作的在美国领域内首次进入商业利用的掩膜作品。权利取得的实质条件和形式条件也规定充分，包括要具有独创性和进行注册。该法对于掩膜作品权利的内容规定充分，包括专有权、复制权、进出口及销售的权利，尤其是进出口权利适应当今经济全球化的步调。法律对权利的保护范围广，力度大，所有权人可以通过授权第三人行使专有权利，这使所有权人利益最大化。掩膜作品的反向工程是业界认同的研究及适当使用集成电路的技术，所以美国法律也允许这种反向技术，但对其加以限制，并提出采用对比复制与反向工程的不同技术要求来确定其行为是否属于反向工程，排除侵犯专有权人权利，损害其利益的行为。另外美国对外国公民的掩膜作品权利没有采用国民待遇，而是采用互惠原则，这是美国为了刺激他国也建立相应法律保护半导体芯片掩膜作品，可以使美国掩膜作品的权利在他国也得到保护。

（2）日本关于集成电路布图设计的保护

日本《关于半导体集成电路电路布局的法律》是以美国的《半导体芯片保护法》为蓝本制定的，其中有一条规定：为商业目的生产、转让、出租，或意图转让、出租而展示或输入专为模仿已登记的电路布局所使用的物品，视为侵害电路布局利用权或排他利用权的行为。但美国法律以及其他很多国家的法律都没有这项规定，相对而言该条的保护力度更强。

（3）国际条约中关于集成电路布图设计的保护

关于集成电路保护的国际条约，首先要提的是 1989 年缔结的《集成电路知识产权约定》（the Treaty on Intellectual Property in respect of Integrated Circuit），其简称为 IPIC，又称《华盛顿条约》，是 WIPO 关于集成电路布图设计的一个专门约定。虽然尚未生效，但其对于推动世界保护集成电路知识产权具有重大意义，对我国关于集成电路布图设计保护也有着深刻的影响，可以说，我国的《集成电路布图设计的保护条例》就是根据这个约定为蓝本制定的。

该约定规定缔约方的法律保护形式可以依本国情况自行决定，既可以制定专门法进行保护，也可以通过版权、专利、实用新型、工业品外观设计、不正当竞争的法律，或者通过任何其他法律或者任何上述法律的结合进行保护。

该约定提出了国民待遇，即给予任何缔约方国民，或者在任何缔约方有住所的自然人，以及在任何缔约方领土内，为创作布图设计或生产集成电路而设立的法人或自然人，与本国国民相同的待遇。

该条约明确列出属于保护范围的权利，可以不经许可使用布图设计的情形，以及善意获得侵权的集成电路的销售和供销的情形。该条约规定了获得权利的法定条件，以及最低保护期限，这些都为缔约方订立有关布图设计的法律提供了依据。

另一个非常重要的条约就是 TRIPS 协定，其中关于知识产权的种类规定得较多，集成电路知识产权也是其中一种，TRIPS 将保护范围不仅包含 IPIC 中规定的项目内容，而且扩展到含有非法复制的布图设计的集成电路的产品上。

2. 我国集成电路布图设计权利的保护现状

我国对于集成电路布图设计的权利保护主要是通过《集成电路布图设计的保护条例》实施的。该条例属于行政法规，以 IPIC 与 TRIPS 为依据而制定，与其保持一致，无论是权利取得条件、权利内容、侵权行为及其例外（包括反向工程）以及侵权后的处理，该条例都有涵盖，整部条例内容明确清晰，定义准确，具有前瞻性和较高的水平。作为项目成果的集成电路布图设计也依该条例调整，也受该条例保护。

但我国集成电路布图设计的法律保护现状仍有不足。首先，我国关于布图设计保护的最高位阶的法只有行政法规，而缺少法律层面的规定，这始终无法将布图设计的保护处于真正的法律之下，这是我国现阶段知识产权保护的一个普遍问题。我国知识产权方面处于法律位阶的只有专利法、著作权法和商标法，其他种类的知识产权都以行政法规的形式予以保护。加强我国知识产权的保护力度，首先应当从立法开始，有了法律的保护，人民的知识产权意识才能增加。

其次，规定布图设计的法人或其他组织可以成为创作者这一点也不够严谨。依照专利法规定，职务发明创造的专利申请权利属于单位，申请批准后，该单位为专利权人。植物新品种保护条例同样规定，因职务行为或者使用单位资金材料等培育出的植物新品种的申请权属于单位，批准后，由单位获得该权利。而布图设计的条例却规定法人或组织直接成为创作人，否定了真正创作研发该设计的设计人的努力，这种创作需要精力和智力的巨大投入，法人和其他组织无法作出这样的投入，所以将其作为创作人并不是十分妥当的。

著作权法中也有类似规定，《著作权法》第十一条规定：第一，著作权属于作者，本法另有规定的除外。第二，创作作品的公民是作者。由法人或者其他组织主持，代表法人或者其他组织意志创作，并由法人或者其他组织承担责任的作品，法人或者其他组织视为作者。第三，如无相反证明，在作品上署名的公民、法人或者其他组织为作者。本条与布图设计保护条例基本相同，但其含义却截然不同，著作权关注的创作性主要是想法和理念，著作即对其想法和理念的论述，也就是说想法理念是著作的核心。由法人或其他组织主持的，按照法人和组织的理念完成的著作，并没有体现创作人的理论，例如编写公司章程、医院简史等，或者在创作之初就是以法人或组织的名义进行的，例如法条的拟定。这些作者都应属于法人或单位。集成电路布图设计的创作不同于著作，法人或者单位提出一种设计理念，具体应如何获得主要靠研究人员思考实验和研究，这种技术需要很强的专业性，并不是只有理念就可以完成的，研究过程中需要投入巨大的心血，所以创作者是法人或组织并不贴切。但是也有另外情况，在创作时，就是以单位的名义进行的可以认定法人或者组织为创作人。然而基金委资助的项目成果的署名是主要研究人员而非依托单位，但其实际又是由依托单位组织研究，或者可能是按照依托单位的要求设计的，应该如何认定其性质是一个法律上的问题。

（四）商标权的法律保护

由于商标权成为国家资助项目成果知识产权的可能性很小，因此本书在此仅将一般商标权的法律保护做一非常简要的介绍。

1. 商标侵权行为的概念和种类

所谓商标侵权行为，是指侵犯他人注册商标专用权的行为。

根据我国《商标法》规定，有下列行为之一的，均属侵犯注册商标专用权：（1）未经商标注册人的许可，在同一种商品或者类似商品上使用与其注册商标相同或者近似的商标的；（2）销售侵犯注册商标专用权的商品的；（3）伪造、擅自制造他人注册商标标识或者销售伪造、擅自制造的注册商标标识的；（4）未经商标注册人同意，更换其注册商标并将该更换商标的商品又投入市场的；（5）给他人的注册商标专用权造成其他损害的。

2. 商标侵权行为的法律责任

（1）民事责任

停止侵权和赔偿损失是法律规定的诸项民事责任形式的核心环节，也是受害人提起民事诉讼的根本利益所在。法官可以根据当事人的申请或者依职权先行作出裁定停止侵害、排除妨碍、消除危险，以使得侵权行为人停止其侵害。

赔偿损失最为重要，这里最核心的是确定赔偿数额，一般为侵权人在侵权期间因侵权所获得的利益，或者被侵权人在被侵权期间因被侵权所受到的损失，包括被侵权人为制止侵权行为所支付的合理开支（包括调查、制止、消除侵权行为的费用与合理的律师费）；所得利益或者所受损失难以确定的，由法院根据侵权行为的情节判决给予五十万元以下的赔偿。销售不知道是侵权商品的，不能证实该商品是自己合法取得的并说明提供者的，承担赔偿等民事责任。

（2）行政责任

行为人实施侵犯注册商标专用权的行为引起纠纷的，商标注册人或者利害关系人可以请求工商行政管理部门处理。工商行政管理部门处理时，认定侵权行为成立的，责令立即停止侵权行为，没收、销毁侵权商品和专门用于制造侵权商品、伪造注册商标标识的工具，并可以处以罚款。进行处理的工商行政管理部门根据当事人的请求，可以就侵犯商标专用权的赔偿数额进行调解，调解不成的，当事人可以向人民法院提起民事诉讼。

（3）刑事责任

我国刑法规定的侵犯注册商标专有权的罪名主要有：假冒注册商标罪、销售假冒注册商标的商品罪、非法制造、销售非法制造的注册商标标识罪。具体而言，包括：第一，未经商标注册人许可，在同一种商品上使用与其注册商标相同的商标；第二，伪造、擅自制造他人注册商标标识或者销售伪造、擅自制造的注册商标标识；第三，销售明知是假冒注册商标的商品。

3. 商标权人对商标权的管理

商标权的保护除了依法对侵权行为人追究责任之外，还需要商标权人采取必要措施保护和管理商标权，防止其权利遭受可能的损坏。

（1）注意商标权的时间性，法律对商标权的保护有确定的时间，如果过此期限而不再续展，则该权利自行终止。

（2）注意商标权的地域性。注册商标专用权依据商标法的规定成立，只有在有效施用的范围内才有效，超出此地域则商标权失去法律效力。为此商标权主体在向海外销售其产品或提供服务时，一定要在他国申请其商标注册。

（3）运用防御商标、联合商标的策略，来预防和抑制他人的商标侵权行为。所谓防御商标，是指同一商标所有人在不同类别的商品上注册使用同一个商标。这种方法，特别适用生产多种不同类别商品的大型公司。联合商标，是指某一个商标所有者，在相同的商品上注册几个近似的商标，或在同一类别的不同商品上注册几个相同或近似的商标，这些相互近似的商标称为联合商标。这些商标中首先注册的或者主要使用的为主商标，其余的则为联合商标。联合商标的功能与价值在于，防止他人对同一商品注册与自己商标相近似的商标。由于联合商标相互近似的整体作用，因此联合商标不得跨类分割使用或转让。

结　语

　　与私人投资相比，国家自然科学基金在资助的目的、资助的领域和投入的对象方面均有所差异。随着现代科技、经济竞争的日益激烈，依靠科技提高市场竞争力、发展国民经济已逐步成为各国的共同选择。作为开拓国际市场、加速科技进步和促进经济发展的有力武器，政府科技计划项目知识产权管理政策更是受到前所未有的关注。不仅如此，国际知识产权的重要性日益突出，并与货物贸易、服务贸易一起，构成世界贸易组织（WTO）的三大支柱。当前，世界知识产权制度的变革与发展已进入一个空前活跃的阶段，知识产权在世界经济、科技和贸易中的地位得到了历史性提升，并成为促进一个国家经济发展的至关重要因素。强化知识产权制度，已成为世界各国发展科技、经济和增强国力的必然选择。随着科技发展和经济全球化进程的加速，对知识产权的保护和管理已成为一个国家在竞争中取得优势的关键因素。实施知识产权管理，要提高知识产权保护意识。强化知识产权管理，是维护国家利益、促进自主创新能力、保护我国创新成果的一项重要内容。因此，本书研究的着力点有二：一是尽力搜集国际社会关于国家资助项目成果知识产权的管理规则、激励与约束机制以及具体的管理措施，以为我国的相关制度提供借鉴；二是重点关注我国项目成果专利权、著作权等主要知识产权的归属与保护，探索我国国家资助项目成果管理中的关键问题，诸如促进形成知识产权的措施问题、利益激励机制问题、约束机制问题、成果共享与转化问题等，试图建立符合我国国情和国际经验的项目成果知识产权管理体系，促进我国科学技术的大力发展，从而推动整个社会的经济和科技水平。

本书仅对国家自然科学基金资助项目研究成果管理的几个基本问题进行了初步的讨论，还缺乏更系统的分析，也没有将全部问题进行深入研讨，因此随着基金成果知识产权管理工作的展开，还需要对其中的特定问题进行深入、专业性的讨论。本书仍有未涉及的一些国际和国内的相关问题，具体有：

1. 国家自然科学基金资助项目研究成果著作权中的邻接权问题；

2. 关于国家自然科学基金资助项目研究成果形成的知识产权中技术秘密保护及不正当竞争的问题；

3. 关于国家自然科学基金资助项目研究成果中涉及的国家秘密能否作为商业秘密进行保护的问题；

4. 关于国家自然科学基金资助项目研究成果形成的知识产权的国际保护、国际转让以及进出口问题；

5. 国家自然科学基金资助项目研究成果形成的知识产权能否作为国际补偿贸易的标的问题；

6. 关于国家自然科学基金资助项目研究成果形成的知识产权能否适用国际 BOT（BOO、BOOT）规则的问题。

上述问题的解决还需学界进行深入专业的讨论，提出更加适合我国的解决方案。

主要参考文献

一 法律法规类

1. 中国

《专利法》

《著作权法》

《商标法》

《刑法》

《促进科技成果转化法》

《合同法》

《侵权责任法》

《国家自然科学基金条例》

《植物新品种保护条例》

《集成电路布图设计保护条例》

《特殊标志管理条例》

《国家科技重大专项知识产权管理暂行规定》

《中华人民共和国专利法实施细则》

《著作权法实施条例》

《植物新品种保护条例实施细则》

《科学技术成果鉴定办法》

《云南省自然科学基金项目管理办法》

《南京信息工程大学科技成果转化管理办法》

《教育部人文社会科学研究项目成果鉴定和结项办法》

《重大国际（地区）合作研究项目资助管理办法》

《国家自然科学基金项目管理规定（试行)》

《国家自然科学基金委员会与香港研究资助局联合科研基金实施暂行办法》

《关于国家科研计划项目研究成果知识产权管理的若干规定》

《关于加强国家科技计划知识产权管理工作的规定》

《台湾"科学技术基本法"》

《台湾"科学技术研究发展成果归属及应用办法"》

2. 外国

美国拜杜法案、斯蒂文森法案

联邦法律: 45CFR§650; 37CFR§401

7U. S. C. 2321 et seq.

美国 NSF 的规定:

Grant General Conditions（GC－1）January5, 2009. 21. a. 2.

Patent Right in Inventions Made with Federal Assistance §201; 202

Patent Right in Inventions Made with Federal Assistance §209. Licensing federally owned invention（a）.

Intellectual Property Rights from Publicly Financed Research Bill 12. 18. 19

Title 2 – Grants and Agreements: Part 215 – Uniform Administrative Requirements for Grants and Agreements with Institutions of Higher Education, Hospitals and other Non-Profit Organizations（OMB Circular A－110）§215. 34.

各国专利法

3. 国际条约

《建立世界知识产权组织公约》

《保护工业产权巴黎公约》

《保护文学艺术作品伯尔尼公约》

《集成电路知识产权条约》

《与贸易有关的知识产权协定（TRIPS)》

《欧洲专利公约》

二　文件类

《中共中央、国务院关于加强技术创新，发展高科技，实现产业化的决定》。

国家自然科学基金委员会 2014 年第 57 号文件，《关于公布 2014 年度国家自然科学基金申请项目评审结果的通告》

最高人民法院发布的关于知识产权的系列司法解释

三　论文类

顾金亮：《国家科技计划知识产权管理的中美比较》，《中国软科学》2004 年第 4 期。

钟琼：《国家科技投入项目知识产权管理问题探讨》，《有色冶金节能》2008 年第 3 期。

张晓玲、郑友德：《政府科技投入项目成果知识产权归属的原则》，《科技与法律》2001 年第 1 期。

詹映、朱雪忠等：《浅析国家自然科学基金联合资助研究成果的知识产权归属》，《中国科学基金》2005 年第 4 期。

吕薇：《完善知识产权权属政策的国际经验与借鉴》，载吕薇《知识产权制度挑战与对策》，知识产权出版社 2004 年版。

禹庚：《英国在国际科技合作中保护知识产权的政策及措施》，科技部资料汇编 2003 年 10 月。

柳申一：《医药品专利与 2010 年问题》，《科学·经济·社会》2010 年第 2 期。

邱国侠、张红生：《试析法人作品与职务作品的区分标准》，《河北法学》2004 年第 2 期。

刘春田、刘波林：《论职务作品的界定及其权利归属》，《中国人民大学学报》1990 年第 6 期。

赵罡、龚维梁：《职务作品的权利归属》，《甘肃政法成人教育学院学报》2003 年第 9 期。

黄芬：《政府资助项目形成的知识产权归属原则分析》，《云南行政学院学报》2010 年第 3 期。

王瑞:《政府资助研发成果的专利权归属》,《湖南税务高等专科学校学报》2008 年第 1 期。

冯晓青:《试论著作权限制之正当性》,《湘潭大学学报》2007 年第 3 期。

刘志华:《试论我国集成电路布图设计的知识产权保护》,《科学·经济·社会》2006 年第 2 期。

张晓玲、张莎莎:《职务作品著作权归属探究》,《知识产权研究》2005 年第 3 期。

郑胜利:《集成电路布图设计保护法比较研究》,《中外法学》2002 年第 2 期。

耿丽辉:《浅谈自主创新与知识产权保护》,《商场现代化》2008 年第 32 期。

林国荣:《侵犯著作权的构成要件——侵犯著作权的法律问题研究之一》,《福建师范大学福清分校学报》2003 年增刊,总第 62 期。

葛卫民:《英法两国著作权制度若干问题比较研究》,《南民族学院学报》(哲学社会科学版) 2000 年 10 月。

张平:《国家自然科学基金资助项目知识产权管理政策研究报告》,北京大学法学院,2003 年 7 月。

Statement on Information Sharing and Privacy and Personal Data Protection between the European Union and the United States of America, 2008.

Funded under the Socio-economic Sciences and Humanities theme: Dissemination in EU-funded research projects. PLATON-progress through socio-economic research.

A strategy to implement communication and dissemination of project results towards the policy-makers and the general public, Louisa Anastopoulou, European Commission, DG RTD. Brusseles, 5 June, 2009.

A detailed analysis of skills and training needs can be found in the Oakland Innovation and Information Services report produced for the Department of Trade and Industry Business Interface Training Provision (BITS) Review, March, 2002.

Everett M. Rogers, Jing Yin and Joern Hoffmann: *Assessing the Effective-*

ness of Technology Transfer Offices at US Research PROs. Journal of the Association of University Technology Managers, Vol. XII (2000) 47 – 80.

Public Investments in University Research: Reaping the Benefits. Report of the Expert Panel on the Commercialization of University Research, May 4, 1999.

Presentation of James W. Murray at the OECD Workshop on Management of Intellectual Property Generated from Public Funded Research, December 11, 2000.

Centre for Economic Policy Research, Incentives and Invention in PROs, 2003.

The Guidelines Provided from the Division of Earth Sciences, April, 2002.

See for example the historical overview made by Howard W. Bremer: University Technology Transfer: Evolution a Revolution. – 1998, Council on Governmental Relations.

四　著作类

张俊浩主编:《民法学原理》,中国政法大学出版社 1997 年版。

郑成思:《知识产权论》,法律出版社 1998 年版。

郑成思:《知识产权法》,法律出版社 1997 年版。

刘春田主编:《知识产权法》,北京高等教育出版社 2007 年版。

王迁:《著作权法学》,北京大学出版社 2007 年版。

刘春田主编:《知识产权法》,北京大学出版社 2007 年版。

汤宗舜:《专利法教程》,法律出版社 2003 年版。

江平主编:《民法学》,中国政法大学出版社 2000 年版。

张新宝:《中国侵权行为法》,中国社会科学出版社 1995 年版。

尹新天:《专利权的保护》,知识产权出版社 2005 年版。

M. 雷炳德:《著作权法》,张恩民译,法律出版社 2004 年版。

郭禾:《知识产权法教科书》,中国人民大学出版社 2003 年版。

罗伯特·P. 墨杰:《新技术时代的知识产权法》,齐筠等译,中国政法大学出版社 2003 年版。

吴汉东主编:《知识产权法》,中国政法大学出版社 2007 年版。

吴汉东主编:《知识产权法》,北京大学出版 2010 年版。

郭卫华:《新闻侵权热点研究问题》,人民法院出版社 2000 年版。

赵震江:《科技法学》,北京大学出版社 1994 年版。

European Commission: Expert group report—Management of intellectual property in publicly-funded research organizations: Towards European Guidelines. Prepared by the Rapporteur Laura MacDonald and the chairman Gilles Capart together with Bert Bohlander, Michel Cordonnier, Lars Jonsson, Lorenz Kaiser, Jeremy Lack, John Mack, Cino Matacotta, Thomas Schwing, Thierry Sueur, Paul Van Grevenstein, Louise van den Bos, Nicholas S. Vonortas. 2004 – P14.

European Commission DG Research Third European Report on Science & Technology Indicators, 2003, ISBN92 – 894 – 1795 – 1.

五　网络资源类

http://www. nsfc. gov. cn/publish/portal0/jgsz/07/.

http://www. tech110. cn/tech/front/view/production/html/index. jsp.

澳大利亚知识产权局官方网站 http://www. ipaustralia. gov. au/ip/index. html.

http://www. fuzhou. gov. cn/hdjlzsk/gsj/sbjg/tsbz/201308/t 20130826_744161.

http://www. mof. gov. cn/zhengwuxinxi/caizhengshuju/201309/t 20130926_993359.

基础科学数据中心及共享服务网 http://www. nsdc. cn

http://www. sipo. gov. cn/sipo2008/ghfzs/zltjjb/jianbao/year2007/b/b5. html

六　硕士论文类

郑碧:《论国家科技计划项目的知识产权权属制度》,华东政法大学硕士论文,2012 年。

柴晓亮:《特殊标志知识产权研究》,华中科技大学硕士学位论文,

2011 年。

史楠：《德国著作权法修改及实施研究》，中国政法大学硕士论文，2011 年。

陶云峰：《中日著作权法律制度比较研究》，中南民族大学硕士论文，2010 年。

李丹：《集成电路布图设计侵权认定研究》，河南大学硕士论文，2012 年。

和育东：《美国专利制度侵权救济研究》，中国政法大学硕士论文，2008 年。

季节：《论专利权的法律保护》，中国政法大学硕士论文，2010 年。

薛彦馨：《知识产权的行政保护与司法保护之比较》，长春理工大学硕士论文，2012 年。

金结斌：《从中外法律比较看我国集成电路知识产权的法律保护》，苏州大学硕士论文，2006 年。

后　记

　　本书是在 2009 年国家自然科学基金项目——《科学基金资助项目成果管理及其知识产权保护的法律问题研究》（批准号：L0922104）——研究报告的基础上经反复修改而成的，前后刚好五载。

　　应当说，目前我国的科学研究和技术发展达到了一个新的水平，但面对中国腾飞对科学技术广泛而深刻的需求，我国现有的供给还明显不足，急切需要制度的变革来促进和保障。国家财政支持项目（含国家自然科学基金项目）是科技发展的重要支撑力量，也是实现国家科技兴国战略的重要组成部分。国家自然科学基金为我国的科学技术进步做出了重大贡献，但必须承认的是，由于我们在制度设计的某些方面还存在不足，特别是在知识产权制度安排方面，影响了我国自然基金项目成果的产出和转化，使得项目研究侧重于论文与著作的发表，无法实现与产业需求的真正接轨，也不能实现研究成果的快速转化。我们必须借鉴国际经验，对我国的这些制度进行变革，从而使自然科学基金项目成为推动我国科技进步的真正强大力量。

　　正是基于这种考虑，时任国家自然科学基金委员会政策局韩宇局长和法规处王国骞处长，决定开展国家自然基金项目成果知识产权法律制度方面的研究，意图将其作为制度变革的突破口，委托笔者具体负责。接受任务后，笔者立即组织力量开展研究，收集、翻译大量外文资料，调研、整理国内重要的项目成果管理办法及具体措施，并多次召开研讨会。在研究报告提交基金委之后，根据基金委所提出的具体意见，又开展了后续的研究，并对研究报告进行认真修改。

　　现任基金委政策局郑永和局长非常支持本课题的研究，并决定将研究报告进行出版，笔者将原先的研究报告予以扩展，经过认真修改终成此书。在书稿即将付梓之际，衷心感谢决策开展这项研究并给予笔者大力支持的基金委政策局先后两任局长，并特别感谢法规处王国骞处长，是他具体负责这项工作。在研究过程中，笔者一直跟他交流讨论，他对我的研究给予了非常重要的指导和帮助。在交流与讨论的过程中，笔者感念这些领导心系国家科技进步，勇于担当的责任意识，以及为尽快实现制度变革的焦虑与殷殷之情。

我指导的研究生，现在深圳大学法学院工作的段鲁艺博士，对于本研究做出了重要贡献，她负责一些外文资料的翻译，部分资料的整理以及部分章节的初步写作；我指导的研究生吕胜利、张琴、长文昕娉、张华、马苇苇等也参与了讨论和部分资料的收集与整理工作，对他们付出的劳动表示衷心感谢！

还要感谢青岛大学法学院的唐伟华副教授，是他做了大量的沟通联络工作，特别是与出版社进行交流沟通，并完成了书稿的部分编辑工作。

需要说明的是，虽然笔者尽力研究和写作，但由于所面对问题的复杂性，特别是受限于笔者的水平，书中一定有不少的谬误，笔者谦虚地接受任何批评，并做好随时改进的心理准备，如果本书能够对我国的项目成果知识产权制度研究有一定的推动，那笔者就十分满足了。

吴国喆

2014 年 11 月 10 日写于美国诺曼